الإدارة السياسية
في عهد أمير المؤمنين
عمر بن الخطاب

المملكة الأردنية الهاشمية

رقم الإيداع لدى دائرة المكتبة الوطنية
(٢٠٠٨/٨/٢٨١٠)

٩٥٦,٠٣٢
أبو حمدية، حمدي
الادارة السياسية في عهد أمير المؤمنين عمر بن الخطاب /حمدي احمد ابو حمدية._
عمان: دار المأمون،٢٠٠٨.
(٢٦٢) ص
ر.أ: (٢٨١٠ / ٨ / ٢٠٠٨).
الواصفات: /الصحافة//التاريخ الإسلامي//الإسلام/

❖ أعدت دائرة المكتبة الوطنية بيانات الفهرسة والتصنيف الأولية

قدمت هذه الرسالة استكمالا لمتطلبات درجة الماجستير في الإدارة العامة
بكلية الاقتصاد والعلوم الإدارية في الجامعة الأردنية
٢٠ رمضان ١٤٠٦ هـ الموافق ٢٨ أيار ١٩٨٦

دار المأمون للنشر والتوزيع
العبدلي – عمارة جوهرة القدس
تلفاكس: ٤٦٤٥٧٥٧
ص.ب: ٩٢٧٨٠٢ عمان ١١١٩٠ الأردن
E-mail: daralmamoun@maktoob.com

الإدارة السياسية
في عهد أمير المؤمنين
عمر بن الخطاب

حمدي أحمد أبو حمديه

دار المأمون للنشر والتوزيع

إلى كل محب لعمر بن الخطاب رضي الله عنه
وإلى أولي الأمر في ديار الإسلام كلها
عسى أن ينتفعوا بمضمون هذه الرسالة

L

كلمة شكر

يتقدم الباحث بالشكر إلى المشرف الدكتور محمد الذنيبات المدرس في قسم الإدارة العامة رئيس لجنة المناقشة، فقد كان نعم العون في إعداد هذا البحث بحلمه وحكمته وتوجيهاته.

ويتقدم بالشكر إلى الدكتور بشير الخضرا الأستاذ المساعد رئيس قسم الإدارة العامة في كلية الاقتصاد والعلوم الإدارية على حسن توجيهه ونصحه الذي أفاد منه الباحث كثيراً.

ويتقدم بالشكر للدكتور علي الصوا الأستاذ المساعد رئيس قسم الفقه والتشريع في كلية الشريعة على تفضله بالاشتراك في لجنة المناقشة لهذا البحث وتعليقاته المفيدة وتأييده لمنحَى الباحث في اهتمامه باعتماد تعاليم الإسلام الحنيف في العلوم الاجتماعية بعامة والإدارية بخاصة.

وكذلك يتقدم بالشكر إلى الدكتور محمد الهياجنة المدرس في قسم العلوم السياسية بكلية الاقتصاد والعلوم الإدارية عضو لجنة المناقشة لتفضله بإبداء الملاحظات القيمة على هذا البحث.

كما ويتقدم إلى كل من ساعد في إخراج هذا البحث بهذه الصورة والشكر لله رب العالمين أولا وآخرا.

حمدي أحمد أبو حمديه
عمان في رمضان ١٣٠٦ هـ
الموافق أيار ١٩٨٦

٧

v

المحتوى

الفصل الأول

من الفكر الإداري القديم في جزيرة العرب والأقطار المجاورة لها

الفصل الثاني:

الإطار العام للإدارة في الإسلام من الكتاب والسنة

الفصل الثالث:

إدارة عمر بن الخطاب رضي اللـه عنه

بسم الله الرحمن الرحيم
مقدمة للبحث

الحمد لله، خالق الإنسان، معلمه البيان، منزل القرآن، خلق كل شيء بقدر، يدبر الأمر من السموات إلى الأرض، ألا له الخلق والأمر، تبارك الله رب العالمين. وصلى الله على النبي العربي الأمي، خاتم الأنبياء، وعلى آله وصحبه، ومن تبعهم بإحسان، وسلم تسليما كثيرا.

تقوم الدول المعاصرة على الإدارة العامة في تقديم الخدمات لشعوبها وفي تنمية مواردها الاقتصادية والمالية والبشرة، والدفاع عن أمنها في الداخل والخارج.

والإدارة العامة في الدول المعاصرة أفضل فعالية مما كانت عليه في الاسم الماضية فيما تقدمه للمواطن من خدمات مختلفة بسب استخدامها لوسائل فنية حديثة لم تعرف في الماضي.

ولو توصرنا خلو المجتمعات المعاصرة من مؤسسات الخدمات العامة لذهلنا، ولو تصورنا وجودا لهذه المؤسسات بلا نظام ولا إدارة، لرأينا أنها لن تكون قادرة على القيام بواجباتها نحو المواطنين، فوجودها النافع إذن رهن بإدارتها، القائمة على أمرها، وبأنظمتها العادلة، التي تحدد مسؤولياتها وطرق تقديم أعمالها إلى المواطنين، في الوقت المناسب وبالحجم المناسب.

وما نريد الوصول إليه في هذه المقدمة هو هذه المكانة العالية للإدارة العامة في المجتمع، وأهميتها القصوى له.

ولكن الملاحظ أن مراجع علم الإدارة العامة الهام'، ليست غريبة اللغة، ولا إسلامية العقيدة والبيئة، إلا القليل النادر، مع أن علماء الإدارة العامة متفقون على أن بين الإدارة العامة والبيئة تأثيرات متبادلة، فالبيئة تؤثر على الإدارة العامة وتتأثر بها، وكذلك الإدارة العامة تؤثر وتتأثر بالبيئة سواء بسواء.

١٥

لذلك، فإن بيئتنا الإسلامية تتطلب إدارة عامة تلائمها، وتراعي قيمها ولا تتعارض مع الأسس التي قامت عليها.

ولما كانت بلادنا قد قاست من الغزو الفكري القادم من بيئات مختلفة، تغلب عليها المادية والعلمانية، فلم تقم وزنا لتراث أمتنا الفكري، لجهلها به أو تجاهلها له، فإن الواجب على أبناء الأمة أن يساهموا في إبراز ذلك التراث الذي يعتز به أصحابه. ويرى الباحث أن عصر صدر الإسلام يمثل هذا التراث تمثيلاً حقيقيا ومشرقا، وخاصة ذلك العقد الذي ولي فيه عمر بن الخطاب الخلافة بعد أبي بكر الصديق رضي الله عنهما.

هذا وأن منهج البحث تاريخي تحليلي ومقارنة ويتلخص في جمع الحقائق التاريخية التي تتعلق بالبحث من مظانها العربية والأجنبية، ثم يتم تحليلها من منظور إداري معاصر، ثم تتم مقارنتها بالفكر الإدارية الذي ظهر منذ مطلع القرن الجاري للميلاد.

وينقسم البحث إلى خمسة فصول: يخصص الفصل الأول للكشف عن أهم الأفكار الإدارية في العصور القديمة في الجزيرة العربية والبلاد المجاورة لها، ما يظن أن بينها وبين العرب تأثيرات متبادلة، كبلاد فارس الروم. ويخصص الفصل الثاني للفكر الإدارية للإسلام بقصد رسم إطار عام له، اعتمادا على مصدري الإسلام الأساسيين: القرآن الكريم، والسنة النبوية الشريفة، وفي الفصل الثالث نبحث في إدارة عمر بن الخطاب ري الله عنه، لمحاولة التعرف على مبادئها وتطبيقاتها. أما الفصل الرابع فهو مخصص للمقارنة بين الفكر الإداري الذي قامت عليه إدارة عمر رضي الله عنه، والفكر الإداري الحاضر، وفي الفصل الخامس يحاول الباحث الخروج باستنتاجاته من البحث وتقديم أمثلة تطبيقية منه يمكن أن تفيد المجتمع الإسلامي الحاضرة.

و الله نسأل التوفيق والسداد في القول والفعل.

الفصل الأول
من الفكر الإداري القديم في جزيرة العرب
والأقطار المجاورة

VI

من الفكر الإداري القديم في جزيرة العرب
والأقطار المجاورة لها

إن تاريخ الفكر الإداري مرتبط بالتاريخ البشري ارتباط الفرع بالأصل، إلا أن النـاس في القديم وإن كان فيهم مديرون[1]، لم يكتبـوا عـن الإدارة، بـل كانـوا يمارسـونها عمليـا، فعرفوا القيادة والتنظيم واتخاذ القرار، والتوظيـف لتنفيـذه، ولم يتم الاعتراف بأهمية هذه المفاهيم الإدارية إلا في وقت قريب.

وإن مـن أعظـم القيـادين الرسـل الكـرام، الـذين أرسلـهم اللـه برسـالاته لهدايـة أقوامهم والحكم فيهم بالعدل، ويمكن إرجاع كثير مـن المفاهيم الحديثة في الإدارة إلى أولئك الرسل العظام.

فمن ذلك، أن سليمان عليه السلام: الذي ورد ذكره في التوارة والقرآن الكـريم "أدار حكم بلاده على أساس عقد اتفاقيـات تجاريـة واضحة المعـالم، وأدار مشـروعات إنشـاء وتعمير، وأبرم معاهدات سلام، في القرن العاشر قبل الميلاد"[2].

ومن قبل سليمان عليه السلام، أدار يوسف عليه السلام تمـوين المملكة المصرـية، كما ورد في القرآن الكريم، وفق خطة مدتها خمسة عشرة سنة، بنجاح لا مثيل له[3].

ولو قرأ مؤرخو الإدارة الغربيون القرآن الكريم كما قرأوا كتابهم المقدس، لاستنبطوا كثيرا من المفاهيم الإدارية التي عرفها القدماء، إلا أن ضعف ثقة كثير مـنهم بصحة مـا ورد في الكتب السماوية بعامة[4]، صرفهم عنها إلى غيرها، فاعتمدوا في تفسير

(١) كلود جورج، <u>تاريخ الفكر الإداري</u>، ترجمة أحمد حمودة. القاهرة: مكتبة الوعي العربي، ١٩٧٢، ص ١٥.

(٢) المرجع السابق، ص ٢٠.

(٣) ورد في ذلك في سورة يوسف.

(٤) آرنولد تُوينبي، <u>تاريخ البشرية</u>، نقله إلى العربية: الدكتور نقولا زيادة. بيروت: الأهلية للنشر والتوزيع، ١٩٨١، ص ص ١٣٠ – ١٣٧.

التاريخ القديم، العام والإداري، على الآثار، فنبشوا الحضارات القديمة للحصول منها على أدلة ووثائق.

ويرى المؤرخون الغربيون أن أقدم الحضارات نشأت منذ خمسة آلاف سنة في حوض الرافدين، وهي الحضارة السومرية، وفي موطنها عثروا على أقدم الوثائق المكتوبة في العالم، والتي تدل على أن السومريين مارسوا لونا من الرقابة الإدارية، ولا تعد تلك الوثائق كونها حسابات جرد أعدها الكهنة السومريون، ليتسنى لخليفة الكاهن المتوفى أن يسترد الدين الذي على الناس إلى مؤسسته[1].

ويرون كذلك أن من أقدم تلك الحضارات المدفونة الحضارة المصرية، ويعتبرون بناء الأهرام بوسائل تقنية بدائية دليلاً قاطعا على القدرات الإدارية والتنظيمية التي تهيأت لمصر القديمة فيما بين عامي ٥٠٠٠ و ٥٢٥ قبل الميلاد"[2] ذلك أن مساحة القاعدة التي يقوم عليه هرم مثلا بلغت ثلاثة عشر فدانا، وعدد القطع الحجرية الثقيلة التي يتراوح وزنها ما بين طنين ونصف بلغ أكثر من مليونين وربع المليون قطعة، وقد تطلب بناء الهرم المذكور تسخيراً أو استخدام مائة ألف رجل مدة عشرين عاما.

ويتصور مؤرخو الإدارة الغربيون، أن إنجاز ذلك العمل وحده تطلب تخطيطا وتنظيما ورقابة، ومواجهة مشاكل فرعية لتوفير المأكل والمسكن والنقل لذلك العدد الكبير من الناس[3].

وينظر المؤرخون الإداريون الغربيون إلى حضارة بابل المنبوشة بنفس المنظار، فهم يرون أن مدن حوض الرافدين اتحدت في عهد الملك حمورابي، وتطورت القوانين فيها لتشمل الممتلكات الشخصية والعقارات والتجارة والمعاملات وشؤون الأسرة والعمالة، وأن المعاملات التجارية كانت توثق توثيقاً محكما على أقراص أو ألاح كوسيلة للرقابة[4]، وأن تلك الأقراص تزودنا اليوم "بباكورة من بواكير الاعتراف بمبدأ عدم إمكان

(١) كلود جورج، مرجع سابق، ص ص ٢٠ - ٢١.
(٢) المرجع السابق، ص ٢٢.
(٣) المرجع السابق، نفس الصفحة.
(٤) المرجع السابق، ص ٢٩.

تفويض المسؤولية. ويتضح هذا من كتاب للملك يأمر فيه عشرة من رجاله بشق قناة، وينص الكتاب على أنه إذا لم يتم العمل المطلوب على صورة سليمه فإن العقاب سينزل بالمشرف على العمال لا بالعمال" (١).

ويرى هؤلاء المؤرخون أن "الأشنونة" أقدم قانون عرفته بابل، وأنها سبقت قانون حمورابي بما ينوف عن ١٥٠ سنة (٢).

أما قانون حمورابي فيعتبرونه من أقدم القوانين المعروفة في العالم، وقد نصّ على حدّ الأجر الأدنى، كما نص على وسائل في الرقابة الإدارية على البيع والشراء، وتدوين العقود اللازمة، وفيه نصوص تحدد المسؤولية الجزائية (٣).

ونجد في مؤلفات المؤرخين الإداريين أن "عهد "نبوخذ نصر، وهو بخت نصر عند المؤرخين المسلمين" (٤)، الذي حكم مملكة بابل بعد عشرة قرون من عهد حمورابي، كان عهد ازدهار إداري وصناعي. ففي مصانع النسيج التي عرفها ذلك العهد "نجد أمثلة على الإنتاج والمكافآت التشجيعية. فقد استخدمت الألوان مثلا كوسيلة للرقابة على خيوط الغزل التي يتداولها المصنع كل أسبوع، كأن تعلّم بكرات الأسبوع الأول باللون الأحمر وبكرات الأسبوع الثاني باللون الزرق وهكذا، وبذا تتهيأ للإدارة وسيلة سهلة للرقابة على سير العمل"(٥).

لقد أوردنا هذه المقتطفات الإدارية من الكتب الغربية للاستدلال على طريقتهم في إثبات وجود مفاهيم إدارية في أقدم الحضارات، إلا أن هذا لا يفيدنا كثيرا في بحثنا عن تأثير تلك المفاهيم على الثقافة الإدارية والسياسية لعمر بن الخطاب رضي الله عنه، فلعله لم يسمع بكثير من تلك المقتطفات، أو سمع بها ولم يوجه إليها العناية والاهتمام، لأن همه كان موجها إلى القرآن الكريم، وإلى السنة النبوية المطهرة، وإلى ما يمكن أن يكون

(١) المرجع السابق، ص ص ٢٩ - ٣٠.

(٢) المرجع السابق، ص ٣٠.

(٣) المرجع السابق، ص ص ٣٠ - ٣١.

(٤) ابن الأثير، الكامل في التاريخ. بيروت: دار صادر ١٣٩٩هـ (=١٩٧٩م) المجلد الأول، ص ٢٦١، وكذلك لويس معلوف، المنجد في الأدب والعلوم، بيروت: المطبعة الكاثوليكية، ١٩٢٧، ص ٦٦.

(٥) كلود جورج، مرجع سابق، ص ٣١.

سمعه أو عرفه في جاهليته وقد كان سفيرا لقريش في الجاهلية[1]، أو إلى ما اكتسبه من أمرائه وعماله على بلاد فارس والروم ومصر بعد فتحها، كما سنرى بإذن الله في الفصل الثالث من هذا البحث.

ومع أن القرآن الكريم هو كتاب هداية للفرد وللجماعة، فهو(هُدًى لِلْمُتَّقِينَ (٢) الَّذِينَ يُؤْمِنُونَ بِالْغَيْبِ وَيُقِيمُونَ الصَّلَاةَ وَمِمَّا رَزَقْنَاهُمْ يُنْفِقُونَ (٣) وَالَّذِينَ يُؤْمِنُونَ بِمَا أُنْزِلَ إِلَيْكَ وَمَا أُنْزِلَ مِنْ قَبْلِكَ وَبِالْآخِرَةِ هُمْ يُوقِنُونَ (٤))[2]، إلا أن فيه إشارات إلى بعض أحداث التاريخ بقصد العبرة والعظة، ومن ذلك ما جاء فيه عن مساكن سبأ في اليمن مما يدل على أن سبأ قد عرفت المبادئ والأفكار الإدارية منذ القدم ولا بدّ أن هذا مما كان يعلمه عمر بن الخطاب رضي الله عنه وهو يقرأ القرآن ويتتبع الأخبار قال الله تعالى في سبأ الذين سكنوا اليمن وعمروا صنعاء وسدّ مأرب: (لَقَدْ كَانَ لِسَبَإٍ فِي مَسْكَنِهِمْ آيَةٌ جَنَّتَانِ عَنْ يَمِينٍ وَشِمَالٍ كُلُوا مِنْ رِزْقِ رَبِّكُمْ وَاشْكُرُوا لَهُ بَلْدَةٌ طَيِّبَةٌ وَرَبٌّ غَفُورٌ (١٥) فَأَعْرَضُوا فَأَرْسَلْنَا عَلَيْهِمْ سَيْلَ الْعَرِمِ وَبَدَّلْنَاهُمْ بِجَنَّتَيْهِمْ جَنَّتَيْنِ ذَوَاتَيْ أُكُلٍ خَمْطٍ وَأَثْلٍ وَشَيْءٍ مِنْ سِدْرٍ قَلِيلٍ (١٦) ذَلِكَ جَزَيْنَاهُمْ بِمَا كَفَرُوا وَهَلْ نُجَازِي إِلَّا الْكَفُورَ (١٧) وَجَعَلْنَا بَيْنَهُمْ وَبَيْنَ الْقُرَى الَّتِي بَارَكْنَا فِيهَا قُرًى ظَاهِرَةً وَقَدَّرْنَا فِيهَا السَّيْرَ سِيرُوا فِيهَا لَيَالِيَ وَأَيَّامًا آمِنِينَ (١٨) فَقَالُوا رَبَّنَا بَاعِدْ بَيْنَ أَسْفَارِنَا وَظَلَمُوا أَنْفُسَهُمْ فَجَعَلْنَاهُمْ أَحَادِيثَ وَمَزَّقْنَاهُمْ كُلَّ مُمَزَّقٍ إِنَّ فِي ذَلِكَ لَآيَاتٍ لِكُلِّ صَبَّارٍ شَكُورٍ (١٩) وَلَقَدْ صَدَّقَ عَلَيْهِمْ إِبْلِيسُ ظَنَّهُ فَاتَّبَعُوهُ إِلَّا فَرِيقًا مِنَ الْمُؤْمِنِينَ (٢٠))[3].

فبلدتهم طيبة كثيرة لخيرات والجنات، فهم أصحاب إدارة زراعية جيدة، وقد بنوا سدا هو سد مأرب[4]، وبناية السد وتوزيع المياه منه يحتاج إلى إدارة تقوم على بنائه، وإدارة تقوم على توزيع مياهه على المزارعين، ونرى هنا نتائج عملياتهم الإدارية

(١) السيوطي، تاريخ الخلفاء، تحقيق: محمد محي الدين عبد الحميد. (ب.م): (ب.ن)، (ب.ت)، ص ١٠٨.

(٢) سورة البقرة، الآيات ٢-٤.

(٣) عبد الجليل عيسى، المصحف الميسر (ط٤) والقاهرة، (ب.ت): دار الشروق، ص ٥٦٤. سورة سبأ الآيات ١٥ - ٢٠، والخمط: المر البشع، والأض: شجر لا ثمر له.

(٤) القرطبي، الجامع لأحكام القرآن، بيروت: دار إحياء التراث العربي، ١٩٦٧، ج ١٤، ص ٢٨٩.

والأنظمة التي اتبعوها أو لمبادئ التي مارسوها دون أن نعرف التفاصيل فهي ليست مذكورة في النص، والنص يشير إلى أمن الريق، فقد كانوا يسافرون إلى بلاد الشام، وكان في بلاد الشام في ذلك العهد قرى مباركة كثيرة الخيرات، فيتعاملون معها بالتجارة، وكانت الطريق من اليمن إلى الشام آمنة موفورة الخدمات، وكان السير عليها مقدرا ليلا ونهارا، فهي على اتصال، لا تغيب القرية عن المسافر حتى تظهر له الأخرى، فلا يتعب في حمل الزاد أو الماء لنفسه أو لرواحله، فكانوا يغدون فيقيلون في قرية، ويروحون فيبيتون في قرية، وقيل: كان على كل ميل قرية، فيها سوق، وهذا سبب أمن الطريق [1] . إذن، كانت اليمن والحجاز إلى بلاد الشام، عامرة بالناس، وافرة الخيرات والخدمات تتمتع بأمن شامل.

أليس هذا المطلق – من توفير للخدمات والأمن للمواطن في حله وترحاله – هو هدف كل إدارة تسعى لتحقيق الأمن والرفاء لمواطنيها اليوم؟ فكيف تحقق ذلك في العصور الغابرة التي ينظر إليها على أنها عصور متخلفة، مقارنة مع العصر الحالي؟

ولكن سبأ بطروا هذه النعم، وسئموا الراحة فطلبوا لأنفسهم المشقة وهم ظالمون، فقالوا: ربنا باعد بين أسفارنا وظلموا أنفسهم فجعلناهم أحاديث ومزقناهم كل ممزق"، وإنما قالوا ذلك حتى تنحصر التجارة في الأغنياء، وتفرقوا في البلاد، قال الشعبي: فلحقت الأنصار بيثرب، غسان بالشام، والأسد بعمان، وخزاعة بتهامة، وكانت العرب تضرب بهم المثل فتقول "تفرقوا أيدي سبأ، أو أيادي سبأ" أي مذاهب سبأ وطرقها [2] . وهكذا تمزق عرب اليمن إداريا، وتفرقوا في الأقطار.

وفي أيام ازدهارها، كانت إدارة سبأ ملكية، ويدلنا القرآن الكريم أن الكافر أو الضال عن طريق الإيمان والهداية، يمكن أن يكون إداريا ذا قرار صائب، ويتبع وسائل صحيحة تقوده إلى القرار الصحيح، كما فعلت ملكة سبأ، التي ورد ذكرها في سورة

---

(١) عبد الجليل عيسى، مرجع سابق، ص ٥٦٥.

(٢) القرطبي، مرجع سابق، ج ١٤، ص ٢٩١.

النمل، وقد كانت هـي وقومهـا ﴿ يَسْجُدُونَ لِلشَّمْسِ مِنْ دُونِ اللهِ وَزَيَّنَ لَهُمُ الشَّيْطَانُ أَعْمَالَهُمْ فَصَدَّهُمْ عَنِ السَّبِيلِ فَهُمْ لَا يَهْتَدُونَ (٢٤) ﴾ (١).

وصوّر القرآن الكريم طريقة اتخاذها القرار في أهم شأن من شؤون دولتها: قرار الحرب، أو قرار السلام، فقد جاءها كتاب من سليمان عليه السلام، وكان ملكا لمملكة يهودا التي ورثها عن أبيه داود عليه السلام، في جزء من فلسطين، وذلك في القرن العاشر قبل الميلاد (٢)، فجمعت الملكة ملأها – وهم الوجهاء والأشراف في الدولة – لتستشيرهم في شأن الكتاب الذي جاءها وكان نصّه: ﴿ إِنَّهُ مِنْ سُلَيْمَانَ وَإِنَّهُ بِسْمِ اللهِ الرَّحْمَنِ الرَّحِيمِ (٣٠) أَلَّا تَعْلُوا عَلَيَّ وَأْتُونِي مُسْلِمِينَ (٣١) ﴾ (٣)، وهي تريد منهم فتوى في أمر هذا الكتاب الكريم من سليمان عليه السلام.

وليس من عادتها أن تقطع أمرا حتى يشهد الملأ على ذلك الأمر ويشيروا برأيهم. ﴿ قَالَتْ يَا أَيُّهَا الْمَلَأُ أَفْتُونِي فِي أَمْرِي مَا كُنْتُ قَاطِعَةً أَمْرًا حَتَّى تَشْهَدُونِ (٣٣) ﴾ (٤)، فهو مجلس شورى، وتريد فيه أخذ موافقتهم على القرار، أو أن يتم صنع القرار في هذا المجلس، فأشاروا عليها بأن الأمر إليها، وهي التي تتخذ القرار الذي تشأ فتأمرهم فيطيعوا، ومهّدوا لقولهم هذا بإظهار القوة والبأس لها، ﴿ قَالَتْ يَا أَيُّهَا الْمَلَأُ أَفْتُونِي فِي أَمْرِي مَا كُنْتُ قَاطِعَةً أَمْرًا حَتَّى تَشْهَدُونِ (٣٣) ﴾ (٥)، عندئذ صار الجو مهيأ لإعلان قرارها وقد مهدت له بما يد على سعة اطلاعها على شؤون الملك ودأب الملوك إذا انتصروا في المعركة: ﴿ قَالَتْ إِنَّ الْمُلُوكَ إِذَا دَخَلُوا قَرْيَةً أَفْسَدُوهَا وَجَعَلُوا أَعِزَّةَ أَهْلِهَا أَذِلَّةً وَكَذَلِكَ يَفْعَلُونَ (٣٤) وَإِنِّي مُرْسِلَةٌ إِلَيْهِمْ بِهَدِيَّةٍ فَنَاظِرَةٌ بِمَ يَرْجِعُ

---

(١) سورة النمل، الآية ٢٤.
(٢) أرنولد توينبي، مرجع سابق، ج ١، ص ١٣٦.
(٣) سورة النمل، الآيتان، ٣٠ و ٣١.
(٤) سورة النمل، الآية ٣٢.
(٥) سورة النمل، الآية ٣٣.

الْمُرْسَلُونَ (٣٥) ﴾[1]، ولكن ردّ سليمان عليه السلام كان حاسما - ولم يغره المال أو الهدايا، فهو صاحب رسالة يدعو الناس إلى إسلام الوجه لله رب العالمين، وقد انصاعت لهذا الرد الحاسم من سليمان عليه السلام، وجاءته بنفسها، وأسلمت مع سليمان لله رب العالمين. لقد كانت صاحبة قرار صائب وهي كافرة وكان قرارها الثاني بدخولها في دين الله لا يقل صوابا عن قرارها الأول. ومع أن المؤرخين الذين لا يؤمنون بالكتب التي أنزلها الله على رسله يشككون بصحة زيارة ملكة سبأ لسليمان عليه السلام[2] إلا أنهم يقرون بضم اليمن حضاريا إلى سورية في القرن العاشر قبل الميلاد ويستدلون على ذلك الرأي بالعمل المشترك الذي قام به حيرام ملك صور وسليمان لفتح الطريق البحري عبر البحر الأحمر إلى المحيط الهندي، وصار البحر الهندي بحيرة سورية بعدما كان بحيرة مصرية لنحو ألفي سنة[3].

لقد عرفت اليمن الإدارة المستقلة، والسيادة الكاملة في أزمنة كثيرة، منها حقبة حكم التبابعة، وهم قوم تبع، وقد نقل القرطبي عن المسعودي أن تُبّعا اسم لكل مَلِك مَلَك اليمن والشحر وحضرموت، وأن مَلَك اليمن وحدها لم يقل له تُبّع[4]. إلا أن اليمن عاشت حقبا طويلة تحت إدارات أجنبية، فقد صارت إدارة اليمن حبشية، وذلك على إثر المحرقة التي سعرها أحد ملوك حمير واسمه يوسف بن شرحبيل، وعرف بذي نواس، وحرّق النّصارى من أهل نجران في أخدود، وقد ورد ذكر تلك المحرقة في القرآن الكريم، فاستنجد من بقي على قيد الحياة من نصارى نجران بقيصر الروم، فكتب قيصرـ الروم هذا إلى ملك الحبشة يأمره بنصر نصارى نجران، فجاء من الحبشة سبعون ألفا وعليه مأمر يقال له أرياط وفي جنده رجل يقال له أبرهة، وهو الذي غزا البيت الحرام في مكة عام الفيل، فصارت اليمن ولاية حبشية، إلى أن جاء رجل من حمير اسمه سيف بـن ذي يزن فاستعان بكسرى الفرس للقضاء على سلطان الحبشة في اليمن فغلبهم وكانت اليمن تدفع الجزية

---

(١) سورة النمل، الآيتان، ٣٤ و ٣٥.

(٢) آرنولد توينبي، مرجع سابق، ج ١، ص ١٣٧.

(٣) المرجع السابق، نفس الصفحة.

(٤) القرطبي، مرجع سابق، الجزء السادس عشر، ص ١٤٥.

والخراج المعلوم إلى كسرى كل عام مقابل صنيعه ذلك وبقيت إدارة اليمن تابعة للفرس إلى أن جاء الفتح الإسلامي، وكان عليها واليا رجل فارسي هو باذان [١].

لكن أهم منطقة في الجزيرة العربية، إداريا وفكريا، هي منطقة مكة المكرمة والمدينة المنورة والبحث في إدارتها قد يفيدنا في التعرف على فكر الخلفية الإدارية للعهد الإسلامي فهي البلد التي نشأ فيها عمر وهي بلد قريش، أكرم قبائل العرب، وهي البلد الحرام الذي بقي آمنا منذ خلق الله آدم وأسكنه الأرض، فالبيت الحرام هو أول بيت وضع للناس، ولما كان آدم نبياً عابدا فإن من المرجح أن آدم صلى في هذا البيت، وأما الذي عمّره وأسكن عنده ذريته، ورفع قواعد البيت بعد أن دفنت تحت التراب مدة من الزمن فهو إبراهيم عليه السلام. قال الله تعالى: ﴿ إِنَّ أَوَّلَ بَيْتٍ وُضِعَ لِلنَّاسِ لَلَّذِي بِبَكَّةَ مُبَارَكًا وَهُدًى لِلْعَالَمِينَ (٩٦) فِيهِ آيَاتٌ بَيِّنَاتٌ مَقَامُ إِبْرَاهِيمَ وَمَنْ دَخَلَهُ كَانَ آمِنًا ﴾ [٢] وقد رفع إبراهيم وابنه إسماعيل عليهما السلام قواعد البيت ودعوا الله أن يتقبل منهما، قال الله تعالى: ﴿ وَإِذْ يَرْفَعُ إِبْرَاهِيمُ الْقَوَاعِدَ مِنَ الْبَيْتِ وَإِسْمَاعِيلُ رَبَّنَا تَقَبَّلْ مِنَّا إِنَّكَ أَنْتَ السَّمِيعُ الْعَلِيمُ (١٢٧) ﴾ [٣]، وكان إبراهيم عليه السلام قبل ذلك أول من أسكن ناسا من ذريته بوادي مكة عند بيت الله المحرم، قال الله تعالى: ﴿ رَبَّنَا إِنِّي أَسْكَنْتُ مِنْ ذُرِّيَّتِي بِوَادٍ غَيْرِ ذِي زَرْعٍ عِنْدَ بَيْتِكَ الْمُحَرَّمِ رَبَّنَا لِيُقِيمُوا الصَّلَاةَ فَاجْعَلْ أَفْئِدَةً مِنَ النَّاسِ تَهْوِي إِلَيْهِمْ ﴾ [٤].

وقد جعل الله إبراهيم عليه السلام إماما للناس، وقد اختاره سبحانه لإمامة الناس بعد أن امتحنه بكلمات فأتمهن إبراهيم: ﴿ وَإِذِ ابْتَلَى إِبْرَاهِيمَ رَبُّهُ بِكَلِمَاتٍ فَأَتَمَّهُنَّ قَالَ إِنِّي جَاعِلُكَ لِلنَّاسِ إِمَامًا قَالَ وَمِنْ ذُرِّيَّتِي قَالَ لَا يَنَالُ عَهْدِي الظَّالِمِينَ (١٢٤) ﴾ [٥] وإمامة إبراهيم عليه السلام

(١) ابن الأثير، مرجع سابق، ص ص ٣٤١ – ٤٥١.
(٢) سورة آل عمران، الآيتان، ٩٦ و ٩٧.
(٣) سورة البقرة، الآية ١٢٧.
(٤) سورة إبراهيم، الآية ٣٧.
(٥) سورة البقرة، الآية ١٢٤.

كانت في زمانه، في إرشاد الناس إلى مناسك الحج، فقد أمره الله أن يؤذن في الناس بالحج ليشهد الرجال والنساء منافع لهم، ويذكروا اسم الله في أيام معلومات - هي أيام التشريق الثلاثة بعد عيد الأضحى - على ما رزقهم من بهيمة الأنعام المستخدمة لمصالحهم والمسخرة لتوفير الغذاء لأنفسهم. قال الله تعالى: ﴿ وَأَذِّن فِي النَّاسِ بِالْحَجِّ يَأْتُوكَ رِجَالًا وَعَلَى كُلِّ ضَامِرٍ يَأْتِينَ مِن كُلِّ فَجٍّ عَمِيقٍ (٢٧) لِيَشْهَدُوا مَنَافِعَ لَهُمْ وَيَذْكُرُوا اسْمَ اللهِ فِي أَيَّامٍ مَعْلُومَاتٍ عَلَى مَا رَزَقَهُم مِّن بَهِيمَةِ الْأَنْعَامِ ﴾ [١]

وقد كانت إدارة البيت في قريش، تكرم الوافد إليه حاجا أو معتمرا، وتدفع عنه من يريد له هدما أو لأهله شرا، فقد ورد في التاريخ أن أحد التبابعة واسمه حسّان بن تبان ومعه حمير، أراد أن ينقل أحجار الكعبة إلى اليمن فنزل بنخلة - موضع في الحجاز - فاجتمعت قريش وكنانة وخزيمة وأسد وجذام، ورئيسهم جميعا فهر بن مالك، فاقتتلوا قتالا شديدا، وتم أسر حسان، وانهزمت حميرة [٢].

وأهمية إدارة البيت عند العرب غير خافية، وقد كانت متصلة لا تقبل الانقطاع، فحين كانت ولاية الكعبة إلى حُلَيْل بن حُبْشية الخزاعي، أوصى حينما كبر بولاية البيت لابنته حُبَى، وقد كانت زوجة لقصي (واسمه زيد) بن كلاب، وولدت له أولاده الأربعة: عبد الدّار، وكان ضعيفا، وعبد مناف، وعبد العزى، وعبد قصي [٣].

ولم يعترض أحد على ولاية حُبي للكعبة وهي امرأة. إلا أنها لم تجد القدرة على فتح الباب، فجعل حُلَيْل فتح الباب إلى ابنه المحترش، وهو أبو غُبْشان، فاشترى قصّي من المحترش ولاية البيت بزق خمر وبعود، فضربت به العرب المثل فقالت: "أخسر صفقة من أبي غبشان" [٤].

وقد أدت هذه الصفقة إلى قتال بين قبائل العرب انتهت بتحكيم رجل بينهم اسمه عمرو بن عوف، فقضى بينهم أن قصيًا أولى بالبيت من منازعيه على الأمر من خزاعة وبني بكر، وأن كل دم أصابه من خزاعة

---

(١) سورة الحج، الآيتان ٢٧ و ٢٨.
(٢) ابن الأثير، مرجع سابق، المجلد الثاني، ص ٢٦.
(٣) المرجع السابق، ص ص ١٨ - ١٩.
(٤) المرجع السابق، ص ١٩.

وبني بكر - حلفائهم - موضوع، فيشدخه تحت قدميه، وأن كل دم أصابت خزاعة وبنو بكر من قريش وبني كنانة ففي ذلك الدية مؤداه، فسمي بعمرو الشداخ بما شدخ من الدماء، وما وضع منها، فولي قصّي البيت وأمر مكة[1]، وجمع قومه إلى مكة من الشعاب والأودية والجبال، فسمي مجمعاً[2]، وجعل منزل عدد من بطون قريش في مكة، وهم قريش البطاح، وجعل آخرين منهم في ظواهر مكة، وهم قريش الظواهر، وكان من دأب قريش الظواهر الغزو والإغارة، وهم رهط أبي عبيدة بن الجراح ورهط عياض بن غنم، ولم يكن ذلك من دأب قريش البطاح فسميت الضب للزومها الحرم، وهكذا ملكت قريش قصيا عليها، فكان أول ولد كعب بن لؤي أصاب ملكا أطاعه به قومه، وكان إليه الحجابة والسقاية والرفادة والندوة واللواء، وقسّم مكة أرباعا بين قومه، فبنوا المساكين وأستأذنوه في قطع الشجر فمنعهم، فبنوا والشجر في منازلهم ثم قطعوه بعد موته، وكان أمره في قومه ميمونا كالدّين المتبع في حياته وبعد موته، فاتخذ دار الندوة وبابها في المسجد وفيها كانت قريش تقضي أمورها[3].

فلما كبر قصيٌ ورأى أن سائر ولده قد سادوا في حياته إلا أكبرهم عبد الدّار لضعفه، قال له: و الله لألحقنك بهم، فأعطاه دار الندوة والحجابة واللواء والسقاية والرفادة.

أما دار الندوة، فقد ذكرنا أنها مركز الرئاسة لقريش.

وأما الحجابة: فهي حجابة الكعبة أي سدانتها وتعلي حفظها.

وأما اللواء: فكان قصي يعقد لقريش ألويتهم، فهي للدفاع.

وأما السقاية: فهي سَقْيُ الحاج.

وأما الرفادة: فهي خرج تخرجه قريش في كل موسم من أموالها إلى قصي فيصنع منه

---

(١) المرجع السابق، ص ص ١٩ - ٢٠.

(٢) المرجع السابق، ص ٢٠.

(٣) المرجع السابق، ص ٢١.

طعاما للحاج يأكله الفقراء، وكان قصي قد قال لقومه: إنكم جيران الله وأهل بيته وأن الحاج ضيف الله وزوار بيته، وهم أحق الضيف بالكرامة، فاجعلوا لهم طعاما وشرابا أيام الحج، ففعلوا، فكانوا يخرجون من أموالهم فيصنع الطعام أيا ممنى، فجرى الأمر على ذل في الجاهلية، واستمر في الإسلام[1].

وقد بقيت الحجابة واللواء في بني عبد الدار إلى أن جاء الإسلام. أما الرفادة والسقاية فإن عبد شمس، وهاشم والمطلب، ونوفل، بني عبد مناف بن قصي، أجمعوا أن يأخذوها من بني عبد الدار على أن يعطوا بني عبد مناف السقاية والرفادة، واقترعوا عليها إلى أن صارت لأبي طالب بن عبد المطلب، ولم يكن له مال، فأدان من أخيه العباس مالا فأنفقه ثم عجز عن الأداء، فأعطى العباس السقاية والرفادة عوضا عن دَيْنه[2].

هكذا إذن كانت إدارة مكة والبيت الحرام، على درجة من التنظيم الإداري، والتقسيمات الإدارية، ولكل إدارة وظائفها وواجباتها المعروفة والمتفق عليها، وكلها موجهة لخدمة الحجيج وحفظ أمن البيت الحرام وأهله، وكانت الرفادة أكثر الأبواب إنفاقا على الحاج، ما اقتضى وجود مورد مالي ثابت ومنظم لها.

وننتقل إلى اقتطاف أمثلة إدارية من البلاد الشامية، التي أسماها الله في القرآن الكريم بالقرى المباركة والأرض المقدسة، لخيراتها ومياهها وجوها المعتدل أو لأسباب غير هذه، ففيها المسجد الأقصى، وقد بارك الله حوله.

وقد صح عن رسول الله و الله أنه قال: "كانت بنو إسرائيل تسوسهم الأنبياء، كلما هلك نبي خلفه نبيّ، وأنه لا نبي بعدي، وسيكون خلفاء فيكثرون" قالوا: فما تأمرنا؟ قال: "فوا ببيعة الأول فالأول، أعطوهم حقّهم، فإن الله سائلهم عما استرعاهم"[3].

---

(١) المرجع السابق ص ص ٢١ - ٢٢.

(٢) المرجع السابق، ص ص ٢٢ - ٢٣.

(٣) رواه البخاري ومسلم، محمد فؤاد عبد الباقي، اللؤلؤ والمرجان فيما اتفق عليه الشيخان، بيروت: دار إحياء التراث العربي، ب. ت، ج٢، ص ٢٤٧.

إن هذا الحديث أصل من أصول الإدارة في الإسلام، وسنبحثه في الفصل الثاني من هذه الرسالة، والذي يعنينا في هذا الفصل هو دور أنبياء بني إسرائيل الإداري، فقد كان من واجبات النبي"سياسة الناس" وهو يعتبر ذا واقع ومعنى أفضل من "إدارة الناس"، وهو على كل حال مختلف في المعنى حسب اصطلاح علم الإدارة الحديثة، فالإدارة تنفيذية وتسهم في صنع القرار أم السياسة فعملها وضع الخطط والسياسات العامة للدولة، فالساسة إداريون رفيعوا المستوى وواضعوا خطط عليا.

ومثال على الأنبياء من بني إسرائيل، ممن كان يسوسهم، ويقودهم في الحروب، الملك طالوت. ويستفاد من الآية التي ذكر فيها تمليك طالوت على بني إسرائيل أن العلم الواسع والجسم القوي القادر على تحمل المسؤوليات السياسية والإدارية هي من الصفات الأساسية التي كان يتمتع بها طالوت، والتي يمكن اعتبارها شروطا أساسية كانت متوفرة على الوجه الأمثل في عمر بن الخطاب رضي الله عنه. قال الله تعالى: ﴿وقال لهم نبيهم أن الله قد بعث لكم طالوت ملكا قالوا أنى يكون له الملك علينا ونحن أحق بالملك منه، ولم يؤت سعة من المال. ﴿ قَالَ إِنَّ اللَّهَ اصْطَفَاهُ عَلَيْكُمْ وَزَادَهُ بَسْطَةً فِي الْعِلْمِ وَالْجِسْمِ وَاللَّهُ يُؤْتِي مُلْكَهُ مَنْ يَشَاءُ وَاللَّهُ وَاسِعٌ عَلِيمٌ (٢٤٧) ﴾ [١] فمقياس الكفاءة للملك، أي لأعلى وظيفة عامة في السياسة والإدارة، وليس سعة المال، بل البسطة في العلم الجسم (أي القوة)، والأهم من ذلك في الأنبياء اصطفاه الله لهم، فالله أعلم بخلقه ومن يصلح لأداء رسالته.

ويستفاد كذلك من القرآن الكريم دروس إدارية من داود عليه السلام الذي جعله الله خليفة في الأرض، وأمره أن يحكم بين الناس بالعدل والحق وألا يتبع الهوى. فداود عليه السلام هو سياسي وإداري في وصف الحديث الشريف الأنف الذكر، وفي نص القرآن الكريم على خلافته وحكمه بالحق. وفي الإدارة الإسلامية، فإن الخلافة هي أعلى منصب في الدولة، والخليفة هو مستودع السلطات ورأس السلطة التنفيذية [٢] والخليفة هو

---

(١) سورة البقرة، الآية ٢٤٧.

(٢) الدكتور محمد سلام مدكور، معالم الدولة الإسلامية (ط١). الكويت: مكتبة الفلاح، ١٤٠٣ هـ (١٩٨٣م).

الذي يخلف من قبله من الأنبياء والأئمة الصالحين[1] وأبو بكر خلف رسول الله ﷺ، و الله وعمر خلف أبا بكر رضي الله عنهما.

كما يستفاد من الملك سليمان عليه السلام كثير من الأفكار والمبادئ الإدارية التي وردت في القرآن الكريم، والتي تلاها عمر بن الخطاب كثيرا، وهو يقرأ في كتاب الله، مرجع عمر في أحكامه وإدارته وخططه وعملياته الإدارية، كما سيأتي. ونذكر أمثلة على تلك الأفكار باختصار.

١- مبدأ التفقد للعاملين في أجهزة الدولة: فقد تفقد سليمان عليه السلام الطير، وقال: ﴿ مَا لِيَ لَا أَرَى الْهُدْهُدَ أَمْ كَانَ مِنَ الْغَائِبِينَ (٢٠) ﴾ [2].

٢- مبدأ الاستئذان عند الخروج من العمل قبل وقت الانصراف الرسمي: فلو كان الهدهد قد استأذن قبل ذهابه لما سأل سليمان عنه.

٣- مبدأ تحري الصحة والدقة في ما يصل إلى المسؤول من أقوال. فقد جاء في القرآن الكريم: ﴿ لَأُعَذِّبَنَّهُ عَذَابًا شَدِيدًا أَوْ لَأَذْبَحَنَّهُ أَوْ لَيَأْتِيَنِّي بِسُلْطَانٍ مُبِينٍ (٢١) ﴾ [3].

٤- مبدأ العقوبة لحفظ النظام في المؤسسة، وهو المذكور في الآية الآنفة الذكر من توعد سليمان للهدهد بالعقوبة القاسية لخروجه بدون إذن.

٥- أهمية الوظائف المساعدة staff jobs، ولعل أهمها الوظيفة الكتابية، فقد استخدمها سليمان عليه السلام، فكتب إلى ملكة سبأ رسالة قليلة الكلمات لتؤدي جميع ما يريده: ﴿ إِنَّهُ مِنْ سُلَيْمَانَ وَإِنَّهُ بِسْمِ اللَّهِ الرَّحْمَٰنِ الرَّحِيمِ (٣٠) أَلَّا تَعْلُوا عَلَيَّ وَأْتُونِي مُسْلِمِينَ (٣١) ﴾ [4].

---

(١) القرطبي، مرجع سابق، ج ١٥، ص ١٨٨.
(٢) سورة النمل، الآية ٢٠.
(٣) سورة النمل، الآية ٢١.
(٤) سورة النمل، الآيتان ٣٠ و ٣١.

ويستفاد كذلك من هذه الآية أن الكاتب يجب أن يكون قادرا على الوصول إلى ما يريد بأدق العبارات وأوجزها، وهذا لا يتم إلا بالتدريب، واختيار الكفاءات القابلة للتطوير نحو الأفضل.

٦- مبدأ الشورى في اتخاذ القرار الإداري في جميع الأمور التي لا نصّ فيها. فحين كتب سليمان إلى ملكة سبأ جمعت الملأ من قومها، وهم مستشاروها من ذوي الرأي من الأمة وطلبت منهم رأيهم في رسالة سليمان وجاء ردّهم "أن الأمر اليها".

وفي سورة يوسف عليه السلام كثير من الدروس في الإدارة العامة، وقد كان عمر ابن الخطاب رضي الله عنه يقرأ بسورة يوسف في صلاة الفجر كما روى البخاري عن عبد الله ابن السائب [١]، فالأفكار الإدارية في سورة يوسف معلومة جيدا من قبل عمر.

ومما يستفاد من آياتها:

١- مبدأ التسلسل الإداري والهرمية في الوظائف الإدارية، فقد كان في مصر ملك، ثم عزيز، ثم تابعين للعزيز لحفظ الأمن أو الإشراف على السجن، أو كيل الحبوب وخزنها.

٢- مبدأ الشورى. والبحث عن الحلول عند ذوي الاختصاص. فقد سأل الملك من حوله أن يفتوه في رؤياه، فدلهم أحد العاملين في القصر ـ على يوسف السجين، وهو مختص في تعبير الرؤيا.

٣- مبدأ اصطفاء المستشارين من ذوي الاختصاصات والكفاءات العليا، فقد رأى الملك في يوسف عليه السلام صاحب خلق وإخلاص وعلم، فاستخلصه لنفسه، ثم ولاه خزائن الأرض ليقوم على الإدخال والإخراج والتصرف بالمخزون.

٤- مبدأ ديمومة العمل: فقد مكث يوسف في عمله على خزائن الأرض خمس عشرة سنة على الأقل.

---

(١) الإمام البخاري، صحيح أبي عبد الله البخاري. مكة: مكتبة النهضة الحديثة، ١٣٧٦ هـ، ج١، ص ١٢٨.

٥- مبدأ التخطيط طويل المدى في الاقتصاد لتوفير المواد الأساسية للمواطنين، فقد كانت خطة يوسف أن يستغل أول سبع سنوات في تخزين ما أمكن من المحصول الناتج، ليغطي حاجة الناس لسبع سنوات بعدها. وهي سنوات القحط أو المحل، وفي السنة الخامسة عشر يأتي الخصب. ولم يكن يوسف يعلم الغيب، ولكن الله علمه؛ ﴿ وَلِنُعَلِّمَهُ مِن تَأْوِيلِ الْأَحَادِيثِ ﴾ [سورة يوسف، الآية ٢١].

٦- وجود مؤسسات عامة في مصر ـ منذ آلاف السنين، كمؤسسة القصر ـ الملكي، ومؤسسة العزيز، ومؤسسة السجن، وهي مؤسسة أمنية، أما العزيز فهو أشبه بالوزير اليوم، مما يفيد بوجود وزارات ودوائر تابعة لها في مصر قديما.

٧- مبدأ التفويض. فقد فوض الملك سلطاته ليوسف على خزائن الأرض.

٨- مبدأ جواز طلب العمل إذا رأى الطالب ضرورة أكيدة لحفظ المصالح العام'ن وكان ذا رأي مسموع عند المسؤول.

٩- قيام أعمال يوسف عليه السلام وهو على خزائن الأرض على أساس إيماني هو ملة إبراهيم، وأثر الإيمان بالله واليوم الآخر على أخلاق الموظف العام وأمانته واستقامته وتفضيله المصلحة العامة للناس على المصالح الذاتية، وهذا أقوى أساس لأعمال يوسف العامة والخاصة ﴿ إِنِّي تَرَكْتُ مِلَّةَ قَوْمٍ لَّا يُؤْمِنُونَ بِاللَّهِ وَهُم بِالْآخِرَةِ هُمْ كَافِرُونَ (٣٧) وَاتَّبَعْتُ مِلَّةَ آبَائِي إِبْرَاهِيمَ وَإِسْحَاقَ وَيَعْقُوبَ مَا كَانَ لَنَا أَن نُّشْرِكَ بِاللَّهِ مِن شَيْءٍ ﴾ [1].

١٠- ونذكر أخيرا مبدأ إداريا يستفاد من استخلاف موسى عليه السلام لأخيه هارون، هذا المبدأ هو:

١١- مبدأ التفويض الشامل: ﴿ وَقَالَ مُوسَى لِأَخِيهِ هَارُونَ اخْلُفْنِي فِي قَوْمِي وَأَصْلِحْ وَلَا تَتَّبِعْ سَبِيلَ الْمُفْسِدِينَ (١٤٣) ﴾ [2] كما يستفاد من الآية أيضا مبدأ التوجيه من القائد إلى

---

(١) سورة يوسف، الآيتان ٣٧ و ٣٨.

(٢) سورة الأعراف، الآية ١٤٢.

نائبه أو خليفته: وهنا نجد التوجيه بالإصلاح، وهو عمل إداري كذلك.

وتتصل حياة موسى عليه السلام بالفراعنة في مصر.

وقد أشاد بعض المؤرخين الإداريين المعاصرين بالكفاءة التنظيمية للفراعنة، حيث يستفاد من كتاباتهم أن مملكة مصر الفرعونية كانت مقسمة إلى أقسام إدارية، ذات وطنيات محلية، سميت باليونانية "نوموي" وتعني "وحدات إدارية"[1]. وأن المصريين اشتهروا بالنشاط الاجتماعي والمهارة الإدارية مما ساعد في سرعة توحيدهم السياسي فكانت عندهم حكومة مركزية ذات فعاليه، وكانت البلاد تتمتع بنظام ممتاز للمواصلات[2].

ويرى بعض المؤرخين الإداريين أن المصريين قد عرفوا نظاما للخدمة المدنية بمفهومها الحديث، يقوم على أساس جهاز من الموظفين العامين ذوي الرتب المتدرجة والفئات المتميزة، وكانوا يخضعون لبرامج تدريبية، كما أن الوظيفة العامة كانت تتصف بالديمومة، ولها نظام للترفيع، ولها إجراءات محددة للتعيين والفصل، وقد نص النظام على الجهة التي تتخذ قرار التعيين أو الفصل من الخدمة[3].

وفيما أوردناه من شواهد من القرآن الكريم ما يؤيد بعض هذه الأقوال.

وقد ذكرنا لمحات إدارية في مصر زمن يوسف عليه السلام والملك المصري المعاصر له فيما سبق كنماذج تطبيقية. تؤكد بعض ما ذهب إليه هؤلاء المؤرخون.

أما الإدارة عند الإغريق، فقد ميزت بالبساطة لصغر حجم الإدارات، إذ كانت كل مدينة دويلة مستقلة يحكمها مواطنون منتخبون يجمعون بين وظيفتي القضاء والتنفيذ، ولمدد وجيزة فقط، ويمارسون مهامهم الإدارية والقضائية دون تدريب مسبق، ولم تكن لهم رواتب مقابل خدمتهم هذه، إذ لم يكن عندهم نظام وظيفي أو مهني[4]، ولكن أسلوبهم المتفرد باختيار الموظف العام بالاقتراع، جعلهم بحق أول من استحدث فكرة "حكم

---

(١) آرنولد توبني، مرجع سابق، ج ١، ص ص ٧١ – ٧٢.

(٢) المرجع السابق، ص ص ٨٠ – ٨٥.

(٣) د. حمدي أمين عبد الهادي، الفكر الإداري الإسلامي والمقارن (ط٢). (القاهرة): دار الفكر العربي، ١٩٧٥، ص ص ٣٢ – ٣٥.

(٤) المرجع السابق، ص ٣٧.

الشعب من قبل الشعب" وهو المبدأ الديمقراطي المعروف في الغرب[1]، ولعل مبدأ تحديد مدة الرئيس المنتخب ودورية الانتخاب المتبع في الولايات المتحدة الأمريكية ودول غيرها، مأخوذ عن الديمقراطية الإغريقية[2]. وكذلك فإن مبدأ الإدارة عن طريق مجالس أو جمعيات عامة هو أسلوب فريد ومبتكر ويتصف بالجماعية الإدارية، حيث لا يوجد تدرج رئاسي بل سلسلة من المجموعات على شكل لجان أو هيئات عدد أفرادها عشرة، كل مجموعة تمثل قبيلة أو عشيرة. وتدار النشاطات العامة، كالأشغال العامة الأسواق والشرطة والسجون، ولتجارة والجمارك، من قبل هيئات منفصلة، وكان يعين للمرفق ذي الطبيعة المتخصصة، كالشؤون المالية، رئيس تنفيذي. وأما مدة العضوية في الهيئات واللجان فكانت سنة واحدة، وهي مدة غير كافية لاكتساب العضو خبرة كافية في عمله، وهذه إحدى عيوبها، كما أن إجراء الاختبار العلني كان يتم عند نهاية خدمة الموظف، هو عيب آخر، لا يساعد كثيرا في الرقابة الإدارية أو استبعاد الأقل كفاءة منذ بدء التنظيف[3]، إلا أن للإدارة الإغريقية ميزة تحري رغبات الشعب وإرضائها، ولكن - كما ذكرنا - على حساب الكفاءة والفعالية الوظيفية وديمومتها اللازمين للخدمة العامة المتقنة[4].

ومن نوابغ الإغريق في الكتابة التي لها علاقة بالإدارة أفلاطون، مؤلف كتاب: "الجمهورية"، الذي دعا إلى تخصص كل صاحب مهنة في مهنته حتى يكون أكثر نفعا لمجتمعه بتقديم خدمة متقنة، فهذه الدعوة تتفق مع فكرة تقسيم العمل عند المدارس الإدارية المعاصرة. ومن النوابغ الإغريقية كذلك سقراط القائل بمبدأ كلية الإدارة أو بعبارة أخرى: النبوغ الإداري لا يتجزأ، وهذا يعني أن الرجل الناجح إداريا يستطيع العمل في أي مجال قيادي بدرجة متقاربة من النجاح، فالمصنع كالمزرعة والدائرة كالوزارة، والبيت كالمؤسسة العامة، ورجل المناجم الناجح يشبه القائد الناجح[5].

_____

(١) كلود جورج، مرجع سابق، ص ٣٨.

(٢) د. حمدي أمين عبد الهادي، مرجع سابق، ص ٣٧.

(٣) المرجع السابق، ص ٣٩.

(٤) كلود جورج، مرجع سابق، ص ص ٣٩ - ٤٣.

(٥) المرجع السابق، ص ٥٢.

وخلف الرومان الإغريق، وقد اشتهر الرومانيون بمواهب إدارية رفيعة، ظهرت بوضوح في تمكنهم من إدارة إمبراطورية امتدت من الجزر البريطانية في الغرب إلى سورية في الشرق وشملت أوروبا وشمال أفريقيا، وبلغ عدد سكانها أكثر من خمسين مليون نسمة في أوج عزها[1]. وكانت الدولة الرومانية تدار من روما، المدينة التي بنت الإمبراطورية، ولكن ديوكلتيان وجد أنها لا تصلح بحكم موقعها للدفاع عن حدود الدولة التي تمتد شرقا إلى الفرات وشمالا إلى الدانوب والراين، وكان المشرق مركز الثقل الاقتصادي للإمبراطورية، فنقل العاصمة إلى نيقوميديا (أزميت) على مقربة م الزاوية الشمالية الغربية لآسية الصغرى.[2]

كانت الإمبراطورية الرومانية قد هبطت إلى الحضيض في العقود الوسطى من القرن الثالث للميلاد في حكم غالينوس بن فاليريان، بسبب الفساد الإداري، فبدأ ديوكلتيان عمله عندما ولي الإمبراطورية سنة ٢٨٤م بإعادة مسح الأراضي وتقدير الضرائب على أساس المنتوج الزراعي وجند عددا من أصحاب المهن للقيام بخدمة إجبارية للمصلحة العامة، وأوجد بيروقراطية منظمة من الموظفين لملء الفراغ الإداري الذي نشأ عن تفتت الحكومة المحلية البلدية في المدن[3].

وقد أدخل ديوكلتيان أسلوبا جديدا في تنظيم الإمبراطورية الرومانية يقوم على مبدأ التفويض المتتابع للسلطة، فجعل الأقاليم (١٠١) وجمعها في ثلاثة عشر قسما، جمع هذه في أربعة قطاعات جغرافية، وجعل له ثلاثة معاونين لإدارة الإمبراطورية كما جعل له نوابا لإدارة الأقسام، وولاة (أو محافظين) لإدارة الأقاليم، ولم يفوضهم كل السلطة، بل اقتصر عملهم على الحكم المحلي فحسب.

كان هدف ديوكلتيان تقوية السلطة الإمبراطورية، معتمدا التنظيم الهرمي، فضعفت سلطة ولاة الأقاليم، وصار من الصعب عليهم شق عصا الطاعة على الحكومة

(١) آرنولد تويبي، مرجع سابق، ج ٢، ص ١٦.
(٢) المرجع السابق، ص ص ١٦ - ١٧.
(٣) كلود جورج، مرجع سابق، ص ص ٥٢ - ٥٣.

المركزية(1)، فاستعادت الإمبراطورية الرومانية قوتها وأرغمت الإمبراطورية الفارسي الساساني نرسه على إعادة جميع الأراضي التي كان شاهبور الأول (٢٤٢ – ٢٧٣م) قد انتزعها وضمها إلى ملكه، كما ضمت الحكومة الرومانية خمس ولايات آرمنية تقع على الضفة اليسرى لدجلة دون اعتراض من الإمبراطور الساساني(2) ويرجع المؤرخون زوال الإمبراطورية ذلك إلى موظفين من محترفي الطبقة الوسطى، وكانوا من كبار الملاك، ومع أن بعضهم كانوا يقبلون الرشوة، إلا أنهم كانوا ذوي شعور وطني نحو استمرار الدولة الرومانية الشرقية، كما أن إمبراطورين على الأقل هما مارشيان وانستاسيوس الأول (٤٥٠-٥١٨) حاولا الحد من تفشي الرشوة الرسمية بالتشديد على الإدارة المالية، فعادت إلى الحكومة عافيتها في الشؤون المالية التي كانت قد شلتها المغامرات البحرية وتلاعب المسؤولين الماليين في الجيش(3).

وقد اهتم أنستاسيوس الأول بتحصين القسطنطينية فأكمل بناء السور الذي بناه أسلافه من جهة البر، فجعله كذلك من جهة البحر، وأمن حدود دولته مع الدولة الفارسية(4).

إن تاريخ بلاد فارس الإداري له أهمية على غيره، لكونه مظنة تأثير على ثقافة عمر بن الخطاب، رضي الله عنه، الإدارية أكثر من غيره، باستثناء الثقافة القرآنية الإدارية، والثقافية النبوية في الإدارة، فبلاد فارس، بحضارتها، وقربها من الجزيرة العربية، وقوتها الكبيرة، كانت لها اليد العليا على العرب قاطبة حتى بلاد اليمن التي كانت ولاية فارسية حتى الفتح الإسلامي، كما ذكرنا، فيما عدا مكة والبيت الحرام، فقد حماها الله من أطماع الآخرين، وبقي الحرم آمنا في عصور التاريخ جميعها تقريبا.

وكانت الإمبراطوريتان الفارسية والرومانية في نزاع مستمر، وقد انتصر القرآن

---

(١) آرنولد توبنبي، مرجع سابق، ج ١، ص ٢٧٩.

(٢) المرجع السابق، ص ج ٢، ص ٣٦.

(٣) المرجع السابق، ج ٢ ، ص ٣٧.

(٤) المرجع السابق، ص ج ٢، ص ٣٨.

الكريم للروم في حربهم مع الفرس، لكون الروم أهل الكتاب، وأما الفرس فكانوا مجوسا، قال الله تعالى: ﴿ غُلِبَتِ الرُّومُ (٢) فِي أَدْنَى الْأَرْضِ وَهُم مِّن بَعْدِ غَلَبِهِمْ سَيَغْلِبُونَ (٣) فِي بِضْعِ سِنِينَ لِلَّهِ الْأَمْرُ مِن قَبْلُ وَمِن بَعْدُ وَيَوْمَئِذٍ يَفْرَحُ الْمُؤْمِنُونَ (٤) بِنَصْرِ اللَّهِ يَنصُرُ مَن يَشَاءُ وَهُوَ الْعَزِيزُ الرَّحِيمُ (٥) ﴾ [١].

وإذا نظرنا إلى التاريخ الإداري للفرس بمنظار المؤرخين المسلمين كالطبري، شيى المؤرخين والمفسرين، فإن ملك فارس قد اتصل كما لم يتصل لغيرهم من الأمم [٢].

أما إذا نظرنا إلى تاريخهم الإداري بمنظار المؤرخين الغربيين فإن فارس لم تظهر على المسرح الدولي إلا في منتصف القرن السادس قبل الميلاد اثر سقوط الإمبراطورية الأشورية [٣]. ويعتبر المؤرخون الغربيون أن الحضارات التي قامت في حو الرافدين هي أقدم الحضارات وسبقت الحضارة الفارسية في الزمن، وهي الحضارة السومرية والأكدية والأشورية.

وتبقى الحقيقة قائمة بأي المنظارين نظرنا: وهي وجود حضارات غنية بالآثار الشاهدة على إدارات متعددة في حوض الرافدين مستقلة عن الإدارة الفارسية، أو تحت ظلالها، وقد امتدت الإدارة الفارسية إلى بلاد اليمن كما أنها شملت في إحدى مراحل توسعها سورية ومصر، والفتح الإسلامي لحوض الرافدين لم يواجه ابتداء إلا الفرس.

ثم واجه بعد اندحار الفرس، أمما كثيرة مجاورة، كالترك، والديلم، والصَّغْد، والصينيين، والأرمن.

ويفسر المؤرخ الإداري النشاط الإنساني الجماعي والمنظم، بمنظور إداري، كتنظيم الرّي بإنشاء القنوات، فهذا النشاط الضروري للإنتاج الزراعي الكافي لحاجات السكان يتطلب استقرارا سياسيا لتوفير إدارة فعالة للمياه.

(١) سورة الروم، الآيات ٢ - ٥.
(٢) ابن الأثير، مرجع سابق، المجلد ١ ص ص ٤٥ - ٤٦.
(٣) آرنولد توبني، مرجع سابق، ج ١، ص ١٨٧.

كان من أشهر المراكز الإدارية في حوض الرافدين: بابل، هي مدينة حمورابي، وهي عاصمة نبوخذ نصر – وهو بخت نصر عند المؤرخين العرب- وقد ارتبط اسمه بالقضاء على مملكة اليهود وتخريب بيت المقدس ومسجدها الذي ورد ذكره في القرآن الكريم، كما نشأ إبراهيم عليه السلام – الذي جعله الله إماما للناس – في حوض الرافدين الجنوبي، في أور، أو بابل، وفي زمن قريب من زمن الملك حمورابي، أو معاصر له، وقد أتينا في بحثنا على ذكر قانون حمورابي فيما مضى. ولأهمية بابل جاء ذكرها في القرآن الكريم كمركز من مراكز ازدهار السحر وأن أهل بابل كانوا يتعلمون ما يضرهم ولا ينفعهم وهذا دلالة على الترف العلمي الذي عاشته بابل في عصر من عصور تاريخها، وهو مظهر من مظاهر الضعف الإداري غير القادر على توجيه الناس نحو ما ينفعهم، الناتج عن ضعف العقدية بالله تعالى – وقد أرسل الله ملكين إلى أهل بابل، لينقذا الناس من شرور السحرة الذين صاروا يفرقون بين المرء وزوجه، و الله سبحانه وتعالى حرّم على عباده كل ما يضرهم ولا ينفعهم.

ومن أقدم الشواهد الإدارية عند الفرس ما ذكره علماء التاريخ ع ملك فارسي اسمه كيْقُباذ بن راع بن ميسرة، الذي قدر مياه الأنهار والعيون لسقي الأرض، وسمّى البلد بأسمائها، وحَدّها بحدودها، وكوّر الكور، وبيّن حيّز كل كورة، ونظم الإدارة الماليـة فأخذ العشر من غلات الكور لأرزاق الجند، وكان حريصا على عمارة البلاد[1].

وفي عهد الملك قورش الثاني نشأت الإمبراطورية الفارسية التي امتدت غربا إلى سواحل البحر المتوسط وشرقا إلى أواسط آسيا، وشمالا إلى خراسان وأواسط آسيا السوفيتية، وقد ضم قورش إلى الإمبراطورية الفارسية مملكة ميديا وإمبراطورية ليديا، وانتصر على الإمبراطورية البابلية الكلدانية، وأدخل الفينيقيين في الإمبراطورية الفارسي، وكذلك خضع الأغارقة الأسيويون للفرس، لكنهم كانوا رعايا مشاكسين، بينما سارت المدن الفينيقية مع الفرس وكسبت رعايتها. وقد قتل قورش إلى الشرق من قزوين على أيدي جماعة من البدو يقال لهم المساغيتي[2].

(١) ابن الأثير، مرجع سابق، المجلد الأول، ص ٢٠٩.
(٢) آرنولد توبني، مرجع سابق، ج ١، ص ص ١٦٧- ١٧٨، وص ص ١٨٧-١٨٨.

أما إدارة الإسكندر المقدوني، الذي تفرق ملك فارس على يديه في زمن دارا الصغير بن دارا الكبير بن بهم فجزأ البلاد وفوض كل ملك على رقعة صغيرة ليلهيهم عـن نفسـه وعن اتحاد كلمتهم، فلا تقوم للفرس على الإدارة الأجنبية التي تحتل البلاد، قائمة فيما بعد[1].

إن أسلوب التفتيت الإداري للسلطة المركزية الذي اتبعه الإسكندر في بلاد الفرس أوجد فراغا مركزيا وأضعف الأمة وصارت فارس دويلات عرفت بملوك الطوائف إلى أن ملك أردشير بن بابك فوحد بلاد الفرس من جديد، تحت إدارة مركزية واحدة، وكور الكور، ورتب المراتب، وتسمى شاهشاه، وتوج ابنه سابور أو شاهبور في حياته، وهذه هي ولاية العهد أو شبهها[2]. وصارت القبائل العربية القريبة مـن فارس في بلاد العرب كربيعة مضر وسائر من في بادية العراق والحجاز والجزيرة تحت الإدارة الفارسية وكان عليها واليا للفرس يومئذ عمـرو بـن عـدي، ثـم ابنـه امرؤ القيس بن البـدء مـن بعده[3].

إن الباحث يجد في إدارة أردشير تنظيما إداريا، ووظائف إدارية عامه فيجد من التقسيمات الإدارية الرساتق، كرستاق اصطخر، فكانت المملكة في عهده رساتق، والرستاق لغة هو الرّزداق: موضع فيه مزدرع، وقرى، أو بيوت مجتمعة[4].

ونجد وظيفة عامة هي قيم النار، وكان الفرس مجوسا يعبدون النار، وفي كل مدينة نار عليها قيم، ويسمى هربذ والجمع هرابذة.

والإيوان الفارسي هو دار الملك، وكان في المدائن العاصمة[5]. وفي عهد فيروز بن يزدجر قحطت البلاد سبع سنين متوالية، وغارت الأنهار والقنى. وقل ماء دجلة وعم الجوع أهل البلاد، فكتب إلى جميع رعيته يسقط عنهم الخراج والجزية والمؤونة ويأمرهم

(١) ابن الأثير، مرجع سابق، المجلد الأول، ص ٣٩١.
(٢) المرجع السابق، ص ٣٨٠ - ٣٨٤.
(٣) المرجع السابق، ص ٣٩٠.
(٤) مجمع اللغة العربية، المعجم الوسيط. بيروت: دار إحياء التراث العربي. ب. ت.
(٥) ابن الأثير، مرجع سابق، ج ١، ص ٣٩٧.

بأن يواسي الغني منهم الفقير، بحيث يكون حالهما واحدا، أن القرية التي يموت إنسان واحد جوعا تعاقب، وساس الناس بسياسة صارمة، فلم يمت أحد جوعا ما خلا رجلا من رساق أردشير خُرّة[1].

وفي عهد قُباذ بن فيروز بن يزد جرد ظهر مزدك، وهو رجل وافق زرادشت في بعض ما جاء به، إلا أنه استحل المحارم المنكرات، وسوى بين الناس في الأموال والأملاك والنساء والعبيد والإماء، حتى لا يكون لأحد فضل البتة في شيء، فكثر أتباعه وكانوا من السفلة والأغتام - الذين لا يفصحون في كلامهم - وصارت عشرات الألوف، فكان مزدك يأخذ امرأة هذا ويسلمها إلى الآخر، وتبعه قباذ، وصارت مبادئ مزدك مرعية في الدولة فعظمت البلية على الناس، وصار الرجل لا يعرف ولده، والولد لا يعرف أباه، إلى أن خلعه عظماء فارس وملكوا عليهم أخاه جاسب[2].

ولم تدم الإدارة على مبادئ المزدكية طويلا، فإن ابن قباذ الملقب بكسرى أنوشروان كان منكرا للمزدكية في عهد والده وكان محبا للشرف، فقتل مزدك، وقتل أتباعه ولبهم، وردّ الأموال إلى أهلها. وأمر بكل مولدو اختلفوا فيه أن يلحق بمن هو منهم إذا لم يعرف أبوه، وأن يعطى نصيبا من ملك الرجل الذي سند إليه إذا قبله، وبكل امرأة غلبت على نفسها أن يؤخذ مهرها من الغالب، ثم تخير المرأة بين الإقامة عنده أو تفارقه إلا أن يكون لها زوج من قبل فترد إليه. وقد امتد إصلاحه الاجتماعي والإداري إلى بيت المال فاستخدمه لإعانة ذوي الأحساب ممن مات قيمهم، وزوج بناتهم الأكفاء من الرجال، وجهزهن من بيت المال، واستعان بأبناء ذوي الأحساب في أعماله وعمر الجسور والقناطر، أصلح الخراب، تفقد الأساورة[3] وأعطاهم، وبنى في الطرق القصور الحصون، وتخير الولاة والعمال والحكام، واقتدى بسيرة أردشير[4].

هذا الإصلاح الإداري الاجتماعي والعمراني الشامل في الداخل قوى مركز الدولة

---

(١) المرجع السابق، ص ص ٤١٢ - ٤١٣.
(٢) المرجع السابق، ص ص ٤١٢ - ٤١٣.
(٣) الأساورة هم قادة الفرس (المعجم الوسيط، مرجع سابق).
(٤) ابن الأثير، مرجع سابق، المجلد الأول، ص ٤٣٦.

في نزاعها مع الروم، وكان بين كسرى أنوشروان و غطيانوس[1] ملك الروم هدنة، وكان بين العرب من هم حلف، للفرس وآخرون حلفاء للروم، فقام بين العرب من هؤلاء وهؤلاء نزاع انتهى بأن انتصر كسرى أنو شروان لحلفائه فغزا الروم وأخذ عددا من مدن الجزيرة والشام كمنبح وحلب وأنطاكية وسبى أهلها واحتوى أموالها والعروض التي فيها، ونقل معه السبي من أنطاكية إلى فارس وبنى لهم مدينة إلى جانب العاصمة طيسفون (اكتسيفون) مدينة على غرار أنطاكية تسمى الرومية، وكورها خمسة طساسيج: طسوج النهروان الأعلى، وطسوج النهروان الأوسط، وطسوج النهوان الأسفل، وطسوج بادراي، وطسوج بإكسايا. وأجرى على السبي الأرزاق، وولى عليهم رجلا من نصارى الأهواز ليستأنسوا به لموافقته به في الدين. وكان نفوذه على الجزيرة العربية يصل إلى عُمان والبحرين، أما عامله على الحيرة فكان النعمان بن المنذر. وفي عهد كسرى أنوشروان ولد رسول اللـه صلى اللـه عليه وسلم في مكة[2]. ويبدو أن الطسوج تقسيم في الإدارة المحلية كالحي أو المحلة، ولم يجد الباحث ذكر أو تعريف لها في معاجم اللغة. كما لم يجد في مصادر التاريخ من هو هلك الروم غطيانوس، وأما معنى أنو شروان، فهو : ذو النفس الخالدة[3] وهو أول ملك للفرس يتلقب بكسرى.

وتلاحظ حكمته الإدارية باختياره واليا على السبي من الروم من دينهم ليستأنسوا به، فهو حسن الاختيار لموظفيه، فقد كان داهية محنكا كما شهد بذلك المؤرخون الغربيون، وتختلف روايتهم عنه بعض الاختلاف عما رواه المؤرخون المسلمون من علماء الفرس، فهم يدعون أن قباذ، أبا كسرى، هو الذي تخلى عن المزدكية، بعد أن خلع عن العرش وسجن، وهرب من السجن إلى الافتاليت (الهطل) وأعاده جيش منهم سنة ٤٩٨ أو ٤٩٩، وأن تخليه عن المزدكية كان بتحريص من ولده كسرى، الذي اختاره لخلافته في حياته، وأن كسرى تعاون مع الكنيسة النسطورية والمنظمة الدينية الزرداشتية في القضاء

(1) لعله يوسطينوس الثاني، حكم من ٥٦٥ إلى ٥٧٨ م وخلف يوستنيان الأول (أويوسطينوس الأول) كما أنه ابن أخيه.
(2) المرجع السابق، ص ص ٤٣٧ - ٤٣٩.
(3) لويس معلوف، مرجع سابق، ص ٤٢٨، ويعرف كذلك باسم خسرو الأول.

على المزدكية وقتل مزدك نفسه زعيمها، بعد أن مر على الثورة المزدكية نحو من أربعين سنة وهي ناشطة[1].

ويذكرون عن إدارته أنه استمر في الحد من نفوذ النبلاء وسعى إلى تخفيف الظلم الاجتماعي الذي كان عنصرا هاما في إثارة الثورة المزدكية، كما سعى إلى إصلاح المؤسسات العامة وكأنه يسترشد بمسيرة التاريخ الروماني اللاحق لعصر ديوكلتيان. فأعاد النظر في ضريبة الأراضي وضريبة الجزية، وجعل الضريبة على الأراضي تتناسب مع منتوجاتها، والجزية على الأشخاص على أساس ملكيتهم لوسائل الثراء، وكان موظفو جمع الضرائب يعرفون بالدهاقين إذا عملوا في الأرياف، وقد استمر عملهم في أيام الخلافة[2].

فلعله كان سببا في إبقاء سلطة الجيش أضعف من أن تكون له أطماع في الحكم، وكان للجيش ما يشغله، فقد نشبت الحرب بين كسرى الأول والإمبراطورية الرومانية الشرقية سنة ٥٧٢م واستمرت حتى سنة ٥٩٠م في عهد ابنه خليفته هرمز الرابع وانتهت بخلعه واغتياله[3].

ولم يتوقف النزاع ين الإدارتين الفارسية والرومانية الشرقية إلا حينما عقدتا صلحا بينهما في سنة ٦٢٨م على أساس الوضع السابق للحرب التي كانت قد ابتدأت سنة ٦٠٤م بمهاجمة كسرى الثاني للامبراطورية الرومانية، ووصل الفرس مرتين على الأقل إلى الشاطئ الآسيوي لمضيق البوسفور وكانت هذه ثاني مرة يصل فيها الفرس إلى هذا البعد غربا منذ سنة ٣٣١ ق. م إلا أن الرومان في هجومهم المضاد سنة ٦٢٨م وصلوا شرقا في أرض فارس إلى أسوار المدائن (اكتسيفون) وانتهت بخلع الإمبراطور الساساني وكان الإمبراطور الروماني الشرقي المنتصر هو هرقل. وقد أدت هذه الحرب بين فارس والروم إلى ضعفهما وبذلك تمهدت الطريق أمام الإدارة الإسلامية لاجتياح بلاد الفرس وبلاد

(١) آرنولد توينبي، مرجع سابق، ج ٢ ص ٤٤.

(٢) المرجع السابق، نفس الصفحة.

(٣) المرجع السابق، ص ص ٤٤ - ٤٥.

الروم فيما بعد^(١).

أما المؤرخون المسلمون فيذكرون تفصيلا عن إدارته المالية لا نجده في المصادر
الغربية السابقة، ومنها أنه وضع الخراج على إنتاج الأرض من الحنطة والشعير والكروم
والرطب والنخل والزيتون والأرز، ويؤخذ في السنة في ثلاثة أنجم، وهي الوضائع التي
اقتدى بها عمر بن الخطاب رضي الـله عنه^(٢)، ولم يضع الخراج على الأرض إلا بعد
مسحها ليكون الخراج عادلا، أما ملوك كسرى قبل أنوشروان فكانوا يأخذون الخراج
من غلات الأرض، ولم تكن ممسوحة، فكانوا يأخذون من بعضها الثالث ومن بعضها
الربع أو الخمس أو السدس على قدر شربها وعمارتها، وأما الجزية فكانت شيئا
معلوما على الأشخاص^(٣). وكتب أنوشروان إلى القضاء بتعليماته في الخراج ليمنعوا
العمال من الزيادة عليه، وأمر بأن يوضع عمن أصابت غلته جائحة بقدر جائحته،
وكان الناس ملزمين بدفع الجزية ما عدا العظماء وأهل البيوتات والجند والهرابذة^(٤)
والكتاب من خدمة الملك، أما مقدار الجزية فعلى كل إنسان قدره، فكان أعلاها
اثنا عشر درهما ثم ثمانية دراهم، ثم ستة، وكان أدناها أربعة دراهم، وقد أسقطها
[عمر] عمّن لم يبلغ العشرين أو جاوز الخمسين سنة^(٥). وقد أضاف الناشر هنا
إضافة بين معكوفين تفيد بأن الذي أسقطها عمن هم دون العشرين أو فوق
الخمسين هو عمر رضي الـله عنه.

لقد أحدث هذا الحاكم الإصلاحات في الإدارة المالية الفارسية، ولعلها كانت
عادلة وضرورية لخزانة الدولة، لكن إصلاحاته الإدارية امتدت إلى الجيشن فقد ورد

---

(١) المرجع السابق، ص ص ٤٥ - ٤٦.

(٢) ابن الأثير، مرجع سابق، المجلد الأول، ص ٤٠٥.

(٣) المرجع السابق، نفس الصفحة.

(٤) الهرابذة مفردها هربذ وهو حاكم المجوس، أو الكاهن المجوسي القائم على بيت النار وهو بالفارسية (هربد). (المعجم
الوسيط).

(٥) المرجع السابق، نفس الصفحة.

أنه ألغى منصب القائد العام للجيش وجعل له أربع قادة إقليميين[1]. كما ورد أنه ولى رجلا من الكتاب ذوي الكفاءة لعرض الجيش، واسمه بابك، ففرض هذا النظام أثناء العرض على كسرى نفسه كواحد من الجند، ولم يسمح له بالتخلف عن العرض، وكان لبقا في طلب كسرى المجيء إلى العرض كغيره فنادي "لا يتخلف أحد ولا من أُكرمبتاج" وهو يقصد كسرى، فسمع كسرى فحضر وقد لبس التاج والسلاح، ثم أتى بابك ليعرض عليه،

فرأى سلاحا تاما ما عدا ما وترين للقوس كان من عادتهم أن يستظهروا بهما، ولما لم يهما بابك معه لم يجز على اسمه وقال له: هَلُمّ كل ما يلزمك، فذكر كسرى الوترين فتعلقهما، عندها نادى منادي بابك فقال: لكمي السيد[2]، سيد الكماة، أربعة آلاف درهم، وأجاز على اسمه[3].

العرب قبل الإسلام:

إن ما يمكن الاستفادة منه في هذا الاستعراض للحضارات السابقة في بلاد فارس والروم والعرب أن الفرس والروم كانوا متقدمين على العرب في الإدارة والسياسة والقوة العسكرية والمالية على العرب، فكان للفرس نفوذ على أجزاء واسعة من الجزيرة العربية في الشمال الشرقي والشرق والجنوب حتى بلاد اليمن، وكانت تدار هذه الأجزاء مباشرة من الفرس، كاليمن الذي دخله الإسلام وعليه باذان الفارسي، أو عن طريق غير مباشر، كالحيرة التي كان الفرس يحكمونها بتولية أحد العرب عليها، وكان من هؤلاء النعمان بن المنذر.

وأما الأجزاء الشمالية من جزيرة العرب فكانت تخضع للروم، وقد تنصرت قبائل عربية بتأثير الروم عليهم كالغساسنة وقبائل الجزيرة كتغلب، وسنذكر المزيد في الفصل

---

(١) آرنولد توينبي، مرجع سابق، ج ٢، ص ٤٤.

(٢) الكَمِي: لابس السلاح، والشجاع المقدام وإن لم يكن عليه سلاح، جمعها كماة (المعجم الوسيط).

(٣) ابن الأثير، مرجع سابق، المجلد الأول، ص ص ٤٥٥ - ٤٥٦.

الثالث من هذا البحث عن عرب الجزيرة، وفي الفصل الثاني يتطرق بحثنا إلى بداية التعديل في ميزان القوى بظهور العرب كقوة صاعدة بقيادة النبي المصطفى صلى الله عليه وسلم، وبظهور لاحتكاك الأعلامي مع الفرس الروم وغيرهم، حين بعث رسول الله صلى الله عليه وسلم رسله إلى ملوك العالم المتحضر يدعوهم فيها إلى الإسلام وموقف الملوك والعظماء من رسل رسول الله صلى الله عليه وسلم إليهم.

ويلاحظ أن البلد الحرام، موطن قريش التي منه عمر بن الخطاب، بقيت حراما على الاحتلال الأجنبي الفارسي الروسي والحبش. وقد ذكر هذا المعنى في القرآن الكريم: ﴿ لِإِيلَافِ قُرَيْشٍ (١) إِيلَافِهِمْ رِحْلَةَ الشِّتَاءِ وَالصَّيْفِ (٢) فَلْيَعْبُدُوا رَبَّ هَذَا الْبَيْتِ (٣) الَّذِي أَطْعَمَهُمْ مِنْ جُوعٍ وَآمَنَهُمْ مِنْ خَوْفٍ (٤) ﴾ [١]. فكان من فضل الله على أهل مكة أن أطعمهم من جوع برحلة الشتاء إلى اليمن والصيف إلى بلاد الشام. وكان العرب يحجون إلى مكة فيجلبون إليها الطعام والكساء أيضا، ومن فضل الله على قريش كذلك أن آمنهم من خوف، فلم يتسلط عليهم عدوهم أبدا، بل كانوا في حماية الله لجوارهم لبيته العتيق، وكانوا حسب اجتهادهم يقدمون خدمات لزوار البيت الحرام من سقاية ورفادة، ويدفعون من مالهم لضيوف الله، وكانت العرب تدين لهم بالطاعة لمكانهم هذا. وقد ذكر الله قريش بفضله عليهم، فأمرهم بعبادته، وهو هدف الإدارة الإسلامية في جميع أعمالها، وسنأتي إلى بحث ذلك في الفصل الثاني بإذن الله.

ويمكن الاستنتاج أن الحضارتين الفارسية والرومية لم يؤثرا قبل الإسلام على إدارة عمر بن الخطاب تأثيرا مباشرا. وإنما كان التأثير المتبادل بعد الاحتكاك العميق الذي وقع في خلافته رضي الله عنه، حيث دخل كثير من الفرس والعرب الخاضعين لحكمهم، في الإسلام، دخل بعض الروم ومن يحالفهم من العرب، في الإسلام كذلك. وأما تأثير الفرس والروم على إدارة عمر بن الخطاب فموضعه الفصل الثالث من هذا البحث، والإشارات هنا في هذا الفصل لا تتعدى اقتباس عمر رضي الله عنه نظام الجزية والخراج عن الفرس في تعامل إدارته مع الأرض المفتوحة والقائمين على زراعتها ممن لم يقبلوا

---

(١) سورة قريش، الآيات ١-٤.

الدخول في الإسلام.

وقد بحثنا في هذا الفصل الازدهار الإداري في فارس على عهد كيقباذ وأردشير، وكسرى أنو شروان، فكان هؤلاء رجال إدارة وحكم يسيرون بالعدل في الرعية، وكوّروا الكور ومسحوا الأرض وأصلحوها، وجعلوا عليه الخراج للدولة، وكان بعضهم لا يأخذ الخراج في سنوات القحط دعما للمزارعين.

وكان الروم أندادا للفرس، ومع أن موطن الروم في بلاد حوض البحر المتوسط، وخاصة الأوروبية منها، إلا أن نفوذهم السياسي والعسكري قد وصل إلى أراضي فارس أكثر من مرة، وحين غلبوا في عصر ـ النبي صلى الله عليه وسلم، انتصر ـ لهم القرآن الكريم، لأنهم أهل كتاب على المجوس، عبدة النار، فقال تعالى: ﴿ غُلِبَتِ الرُّومُ (٢) فِي أَدْنَى الْأَرْضِ وَهُم مِّن بَعْدِ غَلَبِهِمْ سَيَغْلِبُونَ (٣) فِي بِضْعِ سِنِينَ ۗ لِلَّهِ الْأَمْرُ مِن قَبْلُ وَمِن بَعْدُ ۚ وَيَوْمَئِذٍ يَفْرَحُ الْمُؤْمِنُونَ (٤) بِنَصْرِ اللَّهِ ۚ يَنصُرُ مَن يَشَاءُ ۖ وَهُوَ الْعَزِيزُ الرَّحِيمُ (٥) وَعْدَ اللَّهِ ۖ لَا يُخْلِفُ اللَّهُ وَعْدَهُ وَلَٰكِنَّ أَكْثَرَ النَّاسِ لَا يَعْلَمُونَ (٦) يَعْلَمُونَ ظَاهِرًا مِّنَ الْحَيَاةِ الدُّنْيَا وَهُمْ عَنِ الْآخِرَةِ هُمْ غَافِلُونَ (٧) ﴾ [١].

ولكن بعض ملوك الفرس كان عادلا صالحا كما ذكرنا ومنهم كسرى أنو شروان الذي ولد رسول الله صلى الله عليه وسلم في عصره حسب قول مصطفى نجيب في كتابه: حماة الإسلام، الذي نصه: "ولد رسول الله و الله... في زمن كسرى أنوشروان أشهر ملوك الرس وفي أيامه، ولذلك يقول الرسول و الله حاكيا عن نفسه: "ولدت في زمن الملك العادل" [٢].

النظام السياسي والإداري عند العرب:

ذكر المؤرخ حسن إبراهيم حسن أن الحكومة في قريش قبل الإسلام كانت في بني سهم (وهم قوم عمرو بن العاص) [٣] ولم يذكر وصفا لحقيقة تلك الحكومة، ثم ذكر

---

(١) سورة الروم، الآيات ٢-٧.

(٢) كاتب من كبار الكتاب (مصطفى بك نجيب)، حماة الإسلام (ط١). القاهرة: صاحب اللواء (مصطفى كامل)، ١٣١٨هـ ج ١، ص ص ١٢-١٣.

(٣) دكتور حسن إبراهيم حسن، تاريخ الإسلام (ط٧). القاهرة: ب.ن، ١٩٦٤، ج١، ص ٤٧.

رئاسة قصي بن كلاب لقريش وجمعه لشتاتهم حول البيت الحرام وتوحيد كلمتهم، ثم ذكر من ظاهر رئاسته ما سبق أن أثبتناه في هذا الفصل نقلا عن ابن الأثير في الكامل، وهي رياسة دار الندوة واللواء والحجابة والسقاية. والرفادة[1].

ثم ذكر أنه لم يكن للعرب نوع من الحكومات المعروفة الآن، ولم يكلفوا بدفع الضرائب لعدم وجود حكومة تقبض على زمام السلطة التنفيذية وتضرب على أيدي المعتدى وتوقع عليه العقاب المتناسب مع جرمه[2]. وتحدث كغيره من المؤلفين عن أيام العرب في نزاعاتهم الدموية لأسباب تافهة، مما نمسك عن ذكره لشهرته وخروجه عن نطاق بحثنا.

---

(١) المرجع السابق، ص ٤٨.
(٢) المرجع السابق، ص ٥١.

الفصل الثاني
الإطار العام للإدارة العامة في الإسلام من الكتاب والسنة

الإطار العام للإدارة في الإسلام
من الكتاب والسنة

إن عصر النبي صلى الـلـه عليه وسلم وهو أهم العصور الإسلامية وهو أساسها. وتأتي أهمية عصر عمر ابن الخطاب رضي الـلـه عنه في مقدمة العصور الإسلامية التي جاءت بعد عصر النبوة، لقرب عصر عمر رضي الـلـه عنه من العصر النبوي، ولعله يكون استمرارا كاملا لعصر النبي و الـلـه من منظور إداري، لكون المصادر الخاصة بالعصر النبوي، وهي القرآن الكريم والسنة النبوية المطهرة، وكانت لا تزال غضّة حين ولي عمر بن الخطاب الخلافة، ولعله عمل بمقتضاها والتزم بمضمونها.

إن المصدر الأول الذي نرجع إليه لوقائع هذا العصر وقواعده الفكرية وأحكامه في الإدارة هو القرآن الكريم، الكتاب الذي أنزله الـلـه تعالى هدى للناس وبينات من الهدى والفرقان. أما المصدر الثاني الملازم للمصدر الأول والمكمل له فهو أحاديث رسول الـلـه و الـلـه وأفعاله وتقديراته، وهي مدونة في كتب عديدة أشهرها ثمانية: وهي صحيح البخاري وصحيح مسلم وسنن أبي داود وسنن النسائي وسنن الترمذي وسنن ابن ماجة وموطأ الإمام مالك ومسند الإمام أحمد بن حنبل رضي الـلـه عنهم .

ويثبت الباحث في الملحق مقتطفين من كتاب صحيح البخاري وكتاب صحيح مسلم يظهران أسماء المواضيع (الإدارية) التي عالجاها استنادا إلى الأحاديث النبوية الشريفة بقصد الاطلاع عليها.

ويختص هذا العصر النبوي بالنبي محمد بن عبد الـلـه و الـلـه نفسه، وهو رسول الـلـه وخاتم النبيين، عليه نزل الروح الأمين من عند الـلـه تعالى بآيات الذكر الحكيم.

ولد محمد رسول الـلـه صلى الـلـه عليه وسلم عام ٥٧٠م وأوحي إليه حينما بلغ أربعين عاما قمريا تقريبا وكانت وفاته عام ٦٣٢م [١] وقد مكث في مكة المكرمة ثلاثة عشر عاما يدعو إلى

---

(١) آرنولد توينبي، مرجع سابق، ج ٢، ص ص ٨١ - ٨٢.

الإيمان بالله تعالى وآياته، وإلى الإيمان به رسولا من عند الله تعالى، يبلغ عنه رسالة الإسلام، خاتمة الرسالات من عند الله تعالى، إلى الناس كافة، عربهم عجمهم، أبيضهم وأسودهم، ويدعوهم إلى عبادة الله تعالى وطاعته، وطاعة رسوله و الله، ثم هاجر إلى المدينة – يثرب – ومكث فيها عشرة أعوام، وأكمل الله تعالى في آخرها للمسلمين دينهم وأتم عليهم نعمته ورضى لهم الإسلام دينا.

قدمنا فيما سبق أن القرآن الكريم والسنة النبوية هما مصدرا هذا الفصل المختص بالعصر النبوي، وهما مصدرا الإسلام المتلازمان في جميع العصور. وهدفنا هو بحث ما فيهما من أحكام أو أفكار تتصل بموضوع (الإدارة العامة)، بإيجازه.

ولما كانت لغة بحثنا هي العربية، ولغة محمد رسول الله و الله هي العربية كذلك، وهي اللغة التي كتبت بها كتب الحديث والسيرة النبوية، وأنزل الله القرآن باللسان العربي، فكان القرآن سببا في حفظ اللغة العربية من المصير الذي آلت إليه التوراة و الإنجيل بلغات غير العربية القديمة، لذلك كله، فإنه يجدر بنا أن نتعرف أولا على معنى (الإدارة) في معاجم اللغة.

وبعد البحث نجد أن لفظ إدارة غير وارد في أي آية من آيات الذكر الحكيم! ولكننا نجد كلمات من الفعل (دار) الثلاثي ومزيداته أو مشتقاته! وهي كثيرة، وخاصة كلمات (الدّار) و (الديّار) و (الدائرة). وقد أوردها واضع المعجم المفهرس لألفاظ القرآن الكريم جميعها في مادة (دور) [1] والفعل الرباعي منه (أدار)

وقد جاء في القرآن كلمة (تديرونها) في قوله تعالى: ﴿ إِلَّا أَن تَكُونَ تِجَارَةً حَاضِرَةً تُدِيرُونَهَا بَيْنَكُمْ ﴾ [2]، كما جاءت كلمة (تدور) في قوله تعالى: ﴿ يَنظُرُونَ إِلَيْكَ تَدُورُ أَعْيُنُهُمْ كَالَّذِي يُغْشَىٰ عَلَيْهِ مِنَ الْمَوْتِ ﴾ [3].

---

(1) محمد فؤاد عبد الباقي، المعجم المفهرس لألفاظ القرآن الكريم. استانبول: المكتبة الإسلامية ١٩٨٤، ص ص ٢٦٤ – ٢٦٥.
(2) سورة البقرة، الآية ٢٨٢.
(3) سورة الأحزاب، الآية ١٩.

لذلك رأينا أن نبحث عن لفظ (إدارة) في معاجم اللغة لعلنا نجدها في مادة (دور) ومشتقاتها. إلا أن جميع معاجم اللغة التي رجعنا إليها كانت خالية منها، فقد رجعنا إلى "لسان العرب" لابن منظور أشهر معاجم اللغة وأوسعها، و "القاموس المحيط" للفيروزبادي و "مختار الصحاح "للرازي، و "المختار من صحاح اللغة" تأليف لمحمد محي الدين عبد الحميد ومحمد عبد اللطيف السبكي والمعجم الوسيط من وضع لمجمع اللغة العربية. وبسبب الغموض الذي يلف لفظ (الإدارة) فإننا مضطرون لاستعماله في بحثنا هذا بمعناه الدارج اليم بين علماء الإدارة العامة في الجامعات والمؤسسات الحكومية والخاصة، والذي هو ترجمة للتعبير الإنجليزي public administration أو مرادفاته في اللغات الحية.

والمعنى الدارج للإدارة لعامة حسب تعريف المختصين بها هو أن الإدارة العامة: "تتكون من جميع العمليات التي تستهدف تنفيذ السياسة العامة من قبل رجال الحكم ومؤسسات الحكم التنفيذية، وأن هذا التعريف يغطي مختلف العمليات في كافة الميادين، مثل تسليم خطاب أو بيع أملاك عامة، أو إبرام معاهدة، أو منح تعويض لعامل مصاب، أو وضع طفل مريض في مستشفى... الخ، ومجال الإدارة العامة يشمل المسائل العسكرية، والشؤون المدنية، وكثيرا من أعمال المحاكم، كما يتناول كافة أوجه النشاط الحكومي، كالبوليس، والتعليم والصحة، والأشغال العامة وغيرها"[1].

ويركز بعض المختصين في تعريفهم للإدارة بوجه عام على العملية الإدارية لأن الإدارة عندهم هي: "العملية التي تختص بتوجيه الجهود البشرية المشتركة المنظمة لتحقيق بعض الأهداف"[2] وأن العملية الإدارية يقسمونها إلى "عمليات جزئية مقصود به البحث العلمي لأن العملية الإدارية كل متكامل لا تنقسم في المواقع وإلا فقدت مكوناتها الرئيسية"[3] وفي اعتقادهم أن العملية الإدارية يمكن دراستها – نظريا – في خمس عمليات هي: "التخطيط – التنظيم – إعداد وتدريب الأفراد – التوجيه – والرقابة"[4].

---

(١) هذا التعريف للأستاذ ليونارد وايت leonafd white حسبما ورد في كتاب الدكتور سليمان محمد الطماوي، مبادئ علم الإدارة العامة (ط٦). (القاهرة): المؤلف، ١٩٨٠، ص ص ١٤ – ١٥.

(٢) دكتور أحمد رشيد، نظرية الإدارة العامة (ط٣). (القاهرة): دار المعارف، ١٩٧٤، ص ٢٠.

(٣) المرجع السابق، ص ٢١.

(٤) المرجع السابق، ص ص ٢١ – ٢٢.

ومن المعروف أن أركان الدولة بمعناها المعاصر قد توفرت لجماعة المسلمين في المدينة المنورة، وأن رسول الله صلى الله عليه وسلم هو ولي المؤمنين، وتجب له الطاعة، فهو بمنزلة رئيس الدولة الذي تجتمع فيه السلطات الثلاثة للدولة.

هذا أن بحثنا معني بالجانب التنفيذي من سلطات الدولة الثلاث، لأن الإدارة العامة معنية بالعمليات التي تستهدف تنفيذ السياسة العامة لتحقيق أهدافها المرسومة كما ذكرنا آنفا.

إن السياسة العامة للدولة الإسلامية هي التي تميز الإدارة الإسلامية عن غيرها من الإدارات بعملياتها ومبادئها. وقد شرع الله السياسة العامة لدولة الإسلام، وليس لأحد إلا الله حق التشريع، لكن الناس مكلفون بعد العصر النبوي باستنباط ما يصلحهم من أحكام لم يأت بها نص في القرآن الكريم أو السنة النبوية، على أن تكون متفقة مع القرآن والسنة وغير متعارضة مع شيء من أحكامها من أي وجه من الوجوه. لأن الحكم لله وحده، وهو سبحانه الذي شرع أحكام الدين في الإيمان والعبادات والمصالح العامة الدنيوية المالية والاجتماعية والإدارية والاقتصادية.

والسياسة العامة في الإسلام مدارها مصلحة الناس في أشياء خمسة هي: الدين والنفس والمال والعِرْض – أو النَّسل – والعقل[1]. كما سيأتي بيانه.

أما الهدف العام المميز للإدارة العامة فهو عبادة الله تعالى وحده. قال الله تعالى: ﴿ وَمَا خَلَقْتُ الْجِنَّ وَالْإِنسَ إِلَّا لِيَعْبُدُونِ (٥٦) ﴾ [2] وهذا الهدف الأسمى هو مدار التشريع الإسلامي والإدارة الإسلامية، ويتم التوصل إليه من خلال أهداف مرحلية تصبح وسائل للهدف العام الأسمى، ويقوم تقسيم واجبات الإدارة العامة بناء على هذه الأهداف مجتمعة.

---

(١) محمد أبو زهرة، أصول الفقه. (القاهرة): دار الفكر العربي، ب. ت. ، ص ٣٦٧. وعبد الوهاب خلاف، علم أصول الفقه (ط٨). الكويت: الدار الكويتية ١٣٨٨هـ (١٩٦٨ م)، ص ١٩٩.

(٢) سورة الذاريات، الآية ٥٦.

مبدأ تقسيم العمل والواجبات الأساسية للإدارة العامة:

إن العمل في الإسلام مقسم إلى اختصاصات كثيرة، أوجبها الله على النبي و الله، وعلى أولي الأمر من بعده. وهي منسجمة مع الهدف الأسمى للإدارة الإسلامية وموجهة نحو تحقيقه، وهذه الأعمال هي: الدعة إلى الإيمان وتبليغ رسالة الله الخاتمة، والتعليم، التزكية بالعبادات المفروضة والنافلة، والجهاد في سبيل الله، وحفظ الأمن للناس مسلمهم وكافرهم ممن يقيم مع المسلمين ولهم عهد وذمة. ويشمل حفظ الأمن حفظ جميع المصالح العامة للناس المحققة في خمسة أشياء: الدّين والنفس والمال والعقل والعِرْض.

ولتحقيق هذه الأعمال، فلا بد من إدارة عامة تقوم عليها، وتوجهها، وتراقب تنفيذها. وفيما يلي إيجاز بهذه الإدارات والوظائف الإدارية.

١- وظيفة التبليغ والدعوة:

إن معنى التبليغ والدعوة متقارب، إلا أن التبليغ أكثر بساطة وأقل كلفة فهو مخاطبة الناس وإنذارهم بكلام الله، ثم من شاء منهم فليؤمن ومن شاء فليكفر ﴿ وَقُلِ الْحَقُّ مِنْ رَبِّكُمْ فَمَنْ شَاءَ فَلْيُؤْمِنْ وَمَنْ شَاءَ فَلْيَكْفُرْ ﴾ (١) وقد أمر الله رسوله صلى الله عليه وسلم بالتبليغ: ﴿ يَا أَيُّهَا الرَّسُولُ بَلِّغْ مَا أُنْزِلَ إِلَيْكَ مِنْ رَبِّكَ ﴾ (٢)، ولابدّ من البلاغ، حتى لكأن عمل الرسول صلى الله عليه وسلم محصور بالبلاغ: ﴿ إِنْ عَلَيْكَ إِلَّا الْبَلَاغُ ﴾ (٣).

أما الدعوة فتحمل معنى التبليغ والمتابعة والإقناع والمجادلة بالتي هي أحسن. قال الله تعالى: ﴿ ادْعُ إِلَى سَبِيلِ رَبِّكَ بِالْحِكْمَةِ وَالْمَوْعِظَةِ الْحَسَنَةِ وَجَادِلْهُمْ بِالَّتِي هِيَ أَحْسَنُ ﴾ (٤).

إن الدعوة والتبليغ هما مسئولية عالمية للإدارة العامة في الإسلام، وقد قام بها رسول الله صلى الله عليه وسلم خير قيام، وكان كثيرا ما يقول: "ألا هل بلغت؟ اللهم فاشهد". وكان ذلك في حجة الوداع.

---

(١) سورة الكهف، الآية ٢٩.
(٢) سورة المائدة، الآية ٦٧.
(٣) سورة الشورى، الآية ٤٨.
(٤) سورة النحل الآية ١٢٥.

٢- وظيفة التعليم:

مادة التعليم الإسلامي تشمل القرآن والحكمة، وهي السنة النبوية، وكل علم يحقق مصلحة الجماعة في جمع اختصاصات حياتها في الزراعة والصناعة والبناء والاتصال والصحة.

وقد كان تعليم الدين وأحكامه أهم مادة تعليمية في العصر النبوي والعصر الإسلامي الأول إجمالا.

ووظيفة التعليم في دولة الإسلام هي أساس جميع الوظائف فيها. وفيها يتم إعداد الأمة حتى تكون خير أمة أخرجت للناس، كما كانت في العصر النبوي.

وقد كانت وظيفتها التعليم والتزكية أخص خصائص عمل الرسول صلى الله عليه وسلم بعد الدعوة والتبليغ. قال الله تعالى: ﴿ هُوَ الَّذِي بَعَثَ فِي الْأُمِّيِّينَ رَسُولًا مِنْهُمْ يَتْلُو عَلَيْهِمْ آيَاتِهِ وَيُزَكِّيهِمْ وَيُعَلِّمُهُمُ الْكِتَابَ وَالْحِكْمَةَ وَإِنْ كَانُوا مِنْ قَبْلُ لَفِي ضَلَالٍ مُبِينٍ (٢) وَآخَرِينَ مِنْهُمْ لَمَّا يَلْحَقُوا بِهِمْ وَهُوَ الْعَزِيزُ الْحَكِيمُ (٣) ﴾ [١].

وقد هيأ رسول الله صلى الله عليه وسلم عددا من أصحابه للقيام بوظيفة التعليم فأرسل مصعب بن عمير وابن أم مكتوم لتعليم الأنصار، فكانا يتلوان عليهم القرآن، ويفقهانهم في الدين. وقد قال رسول الله صلى الله عليه وسلم: "خذوا القرآن من أربعة: من عبد الله بن مسعود، وسالم مولى أبي حذيفة، ومعاذ بن جبل، وأبي بن كعب"[٢].

وقد أمر الله عباده بالدعوة إلى الخير والأمر بالمعروف والنهي عن المنكر، كما أمرهم بالجهاد في سبيل الله. ونظرا لتباعد طبيعة هذه الاختصاصات العملية، فقد جعل الله هذه الاختصاصات مقسمة على المسلمين، فقال سبحانه: ﴿ وَمَا كَانَ الْمُؤْمِنُونَ لِيَنْفِرُوا كَافَّةً فَلَوْلَا نَفَرَ مِنْ كُلِّ فِرْقَةٍ مِنْهُمْ طَائِفَةٌ لِيَتَفَقَّهُوا فِي الدِّينِ وَلِيُنْذِرُوا قَوْمَهُمْ إِذَا رَجَعُوا إِلَيْهِمْ لَعَلَّهُمْ يَحْذَرُونَ (١٢٢) ﴾ [٣]. أي أن العمل مقسم بين الأمة. فمن كل فرقة، تخرج طائفة

---

(١) سورة الجمعة، الآيتان ٢ و ٣.
(٢) الإمام البخاري، صحيح أبي عبد الله البخاري، مكة المكرمة مكتبة النهضة الحديثة ١٣٧٦ هـ، ج ٦، ص ١٥٣.
(٣) سورة التوبة، الآية ١٢٢.

منهم للجهاد، وتبقى طائفة للتفقه في الدين واختصاصها أن تتعلم وتتفقه في الدين، فإذ جاءت طائفة الجهاد تعلمت وتفقهت من الطائفة التي لم تخرج للجهاد.

وهكذا فالمسلمون فرق وطوائف متخصصة، والتعليم هو أحد الاختصاصات الأساسية.

٣- الإدارة العامة للعبادات الأساسية:

من المعلوم أن الرسول صلى الله عليه وسلم قد أخبر بأن الإسلام بني على خمس: شهادة أن لا إله إلا الله وأن محمدا رسول الله، وإقام الصلاة، وإيتاء الزكاة، وحج البيت، وصوم رمضان[١].

ومنع الشّرك هو أهم أعمال رسول الله صلى الله عليه وسلم التي حرص على القيام بها في الناس، لأن الشرك يهدم جميع الأعمال للإنسان وإن بدت في نظره أعمالا صالحة، فتصير عند الله هباء منثورا وأن الله يغفر للإنسان ما يشاء من عمل إلا الشرك فإنه لا يغفره: ﴿ إِنَّ اللَّهَ لَا يَغْفِرُ أَن يُشْرَكَ بِهِ وَيَغْفِرُ مَا دُونَ ذَٰلِكَ ﴾[٢]. وافتتان المؤمن عن إيمانه أشد ضرراً عليه من القتل. وقد شرع الله قتال المشركين حتى لا تكون فتنة، أي حتى لا يكون شرك[٣].

ولا يكون للكافرين سبيل إلى المؤمنين يفتنونهم عن دينهم بالتعذيب والإكراه قال الله تعالى: ﴿ وَقَٰتِلُوهُمْ حَتَّىٰ لَا تَكُونَ فِتْنَةٌ وَيَكُونَ الدِّينُ لِلَّهِ ﴾[٤]. وقد قاتل محمد رسول الله صلى الله عليه وسلم وأصحابه رضوان اله عليهم حتى صار الدين لله في جزيرة العرب، إلا في بعض نواحيها، فقد كان اليهود في نجران وخيبر حين توفي رسول الله صلى الله عليه وسلم، وأوصى قبل وفاته أن يخرجوا من جزيرة العرب[٥]، فكان إخراجهم في خلافة عمر رضي الله عنه كما سيأتي، فلم يبق في جزيرة العرب إلا الإسلام الخالص، ثم كان أصحاب رسول الله صلى الله عليه وسلم يقبلون

(١) صحيح مسلم بشرح النووي، مرجع سابق، ج ١، ص ١٥٧.

(٢) سورة التوبة، الآية ١٢٢.

(٣) محمد علي الصابوني، مرجع سابق، المجلد الأول، ص ١٢٦.

(٤) سورة البقرة، الآية ١٩٣.

(٥) الإمام البخاري، مرجع سابق، ج ٦، ص ٩.

من الناس أحد ثلاثة خارج الجزيرة: الإسلام أو الجزية أو الحرب. وكان في هجر[1] مجوس، وقد قبل الرسول صلى الله عليه وسلم منهم الجزية كما قبلها من أهل الكتاب، فقبل عمر منهم - أي من المجوس - الجزية تأسيا بعمل رسول الله صلى الله عليه وسلم، وسيأتي بحثه في الفصل القادم بإذن الله.

وسنبحث فيما يلي في إدارة العبارات واحدة بعد الأخرى، فنبدأ بالعبادة اليومية، ثم السنوية:

أ- إدارة الصلاة والمساجد:

إن إقام الصلاة في عصر النبي والله كان في رأس سلّم الأولويات، وإدارة الصلاة تتضمن المحافظة على أوقاتها، والمناداة لها بالآذان، وأداؤها في المساجد جماعة، واختيار الأئمة المؤذنين ممن يصلحون للإمامة والآذان، وكل ذلك جاءت به الأحكام الواضحة، وصلاة الجماعة تقتضي الاهتمام بالمساجد بإعمارها، وتوسيعها وتنظيفها، وفرشها، وتوفير المياه فيها. وقد كان أول أعمال رسول الله والله العامة في المدينة حين هاجر إليها إقامة المساجد، فبنى مسجد قباء في بني عوف، وهو المسجد الذي أسس على التقوى من أول يوم. ثم حين قدم المدينة بنى مسجده والله، وبيوت أزواجه إلى جانب مسجده.

وقد كان رسول الله صلى الله عليه وسلم هو الذي يقيم للناس الصلاة ويؤمهم، ولا يتقدم عليه أحد من أصحابه، وهذا دليل مكانتها العالية في الإسلام، وفي الإدارة العامة.

وسنرى أن أهم أعمال أمير المصر أو أمير المؤمنين أن يقيم للناس الصلاة في المصر الذي يقيم فيه، وذلك عند بحث مسؤوليات أمراء الأمصار في إدارة عمر بن الخطاب رضي الله عنه، وكان يعطيهم على ذلك أرزاقا تزيد عن غيرهم بسبب إمامتهم الناس في الصلاة.

وللصلوات الخمس مواقيت بَيَّنها رسول الله صلى الله عليه وسلم، ومن الصلوات المفروضة سوى الخمس صلوات، صلاة الجمعة و صلاة الجنازة، ومن الصلوات ما تكون إقامتها سنة

---

(١) بلد بين البحرين وعمان على أطراف جزيرة العرب.

كصلاة العيدين والكسوف وسنن الصلوات الخمس وقيام رمضان.

ونذكر فيما يلي شواهد من القرآن الكريم على التوجيهات الربانية بإقامة الصلاة من ذلك قول الله تعالى: ﴿ وَإِذَا كُنتَ فِيهِمْ فَأَقَمْتَ لَهُمُ الصَّلَاةَ فَلْتَقُمْ طَائِفَةٌ مِّنْهُم مَّعَكَ وَلْيَأْخُذُوا أَسْلِحَتَهُمْ فَإِذَا سَجَدُوا فَلْيَكُونُوا مِن وَرَائِكُمْ وَلْتَأْتِ طَائِفَةٌ أُخْرَىٰ لَمْ يُصَلُّوا فَلْيُصَلُّوا مَعَكَ وَلْيَأْخُذُوا حِذْرَهُمْ وَأَسْلِحَتَهُمْ وَدَّ الَّذِينَ كَفَرُوا لَوْ تَغْفُلُونَ عَنْ أَسْلِحَتِكُمْ وَأَمْتِعَتِكُمْ فَيَمِيلُونَ عَلَيْكُم مَّيْلَةً وَاحِدَةً ﴾ [1].

إن صلاة الخوف المذكورة في هذه الآية الكريمة تدل على ارتباط الصلاة بمصالح المسلمين وبالمحافظة على أسلحتهم وأمتعتهم ولكن يتوجب القيام بها وفق أحكام خاصة بها.

ونلاحظ أهمية الإدارة العامة الإسلامية هنا، فالإدارة هي التي تقود الجهاد، وهي التي تقيم الصلاة حتى في ساحة المعركة.

والصلاة ذات أهمية بالغة تنظيميا واجتماعيا على المسلمين. فهي مدرسة تدريبية للقيادة على جميع مستوياتها، فالإمام والقدوة وهو القائد الذي يصدر الأمر بالتكبير فيطيع المصلون نداءه دون تردد، أي أن الصلاة هي نموذج مثالي للتنظيم الجماعي من حيث وجود القائد الذي يوجه، وجود الموجهين الذين ينفذون الأمر بطاعة ونظام، ومن لا يطع الإمام فلا أجر له في صلاته معه.

والصلاة تنظيم للوقت. فهي خمس مرات في كل يوم، بمواقيت مبنية دقيقة: ﴿ إِنَّ الصَّلَاةَ كَانَتْ عَلَى الْمُؤْمِنِينَ كِتَابًا مَّوْقُوتًا ﴾ [2]. ولا تجوز الصلاة حاضرة إلا ضمن مواقيتها. فالوقت في الإدارة الإسلامية منظم يوميا بالصلاة، ومنظم سنويا بالصيام والحج، كما سيأتي.

والصلاة مدرسة اجتماعية. فليس المقصود بالصلاة الركوع والسجود الذي لا معنى لأي منهما إلا الحركات الجسمية! كلا. بل الصلاة مشروعة لعبادة الله وذكره وخشيته ولذلك إذا أديت بحقها فإنها تنهى عن الفحشاء المنكر. فالصلاة وسيلة للأمن النفسي

---

(١) سورة النساء، الآية ١٠٢.

(٢) سورة النساء، الآية ١٠٣.

وللأمن الاجتماعي كذلك. وهما من أهداف الإدارة العامة الحديثة.

ب- إدارة الزكاة:

والزكاة فريضة على كل غني من المسلمين، ولها إدارة عامة لجمعها من الأغنياء وردّها على الفقراء ممن ذكرهم الله في قوله سبحانه: ﴿ إِنَّمَا الصَّدَقَاتُ لِلْفُقَرَاءِ وَالْمَسَاكِينِ وَالْعَامِلِينَ عَلَيْهَا وَالْمُؤَلَّفَةِ قُلُوبُهُمْ وَفِي الرِّقَابِ وَالْغَارِمِينَ وَفِي سَبِيلِ اللَّهِ وَابْنِ السَّبِيلِ فَرِيضَةً مِنَ اللَّهِ وَاللَّهُ عَلِيمٌ حَكِيمٌ (٦٠) ﴾ [١]. والزكاة هي طهارة وتزكية للمزكي. قال الله تعالى: ﴿ خُذْ مِنْ أَمْوَالِهِمْ صَدَقَةً تُطَهِّرُهُمْ وَتُزَكِّيهِمْ بِهَا ﴾ [٢].

والزكاة حق المال كما أن الصلاة حق الله. وقد قاتل أبو بكر الصديق ما نعي الزكاة، كما نعلم، لأن ولي أمر المسلمين مسؤول عن تنفيذ غايات الإدارة الإسلامية وفق الكتاب والسنة. ومنها الزكاة. فجمع الزكاة وتوزيعها هي مهمات إدارية إسلامية مختصة بها.

وهي تجب في كل مال إذا أبلغ النصاب وحال عليه الحول: المال المنقول كالذهب والفضة وعروض التجارة، والزروع والثمار [٣] والأنعام الإبل والبقر والغنم والماعز، أما العقارات فلا زكاة عليها إذا كانت للسكن أو الزراعة، إلا ما ينتج عنها من ريع سنوي. وكذلك تجب الزكاة في الأراضي إذا كانت عروضا تجارية، وليس هنا تفصيل أحكام الزكاة، لأن المقام لا يتسع لذلك.

ج- إدارة الصيام:

إن الصيام فريضة محكمة، وإدارتها غير معقدة، وتقوم مسؤوليتها على ولي الأمر، وعليه تحديد بدء الشهر القمري، ونهايته، وعليه معاقبة المخالفين لأحكام الصيام

---

(١) سورة التوبة، الآية ٦٠.

(٢) سورة التوبة، الآية ١٠٣.

(٣) الزروع والثمار لا يشترط فيها الحول، قال تعالى: ﴿ كُلُوا ﴾ سورة الأنعام، الآية ١٤١.

والمنتهكين لحرمته، والهدف من الصيام هو طاعة الله في كل أمره، حتى في وقت الطعام والشراب وغيرهما. فكل أمور المسلمين تسير وفق نظام ربّاني أنزله الله لمصالح الناس ومنافعهم. فالصيام مدرسة إدارية وصحية، تعلم كل المواطنين تنظيم الأكل والشراب، شهرا كل سنة، وتعلمهم الصبر، وهو نصف الإيمان، فالصيام مدرسة تزكيه للنفس حقيقة، تساهم مع الصلاة في منع الجريمة، وفي تعويد جميع الناس أن يسيطروا على شهواتهم وغرائزهم. ولذلك لم يكن في المجتمع الإسلامي، كما سيأتي إلا العدد القليل من الجرائم والمخالفات.

د- إدارة الحج والعمرة:

إن الحج فريضة إسلامية على البالغ العاقل في العمر مرة واحدة، ولكن موسم الحج يقام كل عام مرة، وله ميقات هي أشهر الحج: شوال وذو القعدة وذو الحجة [1] زماني وميقات مكاني وهو يدل على عظمة برامج الإدارة الإسلامية الأساسية في تنظيمها لجميع شؤون الأمة الإسلامية، وتحقيق المنافع لهم.

إن إدارة الحج تقوم على توفير الأمن للحجاج في سفرهم وفي أداء مناسكهم. وفي الحج من الدروس الإدارية السنوية ما يعود على الأمة بالمنافع الكثيرة، قال الله تعالى: ﴿ وَأَذِّن فِي النَّاسِ بِالْحَجِّ يَأْتُوكَ رِجَالًا وَعَلَىٰ كُلِّ ضَامِرٍ يَأْتِينَ مِن كُلِّ فَجٍّ عَمِيقٍ (٢٧) لِّيَشْهَدُوا مَنَافِعَ لَهُمْ وَيَذْكُرُوا اسْمَ اللَّهِ فِي أَيَّامٍ مَّعْلُومَاتٍ عَلَىٰ مَا رَزَقَهُم مِّن بَهِيمَةِ الْأَنْعَامِ فَكُلُوا مِنْهَا وَأَطْعِمُوا الْبَائِسَ الْفَقِيرَ (٢٨) ثُمَّ لْيَقْضُوا تَفَثَهُمْ وَلْيُوفُوا نُذُورَهُمْ وَلْيَطَّوَّفُوا بِالْبَيْتِ الْعَتِيقِ (٢٩) ﴾ [2].

وأن مناسك الحج تقوم على النظام في الإحرام والطواف والسعي والوقوف على عرفة ومناسك يوم النحر - أي ذبح الهدى وغيره - ومناسك أيام التشريق الثلاثة وفيها رمي الحجار.

(١) زبدة التفاسير ص ٣١ مصحف المدينة د. محمد سليمان عبد الله الأشقر دار النفائس -الأردن سنة ١٤١٥للهجرة بإذن خاص من مجمع املك فهد برقم ١٣/٣٠/١٠١٣٦.

(٢) سورة الحج، الآيات ٢٧ - ٢٩.

إن عمل الحج يقوم على التنظيم، فهو مدرسة إدارية من هذه الزاوية، وهو موسم اجتماع سنوي للمسلمين من جميع الأقطار، ففيه تنصهر الألوان واللغات والعادات لتحكمها قواعد واحدة، وهي أركان الحج وسننه، وعلى الجميع أن يقوموا بنفس الأعمال في نفس الوقت، وهم في مساحة محدودة من الأرض مهما بلغ عددهم، فقد يبلغ عدة ملايين.

وجميع الحجاج إمامهم واحد، والتوجيه إليهم يصدر من مصدر واحد، وأعمالهم تسير وفق تنظيم رباني محكم، سبعة اشواط في الطواف، وسبعة أشواط في السعي، والوقوف في يوم واحد هو التاسع من ذي الحجة في كل عام، ويشترك في هذه الأعمال المنظمة الرجال والنساء، الحج هو جهاد النساء لما فيه من مشقة في السفر والطواف والسعي ورمي الجمرات وغير ذلك.

فالحج مدرسة صهر اجتماعية عالمية، وبه تَسْهل الإدارة الإسلامية لسكان القارات الخمس على اختلاف ألوانهم وألسنتهم وعاداتهم.

٤- إدارة المصالح العامة:

إن أكبر المصالح العامة في الإدارة الإسلامية هو الدين، ففيه خير الدنيا والآخرة. وأن إدارة الدين تتمثل بإدارة التبليغ والدعوة والعبارات والجهاد في سبيل الله، وسنبحث إدارة الجهاد فيما بعد ختاما للإدارات العامة الإسلامية، لكون الجهاد سياج الأمة وسنام الإسلام.

ونقصد هنا بالمصالح العامة ما كان متصلا بحياة الناس في دنياهم مما جاءت بتنظيمه الأحكام الإسلامية، وهي مصالح الناس بحفظ أنفسهم من القتل والاعتداء على أعضاء الجسم، والاعتداء على الكرامة الإنسانية ومكارم الأخلاق العامة، وبحفظ عقولهم من تعاطي المواد الضارة كالخمر والمخدرات والدّخان. وبحفظ أعراضهم من الانتهاك والفواحش، وبحفظ أموالهم من السرقة والكسب الحرام.

وينصب الاهتمام على هذه المصالح العامة من قِبَل أولى الأمر لاتفاق علماء أصول الفقه على أن مقاصد الأحكام الإسلامية إضافة إلى تهذيب النفس وإقامة العدل هو مصالح الناس في الأشياء الخمسة التي ذكرناها. كما قرروا أن التشريع قد حفظها على ثلاث مراتب هي: مرتبة الضروري، ومرتبة الحاجي، ومرتبة الكمالي ومرتبة التحسيني أو التحسيني [١].

مرتبة الضروري: وهي أعلى المراتب من حيث الأهمية، وهي تحقيق الحد الأدنى من الحفظ للأشياء الخمسة، فقد شرع الله الجهاد لحفظ الدين ومنع الشرك والفتنة عن الدين، وشرع العقاب الرادع للمرتد والمبتدع في الدين ما ليس منه، وجعل حكم التارك لدينه، المفارق للجماعة هو القتل. أن حفظ الدين ومعاقبه المرتدين كان له مرتبته الأولية في السيرة النبوية. فعن أنس رضي الله عنه أن ناسا من عُكْل وعُرينة قدموا المدينة على النبي صلى الله عليه وسلم وتكلموا بالإسلام، فقالوا: يا نبي الله، إنا كنا أهل ضرع ولم نكن أهل ريف. واستوخموا المدينة فأمرهم — وفي رواية فأمر لهم — رسول الله صلى الله عليه وسلم بذود وراع وأمرهم أن يخرجوا فيه فيشربوا من ألبانها وأبوالها، فانطلقوا حتى إذا كانوا ناحية الحرة كفروا بعد إسلامهم، وقتلوا راعي النبي صلى الله عليه وسلم واستاقوا الذود، فبلغ النبي صلى الله عليه وسلم فبعث الطلب في آثارهم فأمر بهم فسمروا أعينهم، وقطعوا أيديهم، وتُركوا في ناحية الحرة حتى ماتوا على حالهم قال قتادة: بلغنا أن النبي صلى الله عليه وسلم بعد ذلك كان يحث على الصدقة، وينهى عن المثلة [٢]. أن حكم رسول الله صلى الله عليه وسلم في أولك المرتدين، القتلة، المفسدين في الأرض، وتنفيذ الحكم فيهم هو عمل يقول الله عز وجل فيه: ﴿ إِنَّمَا جَزَاءُ الَّذِينَ يُحَارِبُونَ اللَّهَ وَرَسُولَهُ وَيَسْعَوْنَ فِي الْأَرْضِ فَسَادًا أَنْ يُقَتَّلُوا أَوْ يُصَلَّبُوا أَوْ تُقَطَّعَ أَيْدِيهِمْ وَأَرْجُلُهُمْ مِنْ خِلَافٍ أَوْ يُنْفَوْا مِنَ الْأَرْضِ ذَلِكَ لَهُمْ خِزْيٌ فِي الدُّنْيَا وَلَهُمْ فِي الْآخِرَةِ عَذَابٌ عَظِيمٌ (٣٣) ﴾ [٣].

وإذا نظرنا في المرتبة الثانية من حفظ الدين نجد أن الشرع الإسلامي يخفف عن أصحاب الأعذار، فقد رخص الله سبحانه للمريض والمسافر بالفطر في رمضان.

---

(١) عبد الوهاب خلاف، مرجع سابق، ص ص ٢٠٠-٢٠٤، ومحمد أبو زهرة، مرجع سابق، ص ص ٣٦٧ - ٣٦٩.
(٢) الإمام البخاري، مرجع سابق، مرجع سابق، ج ٨، ص ١٠٧.
(٣) سورة المائدة، الآية ٣٣.

وللمسافر بقصر الصلاة الرباعية. قال الله تعالى: ﴿ مَا يُرِيدُ اللَّهُ لِيَجْعَلَ عَلَيْكُم مِّنْ حَرَجٍ ﴾ [1] وقد جاءت السنة الشريفة بالتيسير والتخفيف عن أصحاب الأعذار.

وفي المرتبة الثالثة من حفظ الدين شرع الله لكمال الصلاة طهارة البدن والثوب والمكان، والاحتراز من النجاسات وستر العورة.

هذا المثل على مراتب حفظ الدين، نجد مثله في حفظ النفس وحفظ العرض وحفظ العقل، وحفظ المال، يقول الإمام محمد أبو زهرة في المرتبة الأولى:

"فالضروري بالنسبة للنفس هو المحافظة على الحياة، والمحافظة على الأطراف وكل ما لا يمكن أن تقوم الحياة إلا به.

"والضروري بالنسبة للمال هو ما لا يمكن المحافظة عليه إلا به.

"وكذلك بالنسبة للنسل.

"وقد بين الغزالي الضروري في هذه الأمور، فقال:

"هذه المصالح الخمس حفظها واقع في رتبة الضروريات، فهي أقوى المراتب في المصالح، ومثاله حكم الشرع بقتل الكافر المضل، وعقوبة المبتدع الداعي إلى بدعة، فإن هذا يفوت على الخلق دينهم، وقضاؤه بإيجاب القصاص، إذ به حفظ النفوس، وإيجاب حد شرب الخمر، إذ به حفظ العقول التي هي ملاك التكليف، وإيجاب حدّ الزنى، إذ به حفظ العرض النسب، وإيجاب زجر النصاب والسراق، إذ به يحصل حفظ الأموال التي هي معايش الناس وهم مضطرون إليها" [2].

وفي المرتبة الثانية: مرتبة الحاجي، يقول الأستاذ أبو زهرة:

"وهو الذي لا يكون الحكم الشرعي فيه لحماية أصل من الأصول الخمسة، بل يقصد به دفع المشقة أو الحرج، أو الاحتياط لهذه الأمور الخمسة، كتحريم بيع الخمر، لكيلا يسهل تداولها، وتحريم رؤية عورة المرأة، وتحريم الصلاة في الأرض المغصوبة، وتحريم تلقي السلع، وتحريم الاحتكار، والاحتياط من ذلك في المباحات إباحة كثير من العقود

---

(١) سورة المائدة، الآية ٦.

(٢) محمد أبو زهرة، مرجع سابق، ص ص ٣٧٠ - ٣٧١.

التي يحتاج إليها الناس، ك المزارعة والمساقات والسلم والمرابحة والتولية (وهي البيع مثل ما اشترى).

"ونُقَرِّر أن من الحاجيات المحافظة على الحرية الشخصية والحرية الدينية فإن الحياة تثبت مع هذا، ولكن يكون الشخص في ضيق. ومن الحاجيات بالنسبة للنسل تحريم المعانقة. ومن الحاجيات بالنسبة للمال تحريم الاغتصال والسلب. فإن الاغتصال والسلب لا يذهبُ بهما أصلُ المال، لأنه يمكن استرداده، إذ يكونان في العَلَن، وكذلك مَنْع سداد الديون في القادرين، ومن الحاجيات بالنسبة للعقل تحريم شرب القليل مما يسكر منه الكثير"[1].

وفي المرتبة الثالثة، وهي مرتبة لكماليات أو التحسينات فيقول أبو زهرة رحمه الله:

"وهي الأمور التي لا تحقق أصل هذه المصالح، ولا الاحتياط لها، ولكنها ترفع المهابة وتحفظ الكرامة، وتحمي الأصول الخمسة. ومن ذلك بالنسبة للنفس حمايتها من الدعاوى الباطلة والسب، وغير ذلك مما لا يمس أصل الحياة..

"ومن ذلك بالنسبة للأموال تحريم التغرير والخداع والنصب، فإنه لا يمس المال ذاته، ولكن يمس كماليا، إذ هو يمس إرادة التصرف في المال عن بينة ومعرفة، وإدراك صحيح لوجوه الكسب والخسارة...

"ومن ذلك بالنسبة للمحافظة على النسل، تحريم خروج المرأة في الطرقات بزينتها في قوله تعالى: (وَقُل لِّلْمُؤْمِنَاتِ يَغْضُضْنَ مِنْ أَبْصَارِهِنَّ وَيَحْفَظْنَ فُرُوجَهُنَّ وَلَا يُبْدِينَ زِينَتَهُنَّ إِلَّا مَا ظَهَرَ مِنْهَا وَلْيَضْرِبْنَ بِخُمُرِهِنَّ عَلَى جُيُوبِهِنَّ وَلَا يُبْدِينَ زِينَتَهُنَّ إِلَّا لِبُعُولَتِهِنَّ أَوْ آبَائِهِنَّ أَوْ آبَاءِ بُعُولَتِهِنَّ أَوْ أَبْنَائِهِنَّ أَوْ أَبْنَاءِ بُعُولَتِهِنَّ أَوْ إِخْوَانِهِنَّ أَوْ بَنِي إِخْوَانِهِنَّ أَوْ بَنِي أَخَوَاتِهِنَّ أَوْ نِسَائِهِنَّ أَوْ مَا مَلَكَتْ أَيْمَانُهُنَّ أَوِ التَّابِعِينَ غَيْرِ أُولِي الْإِرْبَةِ مِنَ الرِّجَالِ أَوِ الطِّفْلِ الَّذِينَ لَمْ يَظْهَرُوا عَلَى عَوْرَاتِ النِّسَاءِ وَلَا يَضْرِبْنَ بِأَرْجُلِهِنَّ لِيُعْلَمَ مَا يُخْفِينَ مِن زِينَتِهِنَّ وَتُوبُوا إِلَى اللَّهِ جَمِيعًا أَيُّهَ الْمُؤْمِنُونَ لَعَلَّكُمْ تُفْلِحُونَ (٣١))[سورة النور].

---

(١) المرجع السابق، ص ص ٣٧١ - ٣٧٢.

"فإن هذا من قبيل التحسينات، لأنه حفظ لكمال الأصل، ولأنه شرف وكرامة، ومنع للمهانة والتبذل الذي تقع فيه النساء اليوم.

"ومن التحسينات بالنسبة لحماية الدين منع الدعوات المنحرفة التي لا تمس أصل الاعتقاد، ولكن بتكاثرها توجد شكا في المقررات الإسلامية، منع الإطلاع على كتب الأديان لمن لا يستطيع الموازنة العقلية الدقيقة بين الحقائق الدينية، ومن ذلك أيضا ستر العورة وتجنب النجاسة وأخذ الزينة عند الذهاب إلى المساجد، وبعض هذه الأمور واجبة وبعضه نوافل، ولا مانع أن يكون التحسين واجبا في بعض الأحوال.

"ومن التحسينات بالنسبة لحماية العقل منع الذميين من إعلان الشرب للمحرمات وبيعها في أوساط المسلمين، ولو كان المشترون ذميين"[1].

فالمصالح العامة متفاوتة من حيث قواعدها الكلية، فالضروري منها مقدم في الاعتبار على الحاجي. والحاجي مقدم على التحسينين[2].

إن الأمثلة التطبيقية من إدارة رسول الله صلى الله عليه وسلم ، واعتباره الضروري بالتقديم على غيره، كثيرة في كتب السيرة والسنة الثابتة الصحيحة.

فلم تكن كرامة المؤمنين من أهل مكة مصانة في بدء الدعوة، ولم تكن لديهم القوة الكافية لدفع الأذى عن أنفسهم، وقد أذن رسول الله و الله بالهجرة إلى أرض الحبشة لأن فيها ملك لا يظلم عنده الناس، فلم تكن الأولوية لحفظ المروءة في مكة، وإنما كانت الدعوة إلى الإيمان في سلم الأولويات.

فقد أخرج البخاري عن خباب بن الأرث رضي الله عنه أنه كان يقول:

"أتيت النبي صلى الله عليه وسلم، وهو متوسد بردة وهو في ظل الكعبة وقد لقينا من المشركين شدة، فقلت ألا تدعو الله لنا، فقعد وهو محمر وجهه، فقال: لقد كان من قبلكم ليمشط بأمشاط الحديد، ما دون عظامه من لحم أو عصب، ما يصرفه ذلك عن دينه، ويوضع المنشار على

---

(1) المرجع السابق، ص ص ٣٧٢-٣٧٣.

(2) المرجع السابق، ص ٣٧٣.

مفرق رأسه، فيشق باثنين ما يصرفه ذلك عن دينه، وليتمن الله هذا الأمر حتى يسير الراكب من صنعاء إلى حضرموت ما يخاف إلا الله زاد بيان: والذئب على غنمه"[1].

ففي هذا الخبر الصحيح دعوة إلى الاحتمال والصبر، وتقديم الدين على النفس، وتقديم النفس على الكرامة والمروءة العامة، أي أن الأشياء الخمس متفاوتة في المصلحة كذلك، لأن مصلحة الإنسان العليا في دخوله الجنة، وهذه المصلحة مقدمة على جميع المصالح لأن كل المصالح زائلة إلا نعيم الجنة.

وقد كان رسول الله صلى الله عليه وسلم في مكة قبل الفتح يعبد الله في البيت الحرام، ولم يكن خاليا من أصنام المشركين، لكنه بعد الفتح أبى أن يدخل البيت وفيه الأصنام. فعن ابن عباس رضي الله عنهما أن رسول الله صلى الله عليه وسلم لما قدم مكة أبى أن يدخل البيت وفيه الأصنام فأمر

فأُخرِجَت، فأُخرِجَ صورة إبراهيم وإسماعيل في أيديهما من الأزلام، فقال النبي صلى الله عليه وسلم: قاتلهم الله، لقد علموا ما استقسما بها قط، ثم دخل البيت فكبر في نواحي البيت، وخرج ولم يصل فيه [2].

وكان رسول الله صلى الله عليه وسلم يُعَلِّم أصحابه بماذا يبدؤون أولا، فعن ابن عباس رضي الله عنهما أن رسول الله صلى الله عليه وسلم لما بعث معاذا إلى اليمن قال: إنك تقدم على قوم أهل كتاب، فليكن أول ما تدعوهم إليه عبادة الله، فإذا عرفوا الله فأخبرهم أن الله قد فرض عليهم خمس صلوات في يومهم وليلتهم، فإذا فعلوا فأخبرهم أن الله فرض عليهم زكاة تؤخذمن أموالهم وترد على فقرائهم فإذا أطاعوا بها فخذ منهم وتجنب كرائم أموال الناس"[3].

وكان رسول الله صلى الله عليه وسلم يعلم الرجل القادم من الآفاق فيوجز في تعليمه الدين، ويبين له الفريضة والتطوع، ويجعل الأمور أمامه بسيطة جلية واضحة لا لبس فيه قط. فعن طلحة بن عبيد الله قال: جاء رجل إلى رسول الله صلى الله عليه وسلم من أهل نجد ثائر الرأس يسمع دوي صوته ولا يفقه ما يقول، حتى دنا، فإذا هو يسأل عن الإسلام، فقال رسول الله صلى الله عليه وسلم: "خمس

(١) الإمام البخاري، مرجع سابق، ج ٥، ص ٣٨.
(٢) المرجع السابق، ص ١٢٢.
(٣) محمد فؤاد عبد الباقي، اللؤلؤ والمرجان. بيروت: دار إحياء التراث العربي، ب.ت. ج١، ص ٥.

صلوات في اليوم والليلة" فقال: هل عليّ غيرها؟ قال: "لا. إلا أن تطوع" قال رسول اللـه صلى اللـه عليه وسلم: "وصيام رمضان" قال هل عليّ غيره" قال: "لا. إلا أن تطوع" قال، وذكر له رسول اللـه صلى اللـه عليه وسلم الزكاة. قال هل عليّ غيرها؟ قال: "لا. إلا أن تطوع" قال فأدبر الرجل وهو يقول: و اللـه لا أزيد على هـذا ولا أنقص. قال رسول اللـه صلى اللـه عليه وسلم: "أفلح إن صدق"[١].

وهكذا نتبين أن جميع الأحكام الإسلامية مرتبة وفق مراتب في الاعتبار والتقديم. وأن بعض الأعمال أفضل من بعض ومقدمة عليها.

ومسؤولية الإدارة العامة في الإسلام أن تقدم المقدم عند اللـه ورسوله صلى اللـه عليه وسلم وتؤخر المؤخر. وأن تكون سياستها العامة تحقيق المصلحة الضرورية ثم الحاجية ثم التحسينية على الترتيب.

القرارات الإدارية والشورى:

إن التوجيه الإداري ركن أساسي في العملية الإدارية، وطريقة اتخاذ القرارات هـي من الصفات التي تمتاز بها الإدارة الإسلامية التي تحرم الظلم والاستبداد بالرأي.

وهنا لا بدّ أن نميز بين إصدار القرارات واتباع الأحكام.

فالأحكام الإسلامية المنصوص عليها في الكتاب والسنة ثابتة واجبة التنفيذ، فما كان منها فروض عين فمسؤولية العمل بها على الأفراد، وما كان منها فروض كفاية، فمسؤولية القيام عليها وإدارتها على أولي الأمر من جماعة المؤمنين. ولا يجوز التشاور بشأنها لأن إنفاذها واجب على كل حال. ولكنها تسقط على الجماعة إذا قام بها البعض.

أما الشورى فهي مشروعة فيما لا نص فيه، كإدارة الحرب، وقد أمر اللـه رسوله صلى اللـه عليه وسلم أن يشاور أصحابه في هذه الأمور التي تحتاج إلى الأمر والقرار في وقتها وقد تدرب أصحاب الرسول صلى اللـه عليه وسلم على الشورى لكثرة مشاورته لهم، وهي لازمة على المسلمين بعد وفاة رسول اللـه صلى اللـه عليه وسلم، لاتخاذ القرار الصائب فيما يواجههم من قضايا لا نص عليها في القرآن والسنة.

أخرج البخاري في (باب قول اللـه تعالى:(وَأَمْرُهُمْ شُورَى بَيْنَهُمْ - وَشَاوِرْهُمْ فِي الْأَمْرِ) وأن المشاورة قبل العزم والتبين لقوله:(الْأَمْرِ فَإِذَا عَزَمْتَ فَتَوَكَّلْ عَلَى اللـهِ)فإذا عزم الرسول صلى اللـه عليه وسلم لم

(١) المرجع السابق، ص ٣.

يكن لبشر التقدم على الله ورسوله، وشاور النبي صلى الله عليه وسلم أصحابه يوم أحد في المقام والخروج، فرأوا له الخروج، فلما لبس لأمته وعزم، قالوا: أقم، فلم يمل إليهم بعد العزم، وقال: لا ينبغي لنبي يلبس لأمته فيضعها حتى يحكم الله، وشاور عليا وأسامة فيما رمى أهل الإفك عائشة، فسمع منهما، حتى نزل القرآن فجلد الرامين ولم يلتفت إلى تنازعهم ولكن حكم بما أمره الله"[1].

ويبين ابن قيم الجوزية أن رأي رسول الله صلى الله عليه وسلم يوم أحد هو المكُث في المدينة والتحصن فيها، فإن دخلها أبو سفيان ومن معه من قريش والحلفاء والأحابيش، قاتلهم المسلمون على أفواه الأزقة والنساء من فوق البيوت، ووافقه على رأيه عبد الله بن أبي إلا أن جماعة من فضلاء الصحابة فاتهم الخروج يوم بدر، أشاروا عليه بالخروج، فنزل عند رأيهم، فنهض ودخل بيته ولبس لأمته، فلما خرج عليهم وأحسوا أنهم أكرهوه على الخروج بدأوا بالتراجع، وقالوا: يا رسول الله إن أحببت أن تمكث في المدينة فافعل، فقال صلى الله عليه وسلم: "ما ينبغي لنبي إذا لبس لأمته أن يضعها حتى يحكم الله بينه وبين عدوه"[2] وهذا الخبر له شاهد عند أحمد، والحاكم وصححه ووافقه الذهبي[3]، وهو حجة في كون الرسول صلى الله عليه وسلم يشاور أصحابه وينزل عند رأيهم وإن خالف رأيه!

مبدأ التعاون:

وهنا نجد نصا شاملا عاما، وهو خطاب للذين آمنوا ألاّ يعتدوا وأن يتعاونوا على البر والتقوى، وأن لا يتعاونوا على الاثم والعدوان، قال تعالى: (وَتَعَاوَنُوا عَلَى الْبِرِّ وَالتَّقْوَى وَلَا تَعَاوَنُوا عَلَى الْإِثْمِ وَالْعُدْوَانِ)[4] والبر لفظ جامع لمعاني الخير والمعروف، وهو حسن الخلق، والإيمان وبذلُ المال لمستحقيه وإقام الصلاة وإيتاء الزكاة والوفاء بالعهد والصبر على الشدائد وفي ساحات القتال في سبيل الله، وهو الصدق والتقوى لله عز جل. والتعاون بين المسلمين يكون في جميع هذه الأعمال والمعاني، ولا يكون في أفعال

---

(١) الإمام البخاري، مرجع سابق، ج ٩، ص ٩١.

(٢) ابن قيم الجوزية، مرجع سابق، ج ٣، ص ١٩٣.

(٣) المرجع السابق، ص ١٩٣ في الهامش.

(٤) سورة المائدة، الآية ٢.

الشر والظلم والعدوان. قال تعالى: (لَيْسَ الْبِرَّ أَن تُوَلُّوا وُجُوهَكُمْ قِبَلَ الْمَشْرِقِ وَالْمَغْرِبِ وَلَكِنَّ الْبِرَّ مَنْ آمَنَ بِاللَّهِ وَالْيَوْمِ الْآخِرِ وَالْمَلَائِكَةِ وَالْكِتَابِ وَالنَّبِيِّينَ وَآتَى الْمَالَ عَلَى حُبِّهِ ذَوِي الْقُرْبَى وَالْيَتَامَى وَالْمَسَاكِينَ وَابْنَ السَّبِيلِ وَالسَّائِلِينَ وَفِي الرِّقَابِ وَأَقَامَ الصَّلَاةَ وَآتَى الزَّكَاةَ وَالْمُوفُونَ بِعَهْدِهِمْ إِذَا عَاهَدُوا وَالصَّابِرِينَ فِي الْبَأْسَاءِ وَالضَّرَّاءِ وَحِينَ الْبَأْسِ أُولَئِكَ الَّذِينَ صَدَقُوا وَأُولَئِكَ هُمُ الْمُتَّقُونَ (١٧٧)) [١].

النصح لأئمة المسلمين وعامتهم:

إن من أهم عوامل نجاح الإدارة الإسلامية اعتناؤها بالمواطن المسلم حتى يكون عضوا صالحا في الجماعة المسلمة، لأن أحكام الدين تبين له حقوق غيره عليه فحقوق الأمة على كل فرد أن يسمع ويطيع، وأن ينصح لهم وحقوق عامة المسلمين على كل فرد منهم أن يعاونهم على البر والتقوى، كما ذكرنا، وأن ينصح لهم.

فالنصح للأمة مشاركة في اتخاذ القرار الصائب، وفي تصويب التنفيذ. والنصح للعامة تصويب للفعل والقول، وهذا فيه عون لأولي الأمر أيضا في التنفيذ.

ومعنى النصح في اللغة: خياطة الثوب، ومعناه أيضا: تصفية الشيء. فيقال: نصح الرجل ثوبه، أي خاطه، ونصح الرجل العسل إذا صفاه من الشمع. فَنُصْحُ المسلم لغيره هو تنقيتُه قوله وفعله من الغش للمنصوح، وهو سد الثغرات، كسد ثقوب الثوب حتى يعود صالحا للارتداء.

وقد اهتم الشراح بحديث الرسول صلى الله عليه وسلم الذي رواه تميم الداري وأخرجه مسلم في صحيحه: "الدين النصيحة. قلنا: لمن! قال: لله ولكتابه ولرسوله ولأئمة المسلمين وعامتهم" وقال: عليه مدار الإسلام [٢].

مبدأ الأمر بالمعروف والنهي عن المنكر: مشاركة في القرار ورقابة خارجية على التنفيذ

إن هذه الصفة التي تميز جماعة المسلمين، حتى صاروا بها خير أمة أخرجت للناس، تستحق التوقف لأهميتها للإدارة العامة الإسلامية في توجيه القرار الإداري والسياسي

---

(١) سورة البقرة، الآية ١٧٧.
(٢) صحيح مسلم بشرح النووي، مرجع سابق، ج ٢، ص ٣٧ في الهامش.

والاقتصادي، وفي تصحيح التنفيذ على جميع المستويات في إدارة العبادات وإدارة المصالح العامة الدنيوية. أي أن مبدأ الأمر بالمعروف والنهي عن المنكر هو ثنائي الغاية، كما هو ثنائي المنهج.

أما ثنائية المنهج فيه فهي شمولة لوقف المنكر في المجتمع على جميع المستويات القولية والفعلية، الإدارية والتنفيذية، وشمولة لنماء المعروف على جميع المستويات كذلك.

وأما ثنائية الغاية فيه فاشتماله على تصحيح مسار القرار الخاطئ، أو منع وقوعه ابتداء، أي أنه يتصل هنا بمبدأ النصح لأولي الأمر، واشتماله على تصحيح التنفيذ لكل قرار صائب إذا أسيء فهمه. أو ثقل على الناس العمل به، فأساءوا القيام به على وجهه الصحيح.

والقرآن الكريم يؤكد على هذا المبدأ كثيرا، ويأمر به في أكثر من آية، من ذلك قول الله تعالى: (وَلْتَكُنْ مِنْكُمْ أُمَّةٌ يَدْعُونَ إِلَى الْخَيْرِ وَيَأْمُرُونَ بِالْمَعْرُوفِ وَيَنْهَوْنَ عَنِ الْمُنْكَرِ وَأُولَئِكَ هُمُ الْمُفْلِحُونَ (١٠٤)) [١].

وقد قسم القرآن الكريم الأمة الإسلامية إلى فرق للجهاد وطوائف للتعلم والتفقه، وجعلهم جميعا شركاء ومتعاونين لتحقيق أعلى النتائج في جميع الميادين. قال الله تعالى: (وَمَا كَانَ الْمُؤْمِنُونَ لِيَنْفِرُوا كَافَّةً فَلَوْلَا نَفَرَ مِنْ كُلِّ فِرْقَةٍ مِنْهُمْ طَائِفَةٌ لِيَتَفَقَّهُوا فِي الدِّينِ وَلِيُنْذِرُوا قَوْمَهُمْ إِذَا رَجَعُوا إِلَيْهِمْ لَعَلَّهُمْ يَحْذَرُونَ (١٢٢)) [٢].

ومبدأ تقسيم العمل واختصاص كل فريق وطائفة من الأمة بعملها لا يعفي من الرقابة الجماعية الشاملة على الإدارة من الخارج ومشاركتها في اتخاذ القرار الصائب كذلك.

إدارة الجهاد في سبيل الله تعالى:

أمر الله تعالى رسوله صلى الله عليه وسلم بالقتال في سبيل الله وتحريض المؤمنين على القتال، قال تعالى: (فَقَاتِلْ فِي سَبِيلِ اللهِ لَا تُكَلَّفُ إِلَّا نَفْسَكَ وَحَرِّضِ الْمُؤْمِنِينَ) والمعنى: قاتل يا محمد لإعلاء كلمة الله ولو وحدك، فإن موعود بالنصر ولا تهتم بتخلف المنافقين.. وشجع

_____

(١) سورة آل عمران، الآية ١٠٤.
(٢) سورة التوبة، الآية ١٢٢. وانظر ص ٤٥ من هذا البحث.

(المؤمنين) على القتال ورغبهم فيه[1]، والهدف من هذا الأمر: عَسَى اللّهُ أَنْ يَكُفَّ بَأْسَ الَّذِينَ كَفَرُوا وَاللّهُ أَشَدُّ بَأْسًا وَأَشَدُّ تَنْكِيلًا[2].

وقد قاتل رسول الله صلى الله عليه وسلم وحث على الجهاد في سبيل الله فبلغت غزواته التي قاتل فيما ثمانية. وبلغ مجموع غزواته أكثر من تسع عشرة غزوة[3].

وأنزل الله آيات كثيرة في الحث على الجهاد في سبيل الله وفضل الشهداء والهدف من القتال، ووردت عن رسول الله صلى الله عليه وسلم أحاديث كثيرة تؤكد معاني آيات الله تعالى، وتفيد هذه النصوص بأن الضرر يدفع عن المؤمنين بالقتال: (إِنَّ اللّهَ يُدَافِعُ عَنِ الَّذِينَ آمَنُوا إِنَّ اللّهَ لَا يُحِبُّ كُلَّ خَوَّانٍ كَفُورٍ (٣٨) أُذِنَ لِلَّذِينَ يُقَاتَلُونَ بِأَنَّهُمْ ظُلِمُوا وَإِنَّ اللّهَ عَلَى نَصْرِهِمْ لَقَدِيرٌ (٣٩) الَّذِينَ أُخْرِجُوا مِنْ دِيَارِهِمْ بِغَيْرِ حَقٍّ إِلَّا أَنْ يَقُولُوا رَبُّنَا اللّهُ وَلَوْلَا دَفْعُ اللّهِ النَّاسَ بَعْضَهُمْ بِبَعْضٍ لَهُدِّمَتْ صَوَامِعُ وَبِيَعٌ وَصَلَوَاتٌ وَمَسَاجِدُ يُذْكَرُ فِيهَا اسْمُ اللّهِ كَثِيرًا وَلَيَنْصُرَنَّ اللّهُ مَنْ يَنْصُرُهُ إِنَّ اللّهَ لَقَوِيٌّ عَزِيزٌ (٤٠))[4]، فلولا ما شرعه الله تعالى للأنبياء المؤمنين من قتال الأعداء، لاستولى أهل الشرك وعطلوا ما بناه أرباب الشرائع من مواضع العبادات، ولكنه دفع بأن أوجب القتال ليتفرغ أهل الدين للعبادة[5]. فالقتال في سبيل الله إنما شرع لدفع الضرر عن المؤمنين، وحتى تكون كلمة الله هي العليا[6]، وهو ماض إلى يوم القيامة[7]. أي أن مبدأ القوة في الإسلام أخلاقي، وهو مرتبط بمبدأ المنفعة للمؤمنين[8]. وللجهاد في سبيل الله أحكام في الشريعة لا يتسع المقام لتفصيلها.

(١) محمد علي الصابوني، مرجع سابق، المجلد الأول، ص ص ٢٩٢ - ٢٩٣.

(٢) سورة النساء، الآية ٨٤.

(٣) صحيح مسلم بشرح النووي، مرجع سابق، ج ١٢، ص ص ١٩٥ - ١٩٦.

(٤) سورة الحج، الآيات ٣٨ - ٤٠.

(٥) القرطبي، مرجع سابق، ج ١٢، ص ٧٠.

(٦) الإمام البخاري، مرجع سابق، ج ٤، ص ١٧.

(٧) المرجع السابق، ص ٣٢.

(٨) الدكتور فتحي الداريني، خصائص التشريع الإسلامي في السياسة والحكم (ط١). بيروت، مؤسسة الرسالة، ١٤٠٢هـ (١٩٨٢م) ص ص ١٦٨ - ١٦٩؟.

الجهاز الإداري لدولة الإسلام في العصر النبوي

إن رأس الجهاز الإداري في دولة الإسلام في العصر النبوي هو النبي صلى الله عليه وسلم، وقد كان بحق مصدر التشريع، يتلقى عن الله تعالى ويبلغ الأمة والناس. وكان قاضيا يحكم بنفسه بين الخصوم بما أراه الله. وكان المنفذ لأوامر الله تعالى في إقامة الدين وتطبيق أحكامه في حقول حياة الأمة جميعها، اجتماعية واقتصادية، وعلمية، وسياسية. وكان يختار من المؤمنين أخلقهم بالإمارة وتولي أمور المسلمين العامة.

إن رئيس الجهاز الإداري ليس من اختيار الناس في هذا العصر القياسي، بل هو من صنع الله واصطفائه.

وكانت حياته الخاصة والعامة ذات صفات فريدة، فقد أباح الله له الزواج بأكثر مما أباح لعامة المسلمين. وكان له خدامه ومواليه.

وكانت أعمال الإدارة العامة الكتابية المركزية تنجز من قبل كتابه صلى الله عليه وسلم، كما كان له حرسه ومن ينفذ أحكام القصاص التي تصدر عنه، وكان له صلى الله عليه وسلم شعراء وخطباء للأعلام والرد على الحملات الإعلامية على الإسلام وكان له بطانة مشاورة، من المهاجرين والأنصار، يستشيرهم في الشؤون العامة. وكان له أمراء على البلاد والجند، وعمّال على الصدقات والولايات.

ومن المؤلفين من خصّ حكومة النبي صلى الله عليه وسلم بكتاب، ذكر فيه وزيري رسول الله صلى الله عليه وسلم أبي بكر وعمر رضي الله عنهما، وصاحب سره حذيفة بن اليمان. وآذنه رباح الأسود، يدخل الناس عليه بعد أن يستأذن لهم، ولم يكن ذلك دائمًا، فقد جاء في الصحيح أنه لم يكن عنده بواب، إلا في حالات قليلة، ثم ذكر خدامه داخل منزله من غلام أو امرأة، وذكر كتاب الوحي وكتاب السر والرسائل والأقطاع، وخاتمه، وصاحب الخاتم ورسله إلى العظماء والملوك، وترجمانه، وذكر أسماء من ولاهم على النواحي، أي الأقاليم أو الولايات، وذكر أسماء أمرائه على الجهاد، وخروجه بنفسه للجهاد، وأصحاب اللواء في غزواته، وتنظيماته للجيش كالرماة وقلب الجيش، وميمنته وميسرته، وكلمة السر، أو

العلامة التي يتعارفون بها في الحرب، ومراكبه التي كان يستخدمها في التنقل، ومن يقوم على شأنها وفي حرسه، وأصحاب المهن الذين يصنعون أدوات وآلات حربية، كصانع المنجنيق وصاحب الجزية، وصاحب الأعشار، وعامل الصدقات، والخارص والمستوفي (وهو الرجل يبعث لقبض المال من العمال)، وحافظ زكاة رمضان وخازن الطعام، والكيال، ووظائف أخرى إدارية [1].

ونبحث في العناوين الفرعية التالية في مبحث الجهاز الإداري للدولة؛

١- النبي صلى الله عليه وسلم هو بمنزلة رئيس الجهاز الإداري للدولة.

أ- صفاته الرئاسية، واصطفاء الله له من خير القرون.

ب- وجوب الإيمان به ووجوب حبه.

ج- أخلاقه الكريمة.

د- علمه بالله تعالى وخشيته له.

٢- مسؤولياته وصلاحياته، واستعانته بأصحابه وتفويضه لهم واستخلافه على المدينة.

أ- تفويضه الصلاحيات.

ب- استخلافه على المدينة إذا خرج للجهاد.

٣- البيعة لرسول الله صلى الله عليه وسلم.

٤- المسجد ووظائفه الإدارية والاجتماعية.

---

(١) الشيخ عبد الحي الكتاني، نظام الحكومة النبوية المسمى التراتيب الإدارية، بيروت: دار الكتاب العربي. ب.ت.، جزءان. وكذلك الإمام البخاري والإمام مسلم في صحيحهما، وقد أشرنا إليهما من قبل، ففيهما: كتاب الأحكام من صحيح أبي عبد الله البخاري، مرجع سابق، ج ٩، ص ٥١ وما بعدها، وكتاب الإمارة من صحيح مسلم بشرح النووي، ج ١٢، ص ١٩٩ وما بعده: وكذلك ابن قيم الجوزيه، مرجع سابق، ج ١، ص ١٠٥ وما بعدها.

٥- إدارة الأعمال الكتابية للنبي صلى الله عليه وسلم.

٦- وظائف مساعدة غير كتابية.

٧- وظائف مساعدة ذات طبيعة إعلامية.

٨- الوظائف الإدارية الآمرة والتنفيذية.

٩- واجبات الموظفين العامين.

١٠- أسس التأمير والولاية والاستعمال في العصر النبوي.

١- النبي صلى الله عليه وسلم بمنزلة رئيس جهاز الدولة الإداري

أ- صفاته الرئاسية: اصطفاه الله من خير القرون:

النبي صلى الله عليه وسلم هو لمصطفى الذي أرسله الله تعالى ليكون رحمة للعالمين وخاتماً للنبيين. قال الله تعالى:(اللهُ يَصْطَفِي مِنَ الْمَلَائِكَةِ رُسُلًا وَمِنَ النَّاسِ)[1].

قال تعالى:(اللهُ أَعْلَمُ حَيْثُ يَجْعَلُ رِسَالَتَهُ)[2]، فرسله عليهم الصلاة والسلام هم أفضل الناس خلقا وعملا ونسبا، وقد بعث الله محمد صلى الله عليه وسلم في اشرف نسب في قومه، قال صلى الله عليه وسلم:

"بعثت من خير قرون بني آدم قرنا فقرنا حتى كنت من القرن الذي كنت فيه"[3]، ونسبه معروف عند علماء لأنساب، وقد عدد الإمام البخاري أسماء آبائه إلى عدنان، فهو قرشي، والناس تبع لقريش في ذلك العصر، مسلمهم لمسلمهم وكافرهم لكافرهم، وفق الحديث النبوي المروي في الصحاح[4].

---

(١) سورة الحج، الآية ٧٥.

(٢) سورة الأنعام، الآية ١٢٤.

(٣) الإمام البخاري، مرجع سابق، ج ٤، ص ١٥١.

(٤) محمد فؤاد عبد الباقي، اللؤلؤ والمرجان، مرجع سابق، ج١، ص ٩.

ب- وجوب الإيمان به وحبه: والإيمان به نبيا ورسولا من عند الله تعالى ركن من أركان الإيمان كما هو معروف، ومحبته شرط للإيمان به. قال صلى الله عليه وسلم:

"لا يؤمن أحدكم حتى أكون أحب إليه من والده وولده والناس أجمعين"[1].

وطاعته صلى الله عليه وسلم من طاعة الله، فهي واجبة على كل مؤمن، وهي مقرونة بطاعة الله تعالى:(يَا أَيُّهَا الَّذِينَ آمَنُوا أَطِيعُوا اللَّهَ وَأَطِيعُوا الرَّسُولَ وَأُولِي الْأَمْرِ مِنكُمْ)[2]، وقال تعالى: (مَّن يُطِعِ الرَّسُولَ فَقَدْ أَطَاعَ اللَّهَ وَمَن تَوَلَّى فَمَا أَرْسَلْنَاكَ عَلَيْهِمْ حَفِيظًا (٨٠))[3].

ج- أخلاقه الكريمة:

وقد مدح الله خلق النبي صلى الله عليه وسلم فقال: (وَإِنَّكَ لَعَلَى خُلُقٍ عَظِيمٍ (٤))[4]، وقد ذكر المحدثون صفاته الحسنة، وإيمانه بالله وخشيته له، فقد أخرج البخاري شيئا من صفاته في الجود، والريح الطيبة ولين الكف وشدة الحياء، واختيار أيسر الأمرين ما لم يكن اثما، ولم ينتقم لنفسه إلا أن تنتهك حرمة الله فينتقم لله بها، وما عاب طعاما قط، إن اشتهاه أكله وإلا تركه[5]، وقد ظهرت علامات النبوة[6] في أعماله أعماله وصفاته.

د- علمه بالله وخشيته له:

أما علمه بالله وخشيته له فقد قالت عائشة رضي الله عنها: صنع النبي صلى الله عليه وسلم شيئاً، فرخص فيه فتنزه عنه قوم، فبلغ ذلك النبي صلى الله عليه وسلم، فخطب، فحمد الله، ثم قال: (ما بال أقوام يتنزهون عن الشيء أصنعه؟ فوالله أني لأعلمهم بالله، وأشدهم له خشية)[7].

---

(١) المرجع السابق، ج ١، ص ، والنص للإمام البخاري.
(٢) سورة النساء، الآية ٥٩.
(٣) سورة النساء، الآية ٨٠.
(٤) سورة القلم، الآية ٤.
(٥) الإمام البخاري، مرجع سابق، ج ٤، ص ص ١٤٩ - ١٥١.
(٦) المرجع السابق، ص ص ١٥٢ - ١٦٤.
(٧) محمد فؤاد عبد الباقي، اللؤلؤ والمرجان، مرجع سابق، ج ٣، ص ص ١١٠ - ١١١.

إن المتدبر لصفات رسول الله صلى الله عليه وسلم الرئاسية والأخلاقية والعلمية وقدراته الشاملة يجدها بحق أكمل الصفات الإدارية التي يمكن أن تتوفر في رئيس . ومع ذلك فقد كان متواضعا زاهدا في الدنيا وفي متاعها مقبلا على طاعة ربه والاستعداد للآخرة.

٢- مسؤولياته وصلاحياته واستعانته بأصحابه وتفويضه لهم واستخلافه على المدينة:

الصلاحية في الاصطلاح المعاصر هي مدى ما يخوله القانون لشخص إداري أو قضائي أو تشريعي التصرف فيه[١]. وبهذا المعنى فإن رسول الله صلى الله عليه وسلم كان أعلى رجل في الأمة صلاحية ومسؤولية، ولم تكن تحدد صلاحياته من قبل الأمة، ولا مسؤوليته أمامها وليس لها حق في ذلك، فالله سبحانه وتعالى هو وحده الذي يكلف رسوله صلى الله عليه وسلم بالأعمال التي يريدها ويسأله عنها. وإذا اجتهد قبل أن ينزل عليه حكم في أمر، فإن الله يسدد اجتهاده أو يصححه، ولا يتركه أبدا، فهو محفوظ ومحروس من الله: (وَاصْبِرْ لِحُكْمِ رَبِّكَ فَإِنَّكَ بِأَعْيُنِنَا)[٢] ولكنه كان القدوة الحسنة في المشاورة في صنع القرار والبت فيه، فلم يكن مستبدا في رأيه، بل كان ينزل عند رأي أصحابه وإن خالف رأيه، ثم تثبت الوقائع والتجارب أن الصواب كان إلى جانبه ابتداء.

تفويض الصلاحيات

وكان يفوض بعض أعماله إلى بعض أصحابه، فيرسل من يعلم الناس بالقرآن نيابة عنه، ففي أعقاب بيعة العقبة التي شهدها عم النبي صلى الله عليه وسلم العباس وهو في مكة، انصرف المبايعون إلى يثرب، وبعث معهم رسول الله صلى الله عليه وسلم عمرو بن أم مكتوم، ومصعب بن عمير يعلمان من أسلم منهم القرآن، ويدعوان إلى الله عز وجل، فنزلا على أبي أمامة. أسعد بن زرارة، وكان مصعب بن عمير يؤمهم، وجمع أي صلى بهم الجمعة بهم لما بلغوا أربعين[٣].

_____

[١] مجمع اللغة العربية، مرجع سابق، ص ٥٢٢.
[٢] سورة الطور، الآية ٤٨.
[٣] ابن قيم الجوزية. مرجع سابق، ج ٣، ص ص ٤٦ - ٤٧، إلا أن المحققين ذكروا في هامش ص ٤٧ أن أسعد بن زرارة هو أول من جمع بهم.

وقد ذكرنا آنفا أنه بعث معاذا على اليمن، وفوضه بدعوة أهليها إلى عباده الله.

وأمَّر رسول الله صلى الله عليه وسلم أبا بكر الصديق رضي الله عنه على الحج في سنة تسع للهجرة، قبل حجة الوداع، في رهط يؤذن في الناس: لا يحج بعد العام مشرك، ولا يطوف بالبيت عريان[١].

وعن سالم عن أبيه عبد الله بن عمر رضي الله عنهم قال: بعث النبي صلى الله عليه وسلم خالد بن الوليد إلى بني جذيمة فلم يحسنوا أن يقولوا أسلمنا. فقالوا صبئنا صبئنا، فجعل خالد يقتل ويأسر، ودفع إلى كل رجل منا أسيره، فأمر كل رجل منا أن يقتل أسيره، فقلت، فقلت والله لا أقتل أسيري، ولا يقتل رجل من أصحابي أسيره، فذكرنا ذلك للنبي صلى الله عليه وسلم، فقال: اللهم إني أبرأ إليك مما صنع خالد بن الوليد، مرتين[٢].

وقد جعل البخاري عنوان هذا الخبر: باب إذا قضى الحاكم بجور أو خلاف أهل العلم فهو رد.

لكن ابن سعد في الطبقات روى الخبر بمضمون مغاير لما أخرجه الإمام البخاري، وأضاف أن رسول الله صلى الله عليه وسلم بعث عليا يودي لبني جذيمة قتلاهم وما ذهب منهم[٣]. أي أن المسؤولية لا تفوض كالسلطة.

ويؤخذ من هذا الخبر أن رسول الله صلى الله عليه وسلم تحمل خطأ أمير من أمراء المسلمين الذين أمرهم، ودفع مالا لإصلاح الخطأ، وأعلن خطأ من أنابه على الناس، لأن حكم نائبه كان ظالما، ولذلك رده. وأناب رسول الله صلى الله عليه وسلم ثابت بن قيس بن شماس. وهو الذي يقال له خطيب رسول الله صلى الله عليه وسلم ليجيب مسيلمة الكذاب حين قدم المدينة ونزل في دار بنت الحارث[٤]. وأمر رسول الله صلى الله عليه وسلم أبا بكر أن يصلي

---

(١) الإمام البخاري، مرجع سابق، ج ٤، ص ١٣٧.
(٢) المرجع السابق، ج ٩، ص ٦١.
(٣) ابن قيم الجوزية، مرجع سابق، ج ٣، ص ٤١٥.
(٤) المرجع السابق، ص ١٤٠.

بالناس في مرضه فكان أبو بكر يصلي بهم [١] . وبعث رسوله صلى الله عليه وسلم عثمان بن عوف رضي الله عنه، وهوذ وعشيرة في مكة، يغضبوا له إذا أوذي، ليخبر قريشا أن رسول الله صلى الله عليه وسلم والمسلمون عام الحديبية لم يأتوا لقتال وإنما جاءوا عمارا، وليدعوهم إلى الإسلام، كما أمره أن يأتي بمكة رجالا مؤمنين ونساء مؤمنات، فيدخل عليهم، ويبشرهم بالفتح ويخبرهم أن الله عز جل مظهر دينه بمكة، حتى لا يستخفى فيها بالإيمان [٢] .

ومن التفويض أيضا أنه كان صلى الله عليه وسلم إذا خرج من المدينة غازيا في سبيل الله استخلف عليها أحد أصحابه، ولم يتركها قط دون أن يستخلف. وقد ذكر لنا المؤرخون الثقات أسماء من استخلفهم على المدينة في كل غزوة غزاها. فقد ذكر ابن حزم أن رسول الله صلى الله عليه وسلم استعمل على المدينة سعد بن عبادة في غزو الأبواء [٣] ، واستعمل عليها السائب بن مظعون في غزوة بواط [٤] ، واستخلف عليها أبا سلمة بن عبد الأسد المخزومي في غزوة العشيرة [٥] ، واستعمل عليها عمرو بن أم مكتوم ليقيم لأهلها الصلاة، ثم رد أبا لبابة من الروحاء ليخلفه عليها في غزوة بدر الثانية [٦] .

وفي آخر غزوة غزاها رسول الله صلى الله عليه وسلم، وهي غزوة تبوك استعمل على المدينة محمد بن مسلمة، وقيل: بل سباع بن عرفطة، وقيل بل علي بن أبي طالب [٧] .

وأمر رسول الله صلى الله عليه وسلم أبا بكر الصديق على الناس في الحج في عام تسع [٨] .

٣- البيعة: عهد تحدد فيه الواجبات والمسؤوليات على الأمة.

---

(١) المرجع السابق، ج ١، ص ١١٤.

(٢) المرجع السابق، ج ٣، ص ٢٩٠.

(٣) ابن حزم، مرجع سابق، ص ١٠٠.

(٤) و (٥) المرجع السابق، ص ١٠٢.

(٦) المرجع السابق، ص ص ١٠٧ - ١٠٨.

(٧) المرجع السابق، ص ٢٥١.

(٨) المرجع السابق، ص ٢٥٨.

شرع الله البيعة في كتابه الكريم وسنة نبيه صلى الله عليه وسلم. وقد أخذ رسول الله صلى الله عليه وسلم البيعة ممن أسلم من الأوس والخزرج في المواسم، كما أخذه من أصحابه في الحديبية، وأخذها من النساء بعد الحديبية، كما سيأتي.

ومعنى البيعة في اللغة: إيجاب البيع، كما تعني إعطاء العهد للرسول صلى الله عليه وسلم أو للأمير الذي على الناس من بعده ففي اللسان: بايعه مبايعة: عاهده^(١).

وقد أخرج الإمام البخاري وغيره صيغة البيعة للأنصار في العقبة أو بعدها. فعن عبادة بن الصامت، وكان ممن شهد بيعة العقبة، أن رسول الله صلى الله عليه وسلم قال وحوله عصابة من أصحابه، أي جماعة منهم:

"تعالوا بايعوني على أن لا تشركوا بالله شيئا ولا تسرقوا، ولا تزنوا، ولا تقتلوا أولادكم، ولا تأتوا ببهتان تفترونه بين أيديكم وأرجلكم، ولا تعصوني في معروف، فمن وفى منكم فأجره على الله، ومن أصاب من ذلك شيئا فعوقب به في الدنيا فهو له كفار'ن ومن أصاب من ذلك شيئا فستره الله فأمره إلى الله، إن شاء عاقبه، وإن شاء عفا عنه، قال فبايعته على ذلك^(٢).

أما الصيغة التي رواها جابر بن عبد الله وكان ممن حضر بيعة العقبة الأخيرة، فقد حضرها العباس عم الرسول صلى الله عليه وسلم، وفيها: فقلنا يا رسول الله علام نبايعك؟ قال: تبايعوني على السمع والطاعة، في النشاط والكسل، وعلى النفقة في العسر واليسر، وعلى الأمر بالمعروف والنهي عن المنكر، وعلى أن تقولوا في الله لا تأخذكم لومة لائم، وعلى أن تنصروني إذا قدمت عليكم، وتمنعوني منه تمنعون منه أنفسكم وأزواجكم وأبناءكم ولكم الجنة" فقمنا نبايعه، فأخذ بيده أسعد بن زرارة، وهو أصغر السبعين، فقال رويدا يا أهل يثرب... فقالوا يا أسعد أمط عنا يدك، فوالله لأنذر هذه البيعة، ولا نستقيلها، فقمنا إليه رجلا رجلا، فأخذ علينا وشرط، يعطينا بذلك الجنة^(٣).

(١) الدكتور محمد سلام مذكور، مرجع سابق، ص ٢٥٧.

(٢) الإمام البخاري، مرجع سابق، ص ٤٧.

(٣) ابن قيم الجوزية، مرجع سابق، ج ٣، ص ٤٦.

وفي رواية لجرير بن عبد الله أخرجها الشيخان البخاري ومسلم، قال: بايعت النبيصلى الله عليه وسلم على السمع والطاعة، فلقّنني "فيما استطعت"والنصح لكل مسلم[١]. وأخرج البخاري عن عبادة بن الصامت صيغة مشابهة لهذه، قال: بايعنا رسول الله صلى الله عليه وسلم، على السمع والطاعة في المنشط والمكره، وأن لا تنازع الأمر أهله، وأن نقوم أو نقول بالحق حيثما كنا، لا نخاف في الله لومة لائم[٢].

إننا نلاحظ مدى الدقة في أخذ البيعة، وتوضيح بنودها، وجعلها مرتبطة بطاعة الله تعالى، وطاعة الله مقياس لإيمان المؤمن، أحد أفراد هذه الأمة، ولعل البيعة يمكن مقارنتها بالقسم الوظيفي أو المهني المتعارف عليه اليوم، مع ملاحظة الفرق في ارتباط بيعة المسلم بإيمانه وانتمائه إلى أمة الإسلام ودينها الحنيف، وارتباط القسم الوظيفي أو المهني بالنظام أو المؤسسة القائمة، فالبيعة أكثر توثيقا للمبايع من القسم الوظيفي للمقسم.

أما بيعة الرضوان التي جاء ذكرها في التنزيل الحكيم، وتمت تحت الشجرة، فقد كانت قمة في ارتباط المبايعين بدينهم ورسولهم صلى الله عليه وسلم حيث بايعوه على ألا يفروا[٣]. قال الله تعالى: ﴿ لَقَدْ رَضِيَ اللهُ عَنِ الْمُؤْمِنِينَ إِذْ يُبَايِعُونَكَ تَحْتَ الشَّجَرَةِ فَعَلِمَ مَا فِي قُلُوبِهِمْ فَأَنْزَلَ السَّكِينَةَ عَلَيْهِمْ وَأَثَابَهُمْ فَتْحًا قَرِيبًا (١٨) وَمَغَانِمَ كَثِيرَةً يَأْخُذُونَهَا ﴾[٤] وقال تعالى: ﴿ إِنَّ الَّذِينَ يُبَايِعُونَكَ إِنَّمَا يُبَايِعُونَ اللهَ يَدُ اللهِ فَوْقَ أَيْدِيهِمْ فَمَنْ نَكَثَ فَإِنَّمَا يَنْكُثُ عَلَى نَفْسِهِ وَمَنْ أَوْفَى بِمَا عَاهَدَ عَلَيْهُ اللهَ فَسَيُؤْتِيهِ أَجْرًا عَظِيمًا (١٠) ﴾[٥].

---

(١) محمد فؤاد عبد الباقي، اللؤلؤ والمرجان، مرجع سابق، ج ١، ص ١٢.

(٢) الإمام البخاري، مرجع سابق، ج ٩، ص ٦٤.

(٣) ابن قيم الجوزية، مرجع سابق، ج ٣، ص ٢٩١. والإمام البخاري، المرجع السابق، ج ٤، ص ٤٠.

(٤) سورة الفتح، الآيتان، ١٨ و ١٩.

(٥) سورة الفتح، الآية، ١٠.

فمبايعة الرسول صلى الله عليه وسلم هي بيعة لله تعالى، هي عهد يجب الوفاء به، ويشبهها القسم في ضرورة الالتزام بالمقسم عليه وتكون البيعة بإعطاء اليد، وهي إشارة إلى المصافحة[1]. ففي بيعة الرضوان هذه كان عثمان مندوبا عن رسول الله صلى الله عليه وسلم إلى مكة، فقال رسول الله صلى الله عليه وسلم بيده اليمنى: هذه يد عثمان فضرب بها على يده، فقال هذه لعثمان[2].

وللنساء بيعة فقد كان رسول الله صلى الله عليه وسلم يبايعهن حسب قول الله تعالى: ﴿ يَا أَيُّهَا النَّبِيُّ إِذَا جَاءَكَ الْمُؤْمِنَاتُ يُبَايِعْنَكَ عَلَىٰ أَن لَّا يُشْرِكْنَ بِاللَّهِ شَيْئًا وَلَا يَسْرِقْنَ وَلَا يَزْنِينَ وَلَا يَقْتُلْنَ أَوْلَادَهُنَّ وَلَا يَأْتِينَ بِبُهْتَانٍ يَفْتَرِينَهُ بَيْنَ أَيْدِيهِنَّ وَأَرْجُلِهِنَّ وَلَا يَعْصِينَكَ فِي مَعْرُوفٍ فَبَايِعْهُنَّ وَاسْتَغْفِرْ لَهُنَّ اللَّهَ إِنَّ اللَّهَ غَفُورٌ رَّحِيمٌ (12)﴾[3].

وقد أخرج البخاري أن عائشة، أخبرت عروة أن رسول الله صلى الله عليه وسلم كان يمتحن من هاجر إليه من المؤمنات بهذه الآية بقول الله: ﴿ يَا أَيُّهَا النَّبِيُّ إِذَا جَاءَكَ الْمُؤْمِنَاتُ يُبَايِعْنَكَ...﴾ قال عروة قالت عائشة فمن أقر بهذا الشرط من المؤمنات، قال لها رسول الله صلى الله عليه وسلم: قد بايعتك كلاما. ولا و الله ما مست يده يد امرأة قط في المبايعة، ما بايعهن إلا بقوله: قد بايعتك على ذلك[4]. إلا أن البخاري أخرج في رواية أخرى عن أم عطية رضي الله عنها أنها قالت: "بايعنا رسول الله صلى الله عليه وسلم فقرأ علينا أن لا يشركن بالله شيئا ونهانا عن النياحة، فقبضت امرأة يدها فقالت: أسعدتني فلانة، أريد أن جزيها، فما قال لها النبي صلى الله عليه وسلم شيئا، فانطلقت ورجعت فبايعها[5]. ففي هذه الرواية قبضت المرأة يدها، وهي توحي بمصافحة الرسول صلى الله عليه وسلم للنساء، والرواية الأولى تصرح بأن يد رسول الله صلى الله عليه وسلم ما مست يد امرأة قط في المبايعة. وأن المبايعة بقوله: قد بايعتك على ذلك كلاما.

(1) محمد سلام مذكور، مرجع سابق، ص 258.

(2) الإمام البخاري، مرجع سابق، ج 5، ص 13.

(3) سورة الممتحنة، الآية 12.

(4) الإمام البخاري، مرجع سابق، ج 6، ص 124.

(5) المرجع السابق، ص ص 124 - 125.

أما الصغير فلم يبايعه رسول الله صلى الله عليه وسلم، فقد هبت صحابية اسمها زينب ابنة حمير بولدها عبد الله بن هشام، وكان صغيرا قد أدرك النبي صلى الله عليه وسلم، وقالت يا رسول الله بايعه، فقال النبي صلى الله عليه وسلم هو صغير فمسح رأسه ودعا له[1]. كما أن رسول الله صلى الله عليه وسلم أبى أن يقبل أعرابيا من البيعة وقد بايع ثم استقال البيعة لوعك أصابه بالمدينة، فخرج الأعرابي، فقال رسول الله صلى الله عليه وسلم: إنما المدينة كالكير تنفي خبثها وينصح طيبها"[2].

نتبين من هذه الآيات والأخبار الصحيحة أن البيعة عقد بين الرسول صلى الله عليه وسلم من طرف والمؤمنين والمؤمنات من طرف ثان. وهي عهد يقطعه المبايع على نفسه بالوفاء بعهد الله الذي أخذ على نفسه، وبايع عليه الله، والمتضمن السمع والطاعة لله وللرسول صلى الله عليه وسلم ولأولي الأمر من المؤمنين بعد رسوله صلى الله عليه وسلم، وأن لا ينازع الأمر أهله، وأن يكون مخلصا لله ولا يشرك به شيئا، وأن لا يسرق ولا يزني ولا تأتي ببهتان تفتريه بين يديها ورجليها، وهذا للنساء خاصة لأنه يتعلق بالولد الذي يحمل في الأيدي ويوضع عند الولادة بين الأرجل، وأن لا يعصي- الأمر في معروف، وذلك مشروط باستطاعته وأن يكون ناصحا لكل مسلم.

فالبيعة عهد يحدد حقوق المبايع على المبايع، وواجبات المبايع نحو المبايع، وهكذا فإن حقوق أولي الأمر مبنية بنصوص واضحة نزلت من عن الله تعالى في القرآن والسنة النبوية والوفاء بها واجب. فقد قال رسول الله صلى الله عليه وسلم: "كانت بنوا إسرائيل تسوسهم الأنبياء. كلما هلك نبي خلفه نبي، وأنه لا نبي بعدي، وسيكون خلفاء فيكثرون". قالوا: فما تأمرنا؟ قال: "فوا ببيعة الأول فالأول، أعطوهم حقهم، فإن الله سائلهم عما استرعاهم"[3].

ويستفاد اليوم في الإدارة العامة من أحكام البيعة أنها تكليف على البالغ العاقل من الذكر والإناث، ودليل ذلك أن الرسول صلى الله عليه وسلم لم يستجب لطلب المرأة التي أتت بصغيرها ليعطي البيعة لرسول الله صلى الله عليه وسلم، وقال لها: إنه صغير.

---

(١) المرجع السابق، ج ٩، ص ٦٥.
(٢) المرجع السابق، نفس الصفحة.
(٣) محمد فؤاد عبد الباقي، اللؤلؤ المرجان، مرجع سابق، ج ٢، ص ٢٤٧.

كما يستفاد من ذلك مبدأ سن الرشد كشرط لشاغل الوظيفة العامة، وهذا ما هو متبع في الأنظمة الإدارية المعاصرة بالنص على سن ما، هي سن البلوغ أو الرشد.

٤. المسجد ووظائفه الإدارية والاجتماعية

حين قدم رسول الله صلى الله عليه وسلم المدينة مهاجرا ومعه أبو بكر الصديق نزل في بني عمرو بن عوف، فلبث فيهم بضع عشرة ليلة وأسس المسجد الذي أسس فيه على التقوى. وصلى فيه رسول الله صلى الله عليه وسلم. ثم ركب راحلته. فسار يمشي معه الناس حتى بركت عند مسجد الرسول صلى الله عليه وسلم بالمدينة وهو يومئذ يصلي فيه رجال من المسلمين، وكان مربدا للتمر لسهيل وسهل غلامين يتيمين في حجر أسعد بن زرارة، فقال رسول الله صلى الله عليه وسلم حين بركت راحلته، هذا إن شاء الله المنزل، ثم دعا رسول الله صلى الله عليه وسلم الغلامين فساومهما بالمربد ليتخذه مسجدا، فقالا: لا، بل نهبه لك يا رسول الله، ثم بناه مسجدا، وطفق رسول الله صلى الله عليه وسلم ينقل معهم اللبن في بنيانه[1].

فكان رسول الله صلى الله عليه وسلم يصلي في المسجد الصلوات الخمس إمام بأصحابه، وكان من هذا المكان الطاهر يدير شؤون المسلمين فلم يبن مكانا آخر في المدينة ليكون مقرا عاما يجلس فيه للناس لتعليمهم الحكم بينهم سواه.

ولقد كان هذا المكان البسيط المتواضع مقرا لرسول الله صلى الله عليه وسلم الإداري والسياسي أيضا.

٥. إدارة الأعمال الكتابية للنبي صلى الله عليه وسلم

لقد كانت الأعمال الكتابية في عهد النبي صلى الله عليه وسلم من الأعمال البالغة الأهمية في جميع وجوه الحياة العامة إداريا وعلميا، ولا عجب أن تكون أهميتها تفوق كثيرا من الشؤون الإدارية الرئاسية الأخرى، فهي بمنزلة أمانة السر العامة للإدارات في الوقت الحاضر، ولكنها تزيد عنها كثرا في الأهمية لأهمية كتاب الله تعالى، وأهمية تبليغ رسالته إلى الناس

---

(١) الإمام البخاري، مرجع سابق، ج ٥، ص ٥٢.

جميعا عربهم وعجمهم، وأهمية كلام الرسول صلى اللــه عليه وسلم في تحديد مقادير الأموال فيما تجب فيه الزكاة، ومقدار الزكاة على تلك الأموال متدرجة من الأدنى، وهو النصاب، إلى الأعلى.

فكان للوحي كتاب، يكتبون القرآن حين ينزل، بأمر مـن رسـول اللــه صلى اللــه عليه وسلم.

وكان هؤلاء الكتاب يتلقون من رسول اللــه صلى اللــه عليه وسلم الأمر بكتابة العهود والكتب التي توجه إلى عمال رسول اللــه صلى اللــه عليه وسلم.

وكان هؤلاء الكتاب أو غيرهم هم الذين يكتبون كتب رسول اللــه صلى اللــه عليه وسلم لملوك الأرض وعظمائها، لدعوتهم إلى دين اللــه تعالى هم وأقوامهم للدخول فيه.

وكانت تكتب أمور غير هذه، كالاقطاعات، وهي وقف الأرض على أحد أصحاب النبي صلى اللــه عليه وسلم ما دام حيا، ينتفع بها، على أن لا تباع، بل تبقى وقفا لله على ذرية الصحابي بعد موته.

وكانت تكتب أمور أخرى، منها كتب الصلح والموادعة، وكان الناس إذا استنفروا للغزو في سبيل اللــه اكتبوا أسماءهم في الغزوة التي يريد الالتحاق بها.

ولذلك كان عند رسول اللــه صلى اللــه عليه وسلم عدد من الكتاب المتخصصين.

ومن أشهر كتاب النبي صلى اللــه عليه وسلم: زيد بـن ثابت رضي اللــه عنه. ودليلنا على مكانته الكتابية، خطاب أبي بكر الصديق له حين كلفه بجمع القرآن الكريم، فقال فيه:

"إنك رجل شاب عاقل لا نتهمك، قد كنت تكتب الوحي لرسول اللــه صلى اللــه عليه وسلم، فتتبع القرآن فاجمعه"[1].

ولم يكن زيد بن ثابت متخصصا بالعربية وحدها، بل كان يكتب بالعبريـة كذلك، فقد أمره الرسول صلى اللــه عليه وسلم بتعلم كتاب اليهود، أي الكتابة اليهودية.

ودليلنا ما أخرجه البخاري رحمه اللــه عن خارجة بن زيد بن ثابت، عن زيد بن ثابت، أن النبي صلى اللــه عليه وسلم أمره أن يتعلم كتاب اليهود، يقول زيد: حتى كتبت للنبي صلى اللــه عليه وسلم كتبه وأقرأته كتبهم إذا كتبوا إليه.

---

(١) الإمام البخاري، مرجع سابق، ج ٩، ص ٦١.

ويفهم من هذا أن الأعمال الكتابية كانت تسوجب تفرغا وقد كانت تشمل كتابة الوحي، وكتابة كتب النبي صلى الله عليه وسلم، ومنها كتابه في الصدقات الذي كان عند أبي بكر رضي الله عنه، وقد أخرجه في عدة أبواب من كتاب الزكاة، ومنها كتاب النبي صلى الله عليه وسلم إلى أهل اليمن، وهو كتاب عظيم فيه أنواع كثيرة من الفقه، وقد رُوي مسندا متصلا، كما روى مرسلا[(1)].

ومن ذلك كتب النبي صلى الله عليه وسلم إلى هرقل ملك الروم وكسرى ملك الفرس، والنجاشي ملك الحبشة، والمقوقس ملك الإسكندرية عظيم القبط، والحارث بن أبي شمر الغساني ملك البلقاء وجيفر وعبد ابني الجُلُندي الأزديين بعمان، والمنذر بن ساوى العبدي ملك البحرين، والحارث بن عبد كلال الحميري باليمن، وكتب أخرى غير هذه[(2)].

وأكثر هذه الأعمال الكتابية حجما هو كلام الله عز وجل، وقد ذكرنا من قبل كيف كلف بجمعه زيد بن ثابت، وعلى ماذا كان مكتوبا، بما يغني عن إعادته.

٦- وظائف إدارية مساعدة غير كتابية

تصنف الوظائف الكتابية على أنها وظائف مساعدة staff jobs وقد كان من نوعها عدد كبير في خدمة رسول الله صلى الله عليه وسلم وخدمة المسلمين عامة، وخدمة النظام العام والأمن للمواطنين. فقد كان لرسول الله صلى الله عليه وسلم أكثر من مؤذن، وكان له من يأذن بالدخول عليه في بعض الأماكن، وكان له حرس في بادئ الأمر ثم صرفه عندما نزل قرآن بعصمته من الناس، وكان له صاحب سر، وصاحب شرطة، أو سياف، وخادم، وصاحب نفقة وصاحب بُدْن، يناظر عليها، وصاحب خاتم، كما كان له خطيب وشعراء، وحاد حسن الصوت. وقد ذكر ابن حزم عددا من القائمين بهذه الأعمال المساعدة فقال:

"كان قيس بن سعد بن عبادة الساعدي من رسول الله صلى الله عليه وسلم بمنزلة صاحب الشرطة من الأمير.

_____

(١) ابن قيم الجوزية، مرجع سابق، ص ص ١١٧ - ١١٩.

(٢) المرجع السابق، ص ص ١١٩ - ١٢٤.

"ووقف المغيرة بن شعبة الثقفي على رأسه بالسيف يوم الحديبية.

"وكان بلال بن رباح على نفقاته.

"وكانت أم أيمن دايته.

"وكان أنس ب مالك خادمه.

"وكان ذؤيت بن حلحلة بـن عمـرو الخزاعـي، والـد الفقيـه قبيصـة ابـن ذؤيـب، صاحب بدن رسول اللـه صلى اللـه عليه وسلم التي أهدى، والناظر عليها.

"وقد أذن عليه رباح الأسود مولاه، وأبو موسى الأشعري.

"وكان ابن أم مكتوم الأعمى، وهو من بني عامر بن لؤي، واسمه عمرو بن قيس....: مؤذنه مع بلال"[1].

أما ابن قيم الجوزية فذكر أن مؤذني رسول اللـه صلى اللـه عليه وسلم كانوا "أربعة اثنان بالمدينة: بلال بن رباح، وهو أول من أذن لرسول اللـه صلى اللـه عليه وسلم، وعمرو بن مكتوم القرشي العامري الأعمى، وبقباء سعد القرظ مولى عمار بن ياسر، وبمكة أبو محذورة واسمه أوس بن مغيرة الجمحي، وكان أبو محذورة منهم يرجّع الأذان، ويثنى الإقامة"[2].

وكان الضحاك بن سفيان الكلابي سيّافه، صلى اللـه عليه وسلم[3].

وذكر ابن حزم أن رسول اللـه صلى اللـه عليه وسلم ولّى معيقيب بن أبي فاطمة الدوسي حليف بني أمية بن عبد شمس على خاتمه صلى اللـه عليه وسلم، وذكر غيره أن معيقيبا ولي على الغنائم[4]. أما حرسه فمنهم سعد بن معاذ، محمد بن مسلمة، والزبير بن العوام، ومنهم عباد بن بشر، وهو الذي كان على حرسه، وحرسه جماعة غير هؤلاء، وقد صرف رسول اللـه صلى اللـه عليه وسلم حرسه

---

(١) ابن حزم، مرجع سابق، ص ٢٧.
(٢) ابن قيم الجوزية، مرجع سابق، ج ١، ص ١٢٤.
(٣) ابن حزم، مرجع سابق، ص ٢٦.
(٤) المرجع السابق، ص ٢٥.

حينما نزل قوله تعالى: ﴿ وَاللَّهُ يَعْصِمُكَ مِنَ النَّاسِ ﴾ [1]. وشاهد ذلك عن جابر بن عبد الله رضي الله عنهما أنه غزا مع رسول الله صلى الله عليه وسلم قبل نجد، فلما قفل رسول الله صلى الله عليه وسلم قفل معه، فأدركتهم القائلة، في واد كثير العضاه، فنزل رسول الله صلى الله عليه وسلم وتفرق الناس في العضاه يستظلون بالشجر. ونزل رسول الله صلى الله عليه وسلم تحت سمره معلق بها سيفه، قال جابر: فنام نومة، ثم إذا رسول الله صلى الله عليه وسلم يدعونا فجئنا، فإذا عنده أعرابي جالس فقال رسول الله صلى الله عليه وسلم: إن هذا اخترط سيفي وأنا نائم فاستيقظت وهو في يده صلتا، فقال لي: من يمنعك مني؟ قلت: "الله، فها هوذا جالس" [2] ثم لم يعاقبه رسول الله صلى الله عليه وسلم.

وفي رواية عن جابر قال: كنا مع النبي صلى الله عليه وسلم بذات الرقاع [3]، وعن أبي بشر: اسم الرجل غورث بن الحارث [4].

7- وظائف مساعدة ذات طبيعة إعلامية

وهم الشعراء والخطباء، فقد اعتنى العرب بالخطابة والشعر لتأييد أمر أو لذمه. وكان من المشركين شعراء يؤذون رسول الله صلى الله عليه وسلم بشعرهم. وكان من الحكمة أن يرد عليهم بنفس الأداة، ونفس السلاح.

ولذلك كان لرسول الله صلى الله عليه وسلم شعراء وخطباء، يذبّون عن الإسلام بألسنتهم، وهم: كعب بن مالك، وعبد الله بن رواحة، وحسان بن ثابت، كلهم من الخزرج من الأنصار، وكان أشدهم على الكفار حسان بن ثابت وكعب بن مالك يُعَيِّرهم بالكفر والشرك.

أما خطيبه صلى الله عليه وسلم فهو ثابت بن قيس بن شماس الخزرجي الأنصاري أيضا [5]، وقد مر ذكره في تفويض رسول الله إياه للرد على مسيلمة الكذاب.

---

(١) ابن قيم الجوزية، مرجع سابق، ج ١، ص ١٢٧. والآية من سورة المائدة، الآية ٦٧.

(٢) الإمام البخاري، مرجع سابق، ج ٥، ص ٩٥.

(٣) و (٢) المرجع السابق، ص ٩٦.

(٥) ابن حزم، مرجع سابق، ص ٢٨، وكذلك ابن قيم الجوزية، مرجع سابق، ج١ ، ص ١٢٨.

٨- الوظائف الإدارية الآمرة والتنفيذية في العصر النبوي (Line Jobs)

كان رسـول اللــه صلى اللــه عليه وسلم يغـزو بنفسه مـع المسـلمين، ويقاتل المشركين، فقد غزا خمسا وعشرين غزوة[١]، أو أكثر من ذلك[٢] قاتل منها في تسع هـي: بـدر البطشـة أو بـدر القتـال، وأحـد والخنـدق وقريظـة والمصـطلق وحُنـين والطائف[٣]، وكان يستخلف على المدينة إذا غزا.

وكان يدير القتال ويوجه أصحابه ويحكم في الأنفال والغنائم بكتاب اللـه، وكان له صفي وقسم منها، سأتي لبحثه لاحقاً.

وكان يبعث البعوث والسرايا ويرسل الرسل، ويؤمّر الأمراء ويولّي الـولاة ويستعمل العمال على الصدقات وغيرها، فقد استعمل رجلا عـلى خيبر بعد فتحها عنوة، وهو الأكثر، وبعضها صلحا، فقسمه اصلى اللـه عليه وسلم بعد أن عزل الخمس، وأقرّ اليهود على أن يعتملوها بأموالهم وأنفسهم ولهم النصف من كـل مـا يخرج منهـا مـن زرع أو ثمر، ويقرهم على ذلك ما بدا له[٤].

وقد ذُكر آنفا أسماء عدد من أصحابه الذين استعملهم عـلى المدينـة وعـلى مكـة وهوازن والحج، بما أغنى عـن ذكـره هنا، وكان المستخلفون والأمراء بمنزلة الموظفين العامين من الفئات العليا في اصطلاح الإدارة العامة المعاصر، وقد استعمل رسول اللـه صلى اللـه عليه وسلم عدداً آخر من أصحابه عـلى أعمال المسـلمين والـدعوة إلى دين اللـه وتعليم الناس الفقه.

وقد استعمل رسول اللـه صلى اللـه عليه وسلم عددا من أصحابه على الصدقات والأخماس، وهي بمنزلة الوظائف المالية العامة، يطول البحث بتقصيها[٥] هنا، وسنأتي لذكرها في مبحث لاحق.

(١) المرجع السابق، ص ١٦.

(٢) ابن قيم الجوزية، مرجع سابق، ج ١، ص ١٢٩.

(٣) ابن حزم، مرجع سابق، ص ١٦، وكذلك ابن قيم الجوزية، مرجع سابق، ج ١، ص ١٢٩.

(٤) المرجع السابق، ص ٢١٣، وكذلك الإمام البخاري، مرجع سابق، ج ٥، ص ١١٦.

(٥) ابن حزم، مرجع سابق، ص ص ٢٤-٢٥.

أما بعوثه إلى الملوك والعظماء، فقد ذكرنا طرفا منها آنفا، وقد نشطت بعوث رسول الله صلى الله عليه وسلم بعد الفتح العظيم، فتح مكة، إلا أول فوج من الرسل إلى الملوك خرج أثر عودة النبي صلى الله عليه وسلم من الحديبية، فكتب إلى ملك الروم، فقيل له: إنهم لا يقرؤون كتابا إلا إذا كان مختوما، فأتخذ خاتما من فضة، ونقش عليه

الله

رسول   هكذا في ثلاثة أسطر، وختم به الكتب إلى الملوك،

محمد

وبعث ستة نفر في يوم واحد في المحرم من سنة سبع للهجرة فأولهم عمرو بن أمية الضمري، بعثه إلى النجاشي، واسمه أصحمه بن أبجر...

والثاني دحية بن خليفة الكلبي إلى قيصر الروم هرقل...

والثالث عبد الله بن حذافة السهمي إلى كسرى أبرويز بن هرم...

والرابع حاطب بن أبي بلتعه إلى المقوقس، ملك الأسكندرية، عظيم القبط، واسمه جريح بن منياء..

والخامس شجاع بن وهب الأسدي إلى الحارث بن أبي شمس الغساني ملك البلقاء، وقيل لجبلة بن الأيهم.. وقيل لهما معا..

والسادس سليط بن عمرو إلى هوذة بن علي الحنفي باليمامة، وقيل بعث إلى هوذة وإلى ثُمامة بن أثاف الحنفي [1].

أما بعوث السرايا والمهمات العسكرية فعددها كبير [2].

ويمكن تلخيص ما قلناه في الجهاز الإداري لدولة الإسلام في العصر النبوي بأن رئيس الدولة أو النظام هو النبي صلى الله عليه وسلم أو هو بمنزلة الرئيس أو الأمير لأنه في واقع الحال أعلى من ذلك مكانة عند الله وعند الناس لوجوب الإيمان به وحبه وطاعته، وأن طاعته

---

(١) ابن قيم الجوزية، مرجع سابق، ج ١، ص ص ١١٩ - ١٢٢ بتصرف.

(٢) ابن حزم، مرجع سابق، ص ص ١٧ - ٢١.

من طاعة الله، وليس ذلك لأحد من الأمراء أو الرؤساء في أي عصر ـ من التاريخ إلا لنبي مثله.

أما الموظفون العاملون في القطاع العام فكانوا على نوعين:

الوظائف المساعدة (staff jobs): كالكتّاب ووظائف الخدمات التابعة للنبي صلى الله عليه وسلم مباشرة، والوظائف الآمرة (line jobs) وذات الصفة التنفيذية الصدقات والأخماس، والرسل والمبعوثين للدعوة والتعليم وتسليم الرسائل أو دفعها إلى الملوك والعظماء والسفراء في مهمات المفاوضات والاتصالات مع الطرف المعادي، من مشركين أو يهود أو مجوس أو نصارى، ممن كانوا يقيمون بصفة دائمة في جزيرة العرب: في المدينة واليمن والبحرين وغيرها.

ومع أننا لم نُحْصِ عدد الوظائف العامة بنوعيها، إلا أن التقدير الأولي لها يجعلها تتجاوز المائة في الوظائف التنفيذية والآمرة وقد لا تتجاوز المائتين. أما الوظائف المساعدة فلا تتجاوز الخمسين وظيفة، إلا إذا اعتمدنا قول من أوصل عدد الكتّاب إلى بضعة وأربعين فإنها في هذه الحال تتجاوز الخمسين، وإذا عددنا أفراد الجيش الإسلامي فقد كانوا في غزوة حُنين وحدها اثني عشر ألفا(١).

٩- واجبات الموظفين العامّين:

لقد ذكرنا من قبل أن الرسول صلى الله عليه وسلم استخلف ابن أم مكتوم على المدينة ليقيم بأهلها الصلاة، وهي من أهم واجبات الأمير على الجماعة المسلمة، أما واجباته الشاملة فهي أن يخلف رسول الله صلى الله عليه وسلم فيما يستطيع من أعماله في إقامة الدين والحكم بالقرآن والسنة وحفظ الأشياء الخمسة للأمة في مراتبها الثلاثة كما ذكرنا آنفا.

أما المبعوثون للدعوة إلى الدين الحنيف، فقد كانت واجباتهم محددة من قبل رسول الله صلى الله عليه وسلم، وقد ذكرنا أن رسول الله صلى الله عليه وسلم بين لمعاذ بن جبل كيف يدعو أهل اليمن، وهم أهل

---

(١) المرجع السابق، ص ٢٣٨.

كتاب، إلى عبادة الله فإن أقروا بذلك دعاهم إلى الصلاة وهي خمس" في اليوم فأن أقروا بذلك، أعلمهم بفريضة الزكاة، وبين له كيف يأخذ الصدقات منهم، وقد أوصى أبا موسى ومعاذا فقال: "يسرا ولا تعسّرا: وبشّرا ولا تنفرا وتطاوعا ولا تختلفا"[1].

وأما الأمراء على السرايا والجهاد فقد أخرج الإمام مسلم عن بريدة[2] قال: كان رسول الله صلى الله عليه وسلم إذا أمّر أميراً على جيش أو سرية أوصاه في خاصته بتقوى الله ومن معه من المسلمين خيرا، ثم قال: ((اغزوا باسم الله في سبيل الله قاتلوا من كفر بالله، اغزوا ولا تغلوا ولا تغدروا ولا تمثلوا ولا تقتلوا وليدا، وإذا لقيت عدوك من المشركين فأدعهم إلى ثلاث خصال، أو خلال، فأيتّهن من أجابوك فاقبل منهم وكفّ عنهم ثم[3] ادعهم إلى الإسلام، فإن أجابوك فاقبل منهم وكفّ عنهم، ثم ادعهم إلى التحول من دارهم إلى دار المهاجرين وأخبرهم أنهم أن فعلوا ذلك فلهم ما للمهاجرين وعليه ما على المهاجرين فإن أبوا أن يتحولوا منها فأخبرهم أنهم يكونون كأعراب المسلمين يجري عليهم حكم الله الذي يجري على المؤمنين ولا يكون لهم في الغنيمة والفيء شيء إلا أن يجاهدوا مع المسلمين، فإن هم أبوا فسلهم الجزية، فإن هم أجابوك فاقبل منهم وكف عنهم، فإن هم أبوا فاستعن بالله وقاتلهم. وإذا حاصرت أهل حصن فأرادوك أن تجعل لهم ذمة الله وذمة نبيه، فلا تجعل لهم ذمة الله ولا ذمة نبيه ولكن أجعل لهم ذمتك وذمة أصحابك، فإنكم أن تخفروا ذممكم وذمم أصحابكم أهون من أن تخفروا ذمة الله وذمة رسوله. وإذا حاصرت أهل حصن فأرادوك أن تنزلهم على حكم الله فلا تنزلهم على حكم الله ولكن أنزلهم على حكمك، فإنك لا تدري أتصيب حكم الله فيهم أم لا))[4].

---

(١) صحيح مسلم بشرح النووي، مرجع سابق، ج ١٢، ص ٤١.

(٢) هو بريدة بن الحُصَيب الأسلمي، شيخ قبيلة أسلم من خزاعة.

(٣) قال القاضي عياض صواب الرواية: أدعهم بإسقاط ثم، كما جاء في سنن أبي داود وكتاب أبي عبيد.

(٤) صحيح مسلم بشرح النووي، مرجع سابق، ج ١٢، ص ص ٣٧ - ٤٠.

في هذا الحديث النبوي العظيم توجيهات واضحة تبين واجبات الأمير وأصحابه نحو الناس من يسلم منهم ومن يبقى على دينه، ومن يهاجر ممن يسلمون ومن يبقى في داره، ومن يريد ذمة الله ورسوله، ومن يريد حكم الله.

ويؤخذ من هذا النص النبوي مركزية الإدارة النبوية في التعيين في الوظائف - في التأمير أو الاستعمال - ولا مركزية التنفيذي فالأمير يتصرف بمشاورة أصحابه في اتخاذ القرار المناسب عند التنفيذ في جميع الأحوال، فإن أصاب فتوفيق الله، وإن أخطأ فإن النبي صلى الله عليه وسلم يبين وجه الصواب يوحي الله إليه في ذلك، كما رأينا في تبرئة من فعل خالد بن الوليد رضي الله عنه في بني جذيمة، وتحمل ديات من قتل منهم، دون أن يعزل خالدا، أو يعنفه، ولكنه بين الحكم فيما اجتهد فيه خالد فقط.

أن مركزية الإدارة النبوية أمر لابد منه حتى يعلم الناس حكم الله في كل أمر ولم يكن أحد غير النبي صلى الله عليه وسلم يتلقى الوحي عن الله عز وجل. أما التنفيذ فكان لا مركزيا، ولم يكن من الحكمة أن يكون غير ذلك لبعد المسافات، وضعف الاتصالات، فكان الأمير يجتهد في التنفيذ، وقد بين لهم النبي صلى الله عليه وسلم أن لا يعطوا ذمة الله وذمة رسوله، لأن اخفار ذمة الله وذمة رسوله صلى الله عليه وسلم ليس كأخفار ذمة أمير وأصحابه من المسلمين. وبين لهم صلى الله عليه وسلم أن لا يُنزلوا أحدا على حكم الله، لأن حكم الله قد لا يصيبه الأمير وأصحابه، بل ينزلونهم على حكم الأمير.

١٠- أسس التوظيف في العصر النبوي:

هذا اللفظ "التوظيف" نستعيره من اللغة الدارجة اليوم في الإدارة العامة، ولم نجده مستخدما أو شائعا بمعناه اليوم في العصر النبوي، وأما ما كان متبعا في هذا الشأن فهو لفظ "الاستعمال" أي: التكليف بالإمارة، وغير ذلك من الفاظ.

فنجد في مصادر الفقه والتاريخ الإسلامي: ولّى رسول الله صلى الله عليه وسلم عتاب بن أسيد على مكة، واستخلف علي بن أبي طالب على المدينة، وأمّر خالد بن الوليد على سرية وبعثة إلى بني جذيمة، وهكذا.

وقد كان رسول الله صلى الله عليه وسلم يستعمل من الناس من هو خليق بالعمل العام قوة وأمانة وعلماً، ولو كان مولى. قد استطاع بفضل الله أن يختار من أصحابه أقواهم على العمل وأصلحهم له، وكان كأنما يُعدهم للعمل العام من بعده، ويدربهم على تحمل مسؤولية الدعوة والتبليغ وإدارتهما، وإدارة مصالح المسلمين العامة بأمانة وإخلاص وكفاءة عالية في الأداء، إلا أنه صلى الله عليه وسلم بشر لا يعلم الغيب، فقد استعمل رجلا على الصدقات، هو الوليد بن عقبة بن أبي مُعيط، وبعثه إلى بني المصطلق بعد إسلامهم بما يزيد على عامين، فلما جاءهم خرجوا إليه ليتلقوه، ففزع، فرجع وأخبر رسول الله صلى الله عليه وسلم أنهم هَمّوا بقتله فتكلم الناس في غزوهم، ثم أتى وافدهم منكرا لرجوع مُصَدّقهم، قبل أن يلقاهم معرفين أنهم أنما خرجوا مُتَلَفّين له مكرمين لوروده، فنزلت في ذلك: ﴿ ث ذ ذ ث ث ث ث ث ث ڤ ڤ ڤ ڤ ڤ ڤ ق ﴾ [سورة الحجرات، الآية ٦] [١].

وأخرج البخاري تحت عنوان سرية عبد الله بن حذافة السهمي وعلقمة بن مجزز المدلجي، ويقال أنها سرية الأنصار، عن علي رضي الله عنه، قال بعث النبي صلى الله عليه وسلم سرية، فاستعمل رجلا من الأنصار وأمرهم أن يطيعوه، فغضب، فقال: أليس أمركم النبي صلى الله عليه وسلم أن تطيعوني؟ قالوا: بلى، قال: فاجمعوا إلي حطبا، فجمعوا، فقال: أوقدوا نارا، فأوقدوها، فقال: أدخلوها، فهموا وجعل بعضهم يمسك بعضا ويقولون فررنا، إلى النبي صلى الله عليه وسلم من النار، فما زالوا حتى خمدت النار، فسكن غضبه فبلغ النبي صلى الله عليه وسلم فقال: لو دخلوها ما خرجوا منها إلى يوم القيامة، الطاعة في المعروف [٢].

ففي عبد الله بن حذافة السهمي رضي الله عنه نزل قول الله [٣] عز جل: يَا أَيُّهَا الَّذِينَ آمَنُوا أَطِيعُوا اللَّهَ وَأَطِيعُوا الرَّسُولَ وَأُولِي الْأَمْرِ مِنكُمْ فَإِن تَنَازَعْتُمْ فِي شَيْءٍ فَرُدُّوهُ إِلَى اللَّهِ وَالرَّسُولِ إِن كُنتُمْ تُؤْمِنُونَ بِاللَّهِ وَالْيَوْمِ الْآخِرِ ذَلِكَ خَيْرٌ وَأَحْسَنُ تَأْوِيلًا (٥٩) [٤].

---

(١) ابن حزم، مرجع سابق، ص ص ٢٠٥ - ٢٠٦.
(٢) الإمام البخاري، مرجع سابق، ج ٥، ص ١٣٢.
(٣) المرجع السابق، ج ٦، ص ٣٨.
(٤) سورة النساء، الآية ٥٩.

في هذه الآية الكريمة أوجب الله على المؤمنين طاعته وطاعة رسوله صلى الله عليه وسلم وأولي الأمر من المؤمنين، أي ذوي الأمر[1]، وهم الفئة العليا من الموظفين الإداريين في الدولة، ولم يتكرر ورود هذا التعبير أولي الأمر سوى مرة واحدة أخرى في نفس السورة وهي قول الله عز جل: ﴿ وَإِذَا جَاءَهُمْ أَمْرٌ مِنَ الْأَمْنِ أَوِ الْخَوْفِ أَذَاعُوا بِهِ وَلَوْ رَدُّوهُ إِلَى الرَّسُولِ وَإِلَى أُولِي الْأَمْرِ مِنْهُمْ لَعَلِمَهُ الَّذِينَ يَسْتَنْبِطُونَهُ مِنْهُمْ وَلَوْلَا فَضْلُ اللَّهِ عَلَيْكُمْ وَرَحْمَتُهُ لَاتَّبَعْتُمُ الشَّيْطَانَ إِلَّا قَلِيلًا (٨٣) ﴾[2].

وكان ممن اختارهم رسول الله صلى الله عليه وسلم من أصحابه الشباب متحريا الأمثل للعمل العام عتّاب بن أسيد وهو حول العشرين، واختار أسامة بن زيد وهو أقل من ذلك فطعن ناس في إمارته، فقال النبي صلى الله عليه وسلم: (وأن تطعنوا في إمارته، فقد كنتم تطعنون في إمارة أبيه من قَبل وأيمُ الله إن كان لخليقاً بالإمارة وأن كان لمن أحب الناس إلي وأن هذا لمن أحب الناس إلي بعده)[3].

فما هي الأسس التي بنى عليها رسول الله صلى الله عليه وسلم في اختياره للولاة والعمال والأمراء؟ أي الموظفين العامين بالاصطلاح المعاصر.

نلاحظ من أسماء الأمراء العمّال الذين ذكرناهم أن لبس بينهم أحد من غير المسلمين المعروفين بالتقوى والزهد من غير استثناء أحد منهم، فحتى الوليد بن عقبة كان من قادة الفتح في عهد الخلفاء الراشدين.

فالأساس الأول: الذي أخذ به رسول الله صلى الله عليه وسلم هو: الإيمان والإسلام والصلاح والتقوى، فلم يول أحدا لم يثق في صدق إيمانه وإخلاصه لله ولرسوله صلى الله عليه وسلم، والآية الكريمة التي أثبتناها آنفا تؤكد ذلك المعنى، ﴿يا أيها الذين امنوا اطيعوا الله والرسول وأولي الامر منكم﴾ فلا يكون على المؤمنين آمر إلا منهم، ولا تصح إمارة غير المؤمن على المؤمنين. ولكن يجوز توظيف غير المسلمين في أعمال دون الإمارة، فقد ثبت أن رسول الله صلى الله عليه وسلم

(١) الإمام البخاري، مرجع سابق، ج ٦، ص ٣٨.
(٢) سورة النساء، الآية ٨٣.
(٣) الإمام البخاري، مرجع سابق، ج ٥، ص ٢٠.

استأجر في هجرته من مكة إلى المدينة عبد الله بن أُرَيْقِط وهو على دين كفار قريش لأنه ماهر بطريق السّواحل بين مكة والمدينة، فقد أخرج البخاري: (واستأجر رسول الله صلى الله عليه وسلم وأبو بكر رجلا من بني الدّيل وهو من بني عبد بن عدي هاديا خِرّيتا، والخِرّيت: الماهر بالهداية، قد غمَس حِلْفا في آل العاص بن وائل السّهمي وهو على دين كفار قريش فأمّناه فدفعا إليه راحلتيْهما وواعداه غار ثور بعد ثلاث ليال براحلتيهما صبح ثلاث))[1] فإن جاز استئجار غير المسلم لأعمال المسلمين، فلا يجوز تأمير غير المسلم على المسلمين.

والأساس الثاني: أن الرسول صلى الله عليه وسلم لم يولّ الضعيف على إمارة، فالقوّة شرط للإمارة، فقد أخرج الإمام مسلم عن أبي ذر قال: قلت يا رسول الله: ألا تستعملني؟ قال: فضرب بيده على مَنْكِبي ثم قال: يا أبا ذر، إنك ضعيف، وإنها أمانة، وإنها يوم القيامة خزي وندامة إلا من أخذها بحقها وأدى الذي عليه فيها))[2] ولذلك نستبعد أن يصح الخبر الذي أورده ابن حزم من أن رسول الله صلى الله عليه وسلم استعمل أبا ذر على المدينة في غزوة ذات الرقاع نحو نجد[3]، أو الخبر باستعماله على المدينة في غزوة بني المصطلق[4]، ولذلك لم نذكره هناك في المستخلفين، وذكرنا ما رجحناه في الغزوتين، عثمان بن عفان رضي الله عنه، وميله بن عبد الله الليثي على التوالي.

والأساس الثالث: أن الرسول صلى الله عليه وسلم لم يولّ أحدا سأل الإمارة أو حرص عليها، فعن أبي موسى (الأشعري) رضي الله عنه قال: دخلت على النبي صلى الله عليه وسلم وأنا ورجلان من قومي، فقال أحد الرجلين: أمّرنا يا رسول الله، وقال الآخر مثله، فقال "إنّا لا نولي هذا من سأله، ولا من حرص عليه"[5] وقد كان من أصحاب رسول الله صلى الله عليه وسلم من يسأل الإمارة، وكان النبي صلى الله عليه وسلم ينهاهم عن ذلك ويبين لهم سبب النهي، فعن عبد الرحمن بن سمرة قال، قال النبي صلى الله عليه وسلم: (يا عبد الرحمن: لا تسأل الإمارة، فإنك إن أعطيتها عن مسألة وكلت إليها، وأن أعطيتها من غير مسئلة أعنت عليها، وإذا حلفت على يمين فرأيت غيرها خيرا منها

---

(1) المرجع السابق، ج ٥، ص ص ٥٠-٥١.
(2) صحيح مسلم بشرح النووي، مرجع سابق، ج ١٢، ص ص ٢٠٩-٢١٠.
(3) ابن حزم، مرجع سابق، ص ١٨٣.
(4) المرجع السابق، ص ٢٠٣.
(5) الإمام البخاري، مرجع سابق، ج ٩، ص ٥٣.

فكفر عن يمينك وأت الذي هو خير)) [١].

والناس يحرصون على الإمارة دون النظر في عواقبها فعن أبي هريرة عن النبي صلى الله عليه وسلم قال: (إنكم ستحرصون على الإمارة، وستكون ندامة يوم القيامة، فنعم المرضعة، وبئست الفاطمة)) [٢]، وعن معقل بن يسار أنه سمع النبي صلى الله عليه وسلم يقول: ((ما من عبد استرعاه الله رعية فلم يحطها بنصيحة، ألا لم يجد رائحة الجنة)) [٣].

وعنه أنه سمع النبي صلى الله عليه وسلم يقول: ((ما من وال يلي رعية من المسلمين فيموت وهو غاش لهم، إلا حرم الله عليه الجنة)) [٤]. فكم والٍ سيحرم الله عليه الجنة ولو عرفوا عاقبة الإمارة وآمنوا بما أعلموه لما قبلوها إلا أن يودوا الذي عليهم فيها، لأن الله سائلهم عما استرعاهم.

ولإجمال أسس التوظيف في العصر ـ النبوي في الفئات العليا والمتوسطة كالإمارة والعمل على الصدقات نقول: يشترط فيمن يلي عملا للمسلمين أن يكون من المسلمين المؤمنين بالله ورسوله وكمال الدين الحنيف، وأن يكون قويا في إيمانه وعَمَلَه أمينا في علمه فالوظيفة العامة أمانة، والموظف مهما كانت درجته في المسؤولية مسؤول عما استرعى من أعمال للمسلمين فيجب أن يكون أمينا على ما اسْتُرعِي.

والوظيفة العامة في الإسلام ليست حقا للمواطن، فلا تطلب ولا يتقدم إليها بقصد إشغالها، بل إن إدارة التوظيف للقطاع العام هي التي تبحث عن الموظفين الخليقين بالوظيفة، بالترتيب المسبق مع الجامعات والمعاهد للاطلاع على المؤهلات والصفات المتوفرة لاختيار الأمثل منها للعمل، بعد مقابلته وفحص لياقته الذهنية والجسمية للعمل المطلوب، وبذلك يمكن تجنب ثغرات كثيرة في نظام التوظيف المتبع الآن.

---

(١) المرجع السابق، نفس الصفحة.
(٢) المرجع السابق، نفس الصفحة.
(٣) المرجع السابق، نفس الصفحة.
(٤) ويستدرك الباحث أن النبي صلى الله عليه وسلم لم يستعمل المرأة على عمل عام للمسلمين إلا ما جاء في الاستيعاب أن سمراء بنت نهيك الأسدية أدركت النبي صلى الله عليه وسلم وعمرت وكانت تمر في الأسواق تأمر بالمعروف وتنهى عن المنكر وتنهى الناس عن ذلك بسوط معها (عبد الحي الكتاني، مرجع سابق، ج ١، ص ٢٨٥). وأما الولاية العامة فيستفاد من الحديث الشريف "لن يفلح قوم ولوا أمرهم امرأة" عدم جوازها للمرأة.

وأما ما جاء في القرآن الكريم على لسان يوسف عليه السلام وهو قول الله تعالى: ﴿ قَالَ اجْعَلْنِي عَلَى خَزَائِنِ الْأَرْضِ إِنِّي حَفِيظٌ عَلِيمٌ (٥٥) ﴾ [١]، فإن الظاهر أنه طلب الولاية لنفسه، فإن كان عنى ذلك، فهو مكين أمين مُقَرّ لمن الملك، وله أن يبين للملك أين يمكنه أن يقدم للناس عملا صالحا لا يستطيعه غيره، وهو رسول من عند الله لتبليغ رسالته إلى أهل مصر، وليس كسائر الولاة أو الموظفين العامين. وللقرطبي في هذه الآية أقوال تؤيد طلب الولاية من قبل يوسف خاصة. ويجيز للمسلم طلب الولاية في حالات تكون المصلحة العامة فيها راجحة [٢].

هذا ولا يشترط في الموظف أو الوالي النسَّب أو اللون، فقد قال أبو ذر: ((أن خليلي أوصاني أن أسمع وأطيع وإن كان عبدا مجدّع الأطراف)) [٣].

هذا ولا تجوز ولاية المرأة لضعفها عن تحمل المسؤولية العامة ولكل قاعدة شواذ والنادر لا حكم له.

حقوق الأمير والعامل – أي الموظف العام – على الدولة وعلى الرعية

أن للموظف العام، أميرا كان أو عاملا على الصدقات، كانت له حقوقه ثابتة، فله حق السمع والطاعة، وله حقوق مالية واجتماعية على الدولة، وأهمها رزقه وكسوته كواحد من المسلمين، وأن يتخذ خادما إن لم يكن له خادم، ومسكنا، وزوجه إن كان غير محصن.

١- وله حق السمع الطاعة: ذكرنا من قبل الشواهد على هذا الحق من القرآن والسنة. قال الله تعالى: ﴿ يَا أَيُّهَا الَّذِينَ آمَنُوا أَطِيعُوا اللَّهَ وَأَطِيعُوا الرَّسُولَ وَأُولِي الْأَمْرِ مِنْكُمْ ﴾ [٤]، وذكرنا أنها نزلت في عبد الله ابن حذافة السّهمي، وأن الطاعة في المعروف

---

(١) سورة يوسف، الآية ٥٥.
(٢) القرطبي، مرجع سابق، ج ٩، ص ص ٢١٣ – ٢١٧.
(٣) صحيح مسلم بشرح النووي، مرجع سابق، ج ١٢، ص ٢٢٥.
(٤) سورة النساء، الآية ٥٩.

فحسب ولا تجوز في المعصية. ورأينا أن البيعة اشتملت أخذ العهد على المسلمين أن يسمعوا ويطيعوا في حدود استطاعتهم، وهذا شرط كان يَشترطه الرسول صلى الله عليه وسلم لأصحابه حتى لا يكلفوا ما لا يطيقون، وكان يُلقّنهم هذا الشرط تلقينا.

٢- العُمالة أي ((الراتب)) حق للموظف العام ولو كان غنيا.

فقد أخرج البخاري أن عبد الله بن السعدي قدم على عمر بن الخطاب في خلافته، فقال له عمر: ألم أحدَّث أنك تلبي من أعمال الناس أعمالا، فإذا أعطيت العُمالة كرهتها، فقلت: بَلى. فقال عمر: ما تريد إلى ذلك؟ قلت: أن لي أفراسا وأعبُدا وأنا بخير، وأريد أن تكون عُمالتي التي أردت صدقة على المسلمين. قال عمر: لا تفعل فإني كنت أردت الذي أردت، فكان رسول الله صلى الله عليه وسلم يعطيني العطاء فأقول: أعطه أفقر إليه مني، حتى أعطاني مرة مالا، فقلت أعطه أفقر إليه مني، فقال صلى الله عليه وسلم: ((خذه فتمَّوله وتصدّق به فما جاءك من هذا المال وأنت غير مُشرِف ولا سائل فخذه، وإلا فلا تتبعه نفسك))[1].

ويؤخذ من هذا النص النبوي أن الدولة هي التي تقدر للموظف العام عمالته أو راتبه، وعلى الموظف أن يأخذه فيتمول به أو يتصدق، من غير أن يكون مُشرفا أو سائلاً، أو مُتْبِعًا له نفسه.

ففي إعطاء الموظف ما يكفيه كَفٌّ له عن الوقوع في المُحرم من الكسب، كالغلول أو قبول الهدايا، فعن أبي حميد الساعدي أن رسول الله صلى الله عليه وسلم استعمل ابن الأتبِّه[2] على صدقات بني سليم، فلما جاء إلى رسول الله صلى الله عليه وسلم، وحاسبه، قال: هذا الذي لكم، وهذه هدية أهديت لي، فقال رسول الله صلى الله عليه وسلم: فهلا جلست في بيت أبيك وبيت أمّك حتى تأتيك هديتك إن كنت صادقا؟ ثم قام رسول الله صلى الله عليه وسلم فخطب الناس وحمد الله وأثنى عليه ثم قال: ((أما بعد، فإني أستعمل رجالا منكم على أمور مما ولّاني الله، فيأتي أحدكم فيقول: هذا لكم، وهذه هدية أهديت لي، فهلا جلس في بيت أبيه وبيت أمه حتى تأتيه هديته إن كان صادقا فو الله لا يأخذ أحدكم منها شيئاً – قال هشام: بغير حقه – ألا جاء

---

(١) الإمام البخاري، مرجع سابق، ج ٩، ص ٥٦.
(٢) بل هو ابن اللتبية كما جاءت بذلك روايات عديدة في طرق أخرى صحيحة.

٩٩

اللهَ يَحْمله يوم القيامة، ألا فلا عرفنّ من جاء الله رجلا ببعير له رغاء، أو ببقرة لها خوار أو شاة تَيْعِر، ثم رفع يديه حتى رأيت بياض أبطيه، ألا هل بلغت)) [١].

وهذا نص صريح بتحريم الهدايا على الموظف العام وهو على رأس عمله، لا يحتاج إلى شرح: والوظيفة العامـة أمانـة، والغلـول خيانـة، فهمـا متناقضـان ويجب أن يكـون الموظف العام أمينا".

٣- حق الموظف الزوجة والخادم والمسكن لمن لم يكن له ذلك.

فقد أخرج أبو داود عن المُسْتَوْرد بن شدّاد، قال: سمعت النبي صلى الله عليه وسلم يقول: ((من كان لنا في عمل فليكتسب زوجة، فإن لم يكن له خادم فليكتسب خادما، فإن لم يكن له مسكن، فليكتسب مسكنا)) [٢].

فإذا توفر لمن يعمل في عمل للمسلمين كل ذلك، فلا يحق له بعد ذلك أن يأخذ من وظيفته شيئاً بغير حق، بل يؤدي جميع ما يجمعه في عمله إلى الخزينة العامة. قال النبي صلى الله عليه وسلم: ((من استعملناه منكم على عمل فليجيء بقليله وكثيره فما أوتي منه أخذ، وما نُهي عنه انتهى)) [٣]، وصدق الله العظيم: ﴿ وَمَا آتَاكُمُ الرَّسُولُ فَخُذُوهُ وَمَا نَهَاكُمْ عَنْهُ فَانْتَهُوا ﴾ [٤] ويمكننا هنا أن نجمل ما يمكن استنتاجه في أحكام وقواعد التوظيف في العصر النبوي، والعصور التالية له بالنقاط التالية:

الأولى: القوة والأمانة شرطان واجبان في الموظف العام، ولا يجوز توظيف أو توليـة الضعيف أو الخائن أو الغاش لرعيته، لأن القوي وحده قادر عـلى حمـل الأمانـة وأعبـاء العمل العام، أما الضعيف فإنه أجدر أن يُضيّع الأمانة ويُفَرّط في المسؤولية.. وأما الخائن فيسرق حقوق الناس وهو غير مستطيع حفظها لخيانته.

(١) الإمام البخاري، مرجع سابق، ج ٩، ص ٦٣. ورواه الإمام مسلم.

(٢) الدكتور محمد سلام مدكور، مرجع سابق، ص ٣٩٨.

(٣) صحيح مسلم بشرح النووي، مرجع سابق، ج ١٢، ص ٢٢٢.

(٤) سورة الحشر، الآية ٧.

وشرط ثالث هو الذكورة: لأن المرأة غير قادرة على أعمال الولايات العامة، والواقع يؤكد هذه الحقيقة في جميع العصور، والقلة من النساء اللاتي وصلن إلى رئاسة الدولة أو الحكومة لا تلغي تلك الحقيقة، بل هي استثناءات محدودة جدا، وقد قال الشيخ عبد الحي الكتاني: "الحكم للغالب والنادر لا حكم له"[1].

الثانية: يشترط فيمن يلي أعمال الإدارة في الإسلام أن لا يكون طالبا للولاية أو الإمارة أو الوظيفة وأن لا يكون حريصا عليها، لأن العمل العام أي الوظيفة العامة ليس حقا لأي مواطن بل أن جميع المناصب الإدارية تكليف. فالأمةُ تكلف أَمْثَلها قوة وأمانة وتَقْوى لله بإمرته وتولي إدارتها العليا، وهـذا بـدوره يسـوس الأمـة ويـدبر شـؤونها – أي يقوم على إدارتها – نيابة عنها، فالأمة هي التي اختارته وبايعته وسـنأتي إلى البحـث في ذلك في الفصل القادم، وهو يقوم نيابـة عـن الأمـة بـأداء وظائفهـا في الأرض، ويستعين بأقوى المسلمين وأكثرهم أمانة وتقوى لله، ويستشـير في ذلك ذوي الـرأي المشـورة وقـد يفوض من يقوم عنه باختيار الموظفين إذا كان حجم التوظيـف كبيـرا، كالحـال في الأمـم المعاصرة.

الثالثة: الموظف العام له حق العيش الكريم كسائر الناس، ويفرض له مقابل عمله في الشؤون العامة للأمة مال يكفيه للزواج والمسكن هـو وأهلـه، والخـادم، وإذا كانـت أعماله كثيرة وتتطلب توظيف من يخدمه، حتى لا يضيع وقته في تدبير طعامـه وشرابـه وما شابه.

الرابعة: ما يأتي الوالي أو الأمير أو الموظف من هدايا فهي ليست حقا له بل تُرَدّ إلى المال العام، فإن أخذها فهو غُلول وخيانة للأمة وسيعاقب عليها إذا لم يرجعها.

الخامسة: للموظف العام في جميع مستوياته حق السمع والطاعة على الناس حتى تنتظم الأمور للأمة، فإذا أمر بمعصية فلا سمع له ولا طاعة.

الخامسة: الموظف العام عرضـة للمحاسبة المالية، والسلوكية، والعزل والتأديب بالتعنيف غيره، إذا ثبت أنه لا يصلح للعمل العام.

---

(١) عبد الحي الكتاني، مرجع سابق ج ١، ص ٢٨٦.

العمليات الإدارية في العصر النبوي

بحثنا حتى الآن في ثوابت الإدارة الإسلامية في العصر ـ النبـوي، والتي هـي ثوابت العصور الإسلامية التي تأتي بعده كذلك، لأن العصر ـ النبوي هـو أساس الإسلام نظريا وتطبيقيا، ففيه نزل القرآن الكريم من عند الله، وأوحى اللـه إلى رسوله صلى اللـه عليه وسلم بالسنة النبوية المطهـرة، وقد حفظ اللـه الذّكر، القرآن الكريم والسنة المطهرة، من الضّياع أو النقص والزيادة على مستويين فحفظ القرآن كان ولا يزال باللفظ ورسم الكلمات، وقد جاءنا بالتواتر، جيلا عـن جيل، أمـا حفظ السنة فلم يكن بهـذا الكمال، بل حفظت السنة جيلا عـن جيل تطبيقا ومعاني، ولم تكن كلها متواترة بـل أكثرها دون ذلك، وفي ذلك حكمة لله تعالى، قد تخفى علينا، ولكنها موجودة بـلا ريب. وقد أسمينا الثوابت الإدارية في الإسلام بالواجبات الأساسية للإدارة الإسلامية.

وثوابت الإدارة الإسلامية التي نُصّ عليها في القرآن وفصّلتها السنة أو بينت عامها من خاصها، وناسخها من منسوخا، هي: التبليغ والدعوة والتعليم، وإقامة الدين على مـا بني عليه، وحفظه، وحفظ أنفس النـاس وعقولهم وأعراضهم وأمـوالهم بمراتـب ثلاثـة متدرجة من الضروري إلى الكمالي.

وأما متغيرات الإدارة الإسلامية فهـي العمليـات الإداريـة في العصر ـ النبـوي ومنهـا: التخطيط، والتنظيم، والرقابة العامة، والتوظيف فقد بحثنا بعضها آنفـا، ونبحـث هنا بعضا آخر.

التخطيط

أن الدارس لسيرة النبي صلى اللـه عليه وسلم يلاحظ أن رسول اللـه صلى اللـه عليه وسلم اتبع خطة محكمة شاملة في تبليغ الرسالة والدعوة إليها وتأسيس جماعـة قوية قادرة على حمل الرسالة من بعده حتى تصل إلى الآفاق.

فيلاحظ أن خطط العهد المكي قامت على السرية أولا، واستمرت كذلك مدة ثلاث سنوات[1]، ثم حين بدأ الإعلان، كان موجها إلى العشيرة الأقربين في مكة. وحين كان الصد والاستهزاء هو جواب الأهل والعشيرة إلا قليلا منهم، بدأت مرحلة العرض على المواسم، فمكة هي عاصمة الجزيرة العربية الروحية، وقريش هي ذات سيادة روحية على العرب، فإذا قاومت رسول الله صلى الله عليه وسلم فإن العرب لن يتبعوا رسول الله صلى الله عليه وسلم لأنهم تبع لقريش فيما تفعل في الجاهلية ثم في الإسلام.

وقد كانت كل خطة توزن خطواتها بحكمة وحسن تدبير.

فخطة أعداد جماعة قوية تؤمن بالله ورسوله صلى الله عليه وسلم استغرقت أكثر من نصف مدة نزول الوحي من عند الله، وحينما أذن الله لأتباع الدين الحنيف بالهجرة صارت تلك الجماعة تعرف بالمهاجرين، أما مسلمو الأوس والخزرج فعرفوا بالأنصار: وقد تم إعداد الأنصار وفق خطة محكمة، فقد بايع طلائعهم في الموسم، ثم بعث رسول الله صلى الله عليه وسلم إليهم مُعلمَيْن هما مصعب بن عمير وعمرو بن أم مكتوم، يُقرئان مسلمي المدينة - يثرب - القرآن. ويدعوان الناس إلى رسالة الله ودعوته. وقد استجاب الأوس الخزرج لدعوة الله تعالى، فجاء في الموسم أكثر من سبعين رجل منهم وامرأتان وبايعا رسول الله صلى الله عليه وسلم على السمع والطاعة في النشاط والكسل ونصرة رسول الله صلى الله عليه وسلم ومنعه مما يمنعون منه ذراريهم، ورتب عليهم رسول الله صلى الله عليه وسلم نقباء، ليضمنوا له إسلام قومهم، وجعل سعد بن زرارة نقيب النقباء، كما سنذكر في عملية التنظيم التي اتبعها رسول الله صلى الله عليه وسلم .

قد كان للمهاجرين مكان مقدم عند الله وعند رسوله صلى الله عليه وسلم وعند المسلمين. ونزل القرآن الكريم بتقديم المهاجرين لسبقهم ولجهادهم ولهجرتهم وتركهم الديار التي ألفوها وعاشوا فيها ابتغاء رضوان الله ونصر دينه، وكانوا فيما بعد هم الأمراء وكان الأنصار هم الوزراء، وسنأتي إلى بحث ذلك في مبحث الإدارة الإسلامية بعد عصر النبوة.

وقد كانت هجرة رسول الله صلى الله عليه وسلم والمسلمين من مكة وفق خطة محكمة.

---

(1) ابن قيم الجوزية، مرجع سابق، ج ١، ص ٨٦.
* لمزيد من الاطلاع راجع الإمام البخاري، مرجع سابق، ج ٥، ص ص٥٠ فما فوق وكذلك ابن يم الجوزية، مرجع سابق، ج ١، ص ص ١١٩ - ١٢٢.

التنظيم

كانت أعمال رسول اللـه صلى اللـه عليه وسلم الخاصة والإمامة وفق خطة ونظام وكذلك كانت العبادات التي بني عليها الإسلام ذات مواقيت وأركان لا تصلح إلا بها، في اليوم والليلة والأسبوع والشهر والعام والعمر كله للفرد وللجماعة وقد كانت أمرة المسلمين هي رأس النظام، فإذا خرج رسول اللـه صلى اللـه عليه وسلم في غزوة أو معتمرا أو حاجا استخلف على المدينة.

تنظيم المدينة الإداري: (إدارة محلية)

ومن الأمثلة على التنظيم الذي قام في عهد رسول اللـه صلى اللـه عليه وسلم تنظيم مجتمع المدينة التي كانت نواة الدولة الواحدة التي شملت جزيرة العرب من جهاتها الأربع، إلا شريحة في الشمال، أخضعت لنظام الإسلام في عهد أبي بكر الصديق رضي اللـه عنه.

وقد بدأ تنظيم مجتمع المدينة من مكة قبل الهجرة، فكانت بيعة العقبة من أسس تنظيم مجتمع دار الإسلام في المدينة. وكذلك كان بناء مسجد الرسول صلى اللـه عليه وسلمعقب الهجرة أساساً للتنظيم الجديد. أما المؤاخاة بين المهاجرين والأنصار فهي إنجاز إداري اجتماعي لا مثيل له، وقد كان اللبنة القوية في بناء الهيكل الإداري الاجتماعي للدولة، وما كان له أن ينهار، لأنه أسس على التقوى من أول يوم.

بيعة العقبة الثانية ونقباء الأنصار: بايع الأنصار رسول اللـه صلى اللـه عليه وسلم على السمع الطاعة والنصرة وأن يمنعوه مما يمنعون منه أنفسهم وأموالهم وذراريهم إذا قدم المدينة، وكان المبايعون أكثر من سبعين رجلا وامرأتان منهم اختار رسول اللـه صلى اللـه عليه وسلم اثني عشر نقيبا – والنقيب هو الضامن على قومه – يكونون على أقوامهم وهم: أسعد بن زرارة، وهو نقيب النقباء، وسعد بن الربيع، ورافع بن مالك، والبراء بن معرور، وعبد اللـه بن عمرو بن حرام – وهو والد جابر – ، وسعد بن عبادة والمنذر بن عمرو، وعبادة بن الصامت، وعبد اللـه بن رواحة، فهؤلاء التسعة من الخزرج، وأُسيد بن الحُضير، وسعد بن خيثمة، ورفاعة بن عبد المنذر، أو أبو الهيثم بن التَّيها مكانه، وهؤلاء من الأوس [1].

---

(١) ابن حزم، مرجع سابق، ص ص ٧٥ – ٧٧ باختصار.

أن هؤلاء النقباء هم بمنزلة رجال إدارة محلية لمجتمع المدينة من الأنصار، وقد اختارهم رسول الله صلى الله عليه وسلم ليوزع العمل عليهم، فيكون حمله أيسر والتحكم به أفضل، وهو عمل تنظيمي، جعل إسلام الأوس والخزرج مضمونا من هؤلاء النقباء، ودعوة الناس إلى الإسلام، هي رسالة النبي صلى الله عليه وسلم، وهي مسؤولية، وقد حمل النقباء معه هذه المسؤولية، وهذا تقسيم للعمل (Dizision of work) في اللغة الإدارية المعاصرة. وقد بعث رسول الله صلى الله عليه وسلم مصعب بن عمير، وعمرو بن قيس المشهور بابن أم مكتوم، الأعمى الذي عاتب الله فيه رسوله صلى الله عليه وسلم بسورة (عبس) بعثهما لتعليم الناس القرآن والفقه، فنزل مصعب بن عُمَيْر على أبي أمامة أسعد بن زرارة، وكان مصعب يؤمهم، فجَمع بهم أول جمعة في الإسلام، في هزم حرة بني بياضة، في نقيع يقال له: نقيع الخضمات، وهم أربعون رجلا[١]، وذلك قبل بيعة العقبة الثانية. وقد خالف ابن حزم ما ذكره ابن إسحاق من أن أسعد ابن زرارة هو الذي جمع بهم أول جمعة[٢]. وعلى كلا الحالين، فإن المسلمين كان لهم جماعة وإمام قبل هجرة الرسول الكريم صلى الله عليه وسلم.

ومن المراكز الإدارية التي أنشأها رسول الله صلى الله عليه وسلم منذ أن قدم المدينة: المسجد ليكون مكان اجتماع المسلمين للصلاة في الأوقات الخمسة، ولاجتماعهم في أوقات غيرها إذا حزب المسلمين أمر، فأراد الرسول صلى الله عليه وسلم أن يشاورهم فيه أو يبلغهم أمرا من ربهم في حادثة وقعت، فكان المسجد بمنزلة دار عامة للمسلمين، كما هي بيت من بيوت الله تعالى، وبنى بيوته بجانب المسجد ليكون قريبا من بيت الله، ومن المسلمين. أما التنظيم الآخر الجديد في تاريخ التنظيم الاجتماعي لجزيرة العرب، فهو المؤاخاة بين المهاجرين والأنصار، حتى صار مجتمع المدينة مجتمع أخوة يتناصرون ويتوارثون، واتحدوا في جسد اجتماعي واحد على أخوتهم في الدم لأنهم ليسوا على دينهم وقاتلوهم فيما بعد لأن المشركين لم يَكُفّوا عنهم، وأخرجوا فريقا منهم - وهم المهاجرون - من ديارهم مكة، وظاهروا على إخراجهم.

---

[١] المرجع السابق، ص ٧٢.

[٢] المرجع السابق، نفس الصفحة في الهامش.

ونزل القرآن الكريم بالولاية والمناصرة والمؤازرة بين المهاجرين والأنصار ولم ينسخ منه إلا التوارث، فما لبث أن جعل التوارث في الأرحام من المسلمين، وبقي إلى قيام الساعة، أن الكافر لا يرث أخاه المسلم، فاختلاف الدين يمنع التوارث بين الأخوة والأقارب في الإسلام. قال رسول الله صلى الله عليه وسلم : (لا يرث المسلم الكافر ولا الكافر المسلم)[1].

وقال الله تعالى: ﴿ إِنَّ الَّذِينَ آمَنُوا وَهَاجَرُوا وَجَاهَدُوا بِأَمْوَالِهِمْ وَأَنفُسِهِمْ فِي سَبِيلِ اللَّهِ وَالَّذِينَ آوَوا وَنَصَرُوا أُوْلَئِكَ بَعْضُهُمْ أَوْلِيَاءُ بَعْضٍ ﴾[2] ثم قال سبحانه:

﴿ وَأُوْلُو الْأَرْحَامِ بَعْضُهُمْ أَوْلَى بِبَعْضٍ فِي كِتَابِ اللَّهِ ﴾[3] وقد أخرج ابن هشام في كتاب السيرة، وكذلك ابن سيد الناس وابن إسحاق، وغيرهم، نص كتاب عزوه إلى رسول الله صلى الله عليه وسلم وأنه كتبه بين المهاجرين والأنصار في المدينة، نظم به شؤونهم، كما بين العلاقة مع يهود المدينة، وقد اهتم بهذا الكتاب محمد حميد الله، وأثبته في كتابه مجموعة الوثائق السياسية للعهد النبوي والخلافة الراشدة[4].

وفيما يلي نص الكتاب:

(بسم الله الرحمن الرحيم)

(هذا كتاب من محمد النبي (رسول الله) بين المؤمنين والمسلمين من قريش و (أهل) يثرب ومن اتبعهم من دون الناس.)

(المهاجرون من قريش على ربعتهم يتعاقلون بينهم وهم يَفْدُون عانَيهم بالمعروف والقسط بين المؤمنين.)

(وبنو عوف على ربعتهم يتعاقلون معاقلهم الأولى، وكل طائفة تَفْدى عانيها بالمعروف والقِسط بين المؤمنين.)

---

(1) الإمام البخاري، مرجع سابق، ج ٨، ص ص ١٣٠ - ١٣١.

(2) سورة الأنفال، الآية ٧٢.

(3) سورة الأنفال، الآية ٧٥.

(4) والباحث يدعو المحدثين للتحقيق من صحة هذا الكتاب، فهو إن صح جدير بأن يدعى كما دعاه محمد حميد الله: "أقدم دستور مسجل في العالم".

((وبنو الحارث (بن الخزرج) على ربعتهم يتعاقلون معاقلهم الأولى وكل طائفة تَفْدى عانيها بالمعروف والقسط بين المؤمنين.

((وبنو ساعدة على ربعتهم يتعاقلون معاقلهم الأولى، وكل طائفة تفدى عانيها بالمعروف والقسط بين المؤمنين.

((وبنو النجار على ربيتهم... ((نفس النص السابق)

((وبنو عمرو بن عوف... (نفس النص السابق)

((وبنو النبيت...(نفس النص السابق)

((وبنو الأوس... (نفس النص السابق).

((وأن المؤمنين لا يتركون مفرحا بينهم أن يعطوه بالمعروف في فداءا أو عقل.

((وأن لا يخالف مؤمن مولى مؤمن دونه.

((وأن المؤمنين المتقين (أيديهم) على (كل) من بغي منهم، أو ابتغى وسيعة ظلم أو اثما، أو عدوانا، أو فسادا بين المؤمنين، وأن أيديهم عليه جميعا، ولو كان ولد أحدهم.

((ولا يقتل مؤمن مؤمنا في كافر، ولا ينصر كافرا على مؤمن.

((وأن ذمة الله واحدة يجبر عليهم أدناهم، وأن المؤمنين بعضهم مالي بعض دون الناس.

((وأن من بتبعا من يهود فأن له النصر والأسوة غير مظلومين ولا قناصر عليم.

((وأن سلم المؤمنين واحدة، لا يسالم مؤمن دن مؤمن في قتال في سبيل الله إلا على سواء وعدل بينهم.

((وأن كل غازية غزت معنا يعقب بعضها بعضا.

((وأن المؤمنين يبيئ بعضهم عن بعض بما نال دماءم في سبيل الله.

((وأن المؤمنين المتقين على أحسن هدى وأعمه.

((وأنه لا بجبر مشرك مالا لقريش ولا نفسا، ولا يحول دونه على مؤمن.

((وأنه من اعتبط مؤمنا قتلا عن بينة فإنه قود به إلا أن يرضى ولي المقتول (بالعقل)

وأن المؤمنين عليه كافة ولا يحل لهم إلا قيام عليه..

((وأنه لا يحل لمؤمن أقر بما في هذه الصحيفة وآمن بالله واليـوم الآخر أن ينصر ـ محدثا أو يؤويه، وأن من نصره، أو آواه، فأن عليه لعنة اللـه وغضبه يـوم القيامـة، ولا يؤخذ منه صرف ولا عدل.

((وأنه مهما اختلفتم فيه من شيء، فأن مردّه إلى اللـه وإلى محمد.

* * * * *

((وأن اليهود ينفقون مع المؤمنين ما داموا محاربين.

((وأن يهود بني عوف أمة مع المؤمنين، لليهود دينهم وللمسلمين دينهم مـواليهم وأنفسهم إلا من ظلم وأثم، فأنه لا يوتغ: يُهلك إلا نفسه وأهل بيته.

((وأن يهود بني النجار مثل ما ليهود بن يعوف.

((وأن يهود بني الحارث مثل ما ليهود بن يوف.

((وأن ليهود بن ساعدة مثل ما ليهود بني عوف.

((وأن ليهود بني جشم مثل ما ليهود بني عوف.

((وأن ليهود بني الأوس مثل ما ليهود بني عوف.

((وأن ليهود بني ثعلبة مثل ما ليهود بني عوف، إلا من ظلم وأثم، فإنـه لا يهلك إلا نفسه وأهل بيته.

((وأن جفنة بطن من ثعلبة كأنفسهم.

((وأن لبني الشطيبة مثل ما ليهود بني عوف، وأن البر دون الاثم.

((وأن موالي ثعلبة كأنفسهم.

((وأن بطانة يهود كأنفسهم.

((وأن لا يخرج منهم أحد إلا بإذن محمد.

((وأنه لا ينحجز على ثأر جرح، وأنه من فتك فبنفسه وأهل بيته إلا مـن ظلم وأن اللـه على أبر هذا.

((وأن على اليهود نفقتهم، وعلى المسلمين نفقتهم، وأن بينهم النصر على من حارب أهل هذه الصحيفة وأن بينهم النصح والنصيحة والبر دون الاثم.

((وأنه لا يأثم امرؤ بحليفه، وأن النصر للمظلوم.

((وأن يثرب حرام جوفها لأهل هذه الصحيفة.

((وأن الجار كالنفس غير مضار ولا آثم.

((وأنه لا تجار حرمة إلا بإذن أهلها.

((وأنه ما كان بين أهل هذه الصحيفة من حدث، أو استجار يخاف فساده فأن مرده إلى الـله وإلى محمد رسول الـله صلى الـله عليه وسلم ، وأن الـله على أتقى من في هذه الصحيفة وأبره.

((وأنه لا تجار قريش ولا من نصرها.

((وأن بينهم النصر على من دهم يثرب.

((وإذا دعوا إلى صلح يصالحونه ويلبسونه فنهم يصالحونه ويلبسونه، وأنهم إذا دعوا إلى مثل ذلك، فإنه لهم على المؤمنين ألا من حارب في الدين.

((على كل أناس حصتهم من جانبهم الذي قبلهم.

((وأن يهود الأوس مواليهم وأنفسهم على مثل ما لأهل هذه الصحيفة مع البر المحض من أهل هذه الصحيفة، وأن البر دون الاثم لا يكتسب كاسب إلا على نفسه، وأن اله على أصد ما في هذه الصحيفة وأبره.

((وأنه لا يحول هذا الكتاب دون ظالم أو آثم، وأنه من خرج آمن ومن قعد آمن بالمدينة، إلا من ظلم وأثم، وأن الـله جاز لمن بر واتقى، ومحمد رسول الـله صلى الـله عليه وسلم [1] .

وقال محمد حميد الله بأن:

الزيادات بين قوسين معكوفين ( ) من أبي عبيد وزنجويه[2] .

ويلاحظ الباحث كثرة التكرار في نصوص هذه الصحيفة، كما يلاحظ أنها سميت صحيفة، وسميت (هذا الكتاب)، كما يلاحظ أن الكتب الستة التي أوردنا ذكرها في أول هذا الفصل لم تخرج هذا النص كاملا، إلا بعضه قد ورد في بعضها، مما يستدعي مزيدا من

(١) محمد حميد الله، مرجع سابق، ص ص ٥٩ - ٦٢.
(٢) المرجع السابق، ص ٦٣.

التحقيق والبحث والدراسة. هذا وقد ذكرنا من قبل أن رسول الله صلى الله عليه وسلم حرّم المدينة كما حرم إبراهيم مكة، وقد نقل محمد حميد الله عن مخطوطة المطري بعنوان: (ما أنست الهجرة من معالم دار الهجرة) أن كعب ابن مالك قال: (بعثني رسول الله صلى الله عليه وسلم "أعلِم على أشراف مخيض، وعلى الحفيا وعلى ذي العشيرة وعلى تيم). ثم قال محمد حميد الله: وهي جبال المدينة[1] يضع عليها علامات تميزها لتكون حدود حرم المدينة التي حرما الرسول صلى الله عليه وسلم.

ومن الأخبار الصحيحة أن رسول الله صلى الله عليه وسلم قال: (اكتبوا لي مـن تلفظ بالإسلام من الناس) قال حذيفة رضي الله عنه: فكتبنا له ألفا وخمس مائة رجل. فقلنا: نخاف ونحن ألف وخمسمائة؟ فقد رأيتنا ابتلينا حتى أن الرجل يصلي وهو خائف[2]. وقد أشار محمد حميد الله أن هذا الخبر مخرج في صحيح البخاري ٥٦/١٨١ وصحيح مسلم ١/ رقم ٢٣٥، وفي مصادر أخرى. مما يؤكد أن رسول الله صلى الله عليه وسلم كان يؤسس تنظيمه وتخطيطه وفق إحصائيات رقمية، وكان يبعث العيون في الغزوات لتقصي أخبار العدو، لمعرفة أعداده وأعداد خيوله وركابه، ومكان نزوله، ومعرفة خططه[3].

أن اعتماد رسول الله صلى الله عليه وسلم الإحصاءات بالأرقام هو عمل إداري يوافقه ما في الفكر الإداري الحديث من نظريات حول أهمية الكميات والأرقام في اتخاذ القرار الصحيح وهي (النظرية الكمية في الإدارة)، ومما لاشك فيه أن معرفة الأرقام الصحيحة حول عدد السكان مثلا هو أمر بالغ الأهمية للإدارة العامة لتوفير الخدمات ووضع الخطط المستقبلية للأمة، وأن غياب الأرقام الصحيحة يجعل الإدارة العامة غير قادرة على مواجهة المستقبل بفعالية.

وكان رسول الله صلى الله عليه وسلم ينظم أصحابه في القتال ويصُفُّهم[4]، وفعله موافق لقول الله

---

(١) المرجع السابق، ص ٦٥.

(٢) المرجع السابق، نفس الصفحة.

(٣) الإمام البخاري، مرجع سابق، ج ٥، ص ١٠٥.

(٤) ابن قيم الجزية، مرجع سابق، ج ٣، ص ١٧٩.

عز وجل: ﴾ ﮥ ﮦ ﮧ ﮨ ﮩ ﮪ ﮫ ﮬ ﮭ ﮮ ﮯ ﴿ [1].

كما كان الرسول صلى الله عليه وسلم يعطي اللواء لأحد أصحابه، ويجعل على ميمنة الجيش رجلا، وعلى ميسرته رجلا آخر ويجعل على قلب الجيش رجلا ثالثا، ولا يقاتل إلا على نظام [2]. فيجعل للرماة موضعا يكونون فيه، ويوجههم بالتوجيهات اللازمة. وكان يستعرض الشباب، فيرد الصغير، إلا إذا كان قويا فيستبقيه إذا ألح في الطلب بالبقاء وكان قادرا على الجهاد. والشواهد على ذلك من سيرته كثيرة.

وهكذا نجده صلى الله عليه وسلم منظما للجيش، بحيث يضع الرجل المناسب في مكانه المناسب، وهو عليم بأصحابه وبقدراتهم.

أما التنظيم للوقت، فإن أحكام الإسلام تقوم على تنظيم ساعات النهار والليل والأسبوع والشهر والسنة ففي اليوم والليلة خمس صلوات مفروضة بمواقيت محددة لا يجوز تجاوزها إلا بعذر، ولا تصح الصلاة إلا في وقتها إذا غاب العذر، والأعذار محددة بأحكام الشريعة.

وفي الأسبوع صلاة جامعة كل يوم جمعة، وهو سيد الأيام، وفي صلاة الجمعة يقوم الإمام بتوجيه الأمة بتوجيهات من كتاب الله وسنة نبيه صلى الله عليه وسلم، وهذا التوجيه هو أساس توحيد فكر الأمة وسلوكها العام وتعليمها الواجبات والأخلاق الكريمة.

وفي كل سنة شهر للصوم، له كيفية تنظمها أحكام الشرع، كما أن الحج يؤدى مرة في العمر، وله نظام ثابت من الأشواط السبعة في الطواف، والأشواط السبعة من السعي بين الصفا والمروة ولأيام التشريق واجباتها على المسلمين، كما أن وقوف عرفة له نظام وتوقيت ثابت مبين في أحكام الشرع.

وهكذا نجد أن جميع أوقات المسلمين الفردية والجماعية تسير وفق نظام رباني محكم.

وهكذا كان العصر النبوي: تنظيم لكل شيء في حياة الفرد والجماعة.

---

(١) سورة الصف، الآية ٤.
(٢) ابن قيم الجوزية، مرجع سابق، ص ص ١٩٤ - ١٩٥.

تمويل العمليات الإدارية في العصر النبوي

أن البرامج والعمليات الإدارية التي ذكرناها فيما مضى ـ من البحث لم تقم بـدون تمويل، وبعض البرامج والخطط الإدارية تتطلب تمويلا أكثر من بعض، وكذلك العمليات الإدارية تتفاوت في مقدار التمويل اللازم لها.

ونلاحظ أن خطط الإدارة وعملياتها في العهد المكي لم تكن ذات تكاليف مالية كتلك التي وقعت في العهد المدني، فالتبليغ والدعوة والتعليم وإقامة الصلاة كان يمولها النبي صلى الله عليه وسلم من أمواله الخاصة أو بجود الصحابة به[1]، وكانت قليلة على كل حال وبعضها لم يكن بحاجة إلى تمويل، فلم يكن للمسلمين في العهد المكي دولة، ولم يكن لهم متفرغون للتبليغ والدعوة والتعليم سوى الرسول الكريم صلى الله عليه وسلم. وقد كانوا يجتمعون في أحد بيوت المؤمنين بالله والرسول صلى الله عليه وسلم، عند الصفا[2]، وكانوا يقيمون الصلاة في المسجد الحرام أو في شعاب مكة. ولم يكن القتال مأذونا به للمسلمين في مكة، فكان المؤمنون يقاتلون، ويؤذون في أنفسهم وأهليهم وأموالهم، ولا يملكون إلا الصبر إلى أن يأذن الله لهم بالفرج، وجاء الفرج بعد سنوات من الصبر على البلاء، فأنزل الله عز وجل: ﴿أن الله يدافع عن الذين امنوا.........يقولوا ربنا الله﴾[3] قال ابن عباس: هذه أول آية نزلت في الجهاد، وهي قوله تعالى: ﴿أذن للذين يقاتلون بأنهم ظلموا﴾، وفيه محذوف تقديره: أُذِن لهم في القتال بسبب أنهم ظلموا. قال المفسرون: هم أصحاب رسول الله صلى الله عليه وسلم، كان مشركو مكة يؤذونهم أذى شديدا وكانوا يأتون رسول الله صلى الله عليه وسلم بين مروب ومسجوع.

ويتظلمون إليه فيقول لهم: أصبروا فأني لم أومر بقتالهم حتى هاجروا فأنزلت هذه الآية، أذن لهم فيها بالقتال بعد ما نهي عنه في أكثر من سبعين آية[4]. ولم يكن في خطط المسلمين وسياساتهم باب يتطلب المال أكبر من باب الجهاد في سبيل الله دفاعاً عن الدين

(١) عبد الخالق النواوي، النظام المالي في الإسلام، القاهرة: دارة النهضة العربية، ب.ت. ص ٥.

(٢) عبد السلام هارون، تهذيب سيرة ابن هشام، بيروت: دار إحياء التراث العربي ب.ت.، ص ص ٨٨ ـ ٨٩.

(٣) سورة الحج، الآيات ٣٨ ـ ٤٠.

(٤) محمد علي الصابوني، مرجع سابق، المجلد الثاني، ص ٢٩١.

وأهله وذراريهم ونسائهم وأموالهم. بل أن سياج الدين وأهله هو الجهاد ولم يكن عند المسلمين مصدر للمال ينفقونه على الجهاد، وإعداد السلاح والخيل وغيرها ألا الزكاة وأموالهم الخاصة، فكان رسول الله صلى الله عليه وسلم حينما يندب الناس للجهاد، يدعوهم إلى بذل أموالهم في سبيل الله، وحمل أنفسهم على رواحلهم التي تخصهم، فيخرجون بأموالهم وأنفسهم في سبيل الله، استجابة لله ورسوله، قال تعالى: أن الله اشترى من المؤمنين أنفسهم وأموالهم بأن لهم الجنة، يقاتلون في سبيل الله فيقتلون ويقتلون وعدا عليه حقا في التوراة والإنجيل والقرآن، ﴿ وَمَنْ أَوْفَى بِعَهْدِهِ مِنَ اللهِ فَاسْتَبْشِرُوا بِبَيْعِكُمُ الَّذِي بَايَعْتُمْ بِهِ وَذَلِكَ هُوَ الْفَوْزُ الْعَظِيمُ ﴾ [1].

وقد بذل المجاهدون من المهاجرين والأنصار ومن تبعهم بإحسان أموالهم في سبيل الله استجابة لهذه المبايعة، وقد أخلف الله عليهم في الدنيا أموالهم التي بذلوها وأضعافا مضاعفة عليها. فقد نشأ عن الأذن بالقتال أنواع من الأموال تعود على المقاتلين وعلى رسول الله رضي الله عنه وهي الغنائم والفيء والجزية. أما فقراء المسلمين فقد فرض الله لهم في أمواله أخوانهم الأغنياء حقا هو الزكاة أو الصدقات المفروضة، وقد نزل فيها قول الله تعالى: ﴿ إِنَّمَا الصَّدَقَاتُ لِلْفُقَرَاءِ وَالْمَسَاكِينِ وَالْعَامِلِينَ عَلَيْهَا وَالْمُؤَلَّفَةِ قُلُوبُهُمْ وَفِي الرِّقَابِ وَالْغَارِمِينَ وَفِي سَبِيلِ اللهِ وَابْنِ السَّبِيلِ فَرِيضَةً مِنَ اللهِ وَاللهُ عَلِيمٌ حَكِيمٌ (٦٠) ﴾ [2]، وكان وقت فرض الزكاة أول مقدم رسول الله صلى الله عليه وسلم المدينة مهاجرا من مكة، وقبل أن يخرج رسول الله صلى الله عليه وسلم غازيا في أولى غزواته التي سميت بغزوة الأبواء ووقعت في صفر من السنة الثانية للهجرة، بسنة [3].

فالزكاة: تؤخذ من الأغنياء وترد على الفقراء وفق أحكام بينها رسول الله صلى الله عليه وسلم في جميع الأموال التي تجب فيها الزكاة، ويجمعها من الأغنياء عمال مخصصون لجمعها، ويأتون بها إلى رسول الله صلى الله عليه وسلم فيستوفيها منهم، ويردها على مستحقيها الثمانية المذكورين في الآية، آية الصدقات. والزكاة لا تعطى لغير هؤلاء الثمانية، ولا يحل للنبي صلى الله عليه وسلم أن يأكل

---

(١) سورة التوبة، الآية ١١١.
(٢) سورة التوبة، الآية ٦٠.
(٣) ابن حزم، مرجع سابق، ص ص ٩٧-١٠٠.

من أموال الزكاة، ولا يحل لأحد من أزواجه أو آل بيته صلى الله عليه وسلم.

أما الأنواع الأخرى من الأموال فهي أموال عامة، وقد جعل الله قسمتها إليه وإلى رسوله صلى الله عليه وسلم، وقد نزل قرآن فيها، فقال الله تعالى في قسمة الغنيمة:

﴿ وَاعْلَمُوا أَنَّمَا غَنِمْتُم مِّن شَيْءٍ فَأَنَّ لِلَّهِ خُمُسَهُ وَلِلرَّسُولِ وَلِذِي الْقُرْبَى وَالْيَتَامَى وَالْمَسَاكِينِ وَابْنِ السَّبِيلِ إِن كُنتُمْ آمَنتُم بِاللَّهِ وَمَا أَنزَلْنَا عَلَى عَبْدِنَا يَوْمَ الْفُرْقَانِ يَوْمَ الْتَقَى الْجَمْعَانِ وَاللَّهُ عَلَى كُلِّ شَيْءٍ قَدِيرٌ (٤١) ﴾ [1] وأحل الله لنبيه صلى الله عليه وسلم الغنائم ولم يحلها لنبي قبله. قال رسول الله صلى الله عليه وسلم : (ثم أحل الله لنا الغنائم) أي ضعفنا وعجزنا فأحلها لنا [2] وقال الله عز وجل في قسمة الفيء:

﴿ وَمَا أَفَاءَ اللَّهُ عَلَى رَسُولِهِ مِنْهُمْ فَمَا أَوْجَفْتُمْ عَلَيْهِ مِنْ خَيْلٍ وَلَا رِكَابٍ وَلَٰكِنَّ اللَّهَ يُسَلِّطُ رُسُلَهُ عَلَى مَن يَشَاءُ وَاللَّهُ عَلَى كُلِّ شَيْءٍ قَدِيرٌ (٦) مَّا أَفَاءَ اللَّهُ عَلَى رَسُولِهِ مِنْ أَهْلِ الْقُرَى فَلِلَّهِ وَلِلرَّسُولِ وَلِذِي الْقُرْبَى وَالْيَتَامَى وَالْمَسَاكِينِ وَابْنِ السَّبِيلِ كَيْ لَا يَكُونَ دُولَةً بَيْنَ الْأَغْنِيَاءِ مِنكُمْ وَمَا آتَاكُمُ الرَّسُولُ فَخُذُوهُ وَمَا نَهَاكُمْ عَنْهُ فَانتَهُوا وَاتَّقُوا اللَّهَ إِنَّ اللَّهَ شَدِيدُ الْعِقَابِ (٧) لِلْفُقَرَاءِ الْمُهَاجِرِينَ الَّذِينَ أُخْرِجُوا مِن دِيَارِهِمْ وَأَمْوَالِهِمْ يَبْتَغُونَ فَضْلًا مِّنَ اللَّهِ وَرِضْوَانًا وَيَنصُرُونَ اللَّهَ وَرَسُولَهُ أُولَٰئِكَ هُمُ الصَّادِقُونَ (٨) وَالَّذِينَ تَبَوَّءُوا الدَّارَ وَالْإِيمَانَ مِن قَبْلِهِمْ يُحِبُّونَ مَنْ هَاجَرَ إِلَيْهِمْ وَلَا يَجِدُونَ فِي صُدُورِهِمْ حَاجَةً مِّمَّا أُوتُوا وَيُؤْثِرُونَ عَلَى أَنفُسِهِمْ وَلَوْ كَانَ بِهِمْ خَصَاصَةٌ وَمَن يُوقَ شُحَّ نَفْسِهِ فَأُولَٰئِكَ هُمُ الْمُفْلِحُونَ (٩) وَالَّذِينَ جَاءُوا مِن بَعْدِهِمْ يَقُولُونَ رَبَّنَا اغْفِرْ لَنَا وَلِإِخْوَانِنَا الَّذِينَ سَبَقُونَا بِالْإِيمَانِ وَلَا تَجْعَلْ فِي قُلُوبِنَا غِلًّا لِّلَّذِينَ آمَنُوا رَبَّنَا إِنَّكَ رَءُوفٌ رَّحِيمٌ (١٠) ﴾ [3].

ولهذه الأموال العامة، وهي الغنائم، والفيء والجزية أحكام مفصلة في كتب الأحكام، يمكن الرجوع إليها لمزيد من التفصيل [4].

(١) سورة الأنفال، الآية ٤١.
(٢) الإمام البخاري، مرجع سابق، كتاب الخمس، ج ٤، ص ٦٨.
(٣) سورة الحشر، الآيات ٦-١٠.
(٤) مثل كتاب الخراج، لأبي يوسف. (بيروت: دار المعرفة، ١٣٩٩هـ) وكتب التفسير الحديث، مثل تفسير القرطبي، مرجع سابق، وصحيح البخاري، مرجع سابق، ج ٤، ص ٧٦ وما بعدها،

ونستخلص من أن مصادر التمويل في العصر النبوي كانت: الزكاة، وتؤخذ من الأغنياء وترد على الفقراء وأصناف أخرى نصت عليها آية الصدقات. وليس لرسول الله صلى الله عليه وسلم أن يأخذ لنفسه أو لأهله أو لذوي قرباه منها شيئا. والغنيمة، وللغانمين أربعة أخماسها، ويأخذ الرسول صلى الله عليه وسلمسهمه كسائر الغانمين، وله صفي منها، كما أن له خمس الخمس من الغنيمة على نفسه وأهله. والفيء، وكان خاصا برسول الله صلى الله عليه وسلم في بني النضير، فيما أخرجه البخاري ومسلم، وفدك فيما قاله أبي وسف أما نص الآية فالفيء لخمسة، هم خمسة خمس الغنيمة، وللرسول صلى الله عليه وسلمخمس الفيء جميعه، وحسب نص الآية أو جميع الفيء في حالات خاصة، ذكرنا منها حالة بني النضير، وحكم الجزية كحكم الفيء.

فإذا جمعنا نصيب رسول الله صلى الله عليه وسلم وجدنا جميع الفيء في حالات معينة، وخمس الفيء حسب نص الآية في فيء أهل القرى، خمس خمس الغنائم، وسهم في الغنائم كأحد الغانمين. والصفي من الغنائم، حكم الجزية كحكم الفيء فللرسول صلى الله عليه وسلمخمسها.

وقد كثرت هذه الأموال على رسول الله صلى الله عليه وسلم بعد أجلاء بني النضير عن ديارهم، فماذا كان يصنع بها؟ كان يشفق على أهله منها نفقة سنته ثم يجعل ما بقي في السلاح والكراع عدة في سبيل الله، كما أخبرنا عمر رضي الله عنه. ولكنه كذلك كان سخيا في الإنفاق في سبيل الله لا يسأل شيئا فيمنعه، وأن كان محتاجا إليه، فعن سهل بن سعد قال: جاءت امرأة إلى النبي صلى الله عليه وسلمببردة - شملة منسوجة فيها حاشيتها - فقالت يا رسول الله أكسوك هذه؟ فأخذها النبي صلى الله عليه وسلممحتاجا إليها فلبسها، فرآها عليه رجل من الصحابة، فقال يا رسول الله ما أحسن هذه فأكسنيها، قال نعم، فلما قام النبي صلى الله عليه وسلملامه أصحابه قالوا ما أحسن حين رأيت النبي صلى الله عليه وسلمأخذها محتاجا إليها، ثم سألته إياها، وقد عرفت أن لا يسأل شيئا فيمنعه، فقال: رجوت برتها حين لبسها النبي صلى الله عليه وسلملعلي اكفن فيها[1]. وقال ابن عباس: كان النبي صلى الله عليه وسلمأجود الناس. وأجود ما يكون في رمضان[2]. وعن عبد الله بن عمر رضي الله عنهما قال: أخذ رسول الله بمنكبي فقال: كن في الدنيا كأنك غريب أو عابر

وصحيح مسلم، مرجع سابق، ١٢٠، ص ٧٠ ما بعدها، وابن قيم الجوزية، مرجع سابق، ج ٣، ص ٢٤٩ و ص ٣٥٥ وغيرها.

(١) الإمام البخاري، مرجع سابق، ج ٨، ص ١٢.

(٢) المرجع السابق، نفس الصفحة.

سبيل[١] وقالت عائشة رضي الله عنها: لقد توفي النبي صلى الله عليه وسلموما في رفي من شيء يأكله ذو كبد، إلا شطر شعير في رق لي، فأكلت منه حتى طال علي فكلته ففني[٢]. وكان هو وأصحابه متخللين عن الدنيا زاهدين فيها، فقد قال أبو هريرة: الله الذي لا إله لا هو أن كنت لأعتمد بكبدي على الأرض من الجوع، وأن كنت لأشد الحجر على بطني من الجوع، وساق حديثا فيه وصف عن كيف مر به رسول الله صلى الله عليه وسلم وعرف ما في نفسه ما في وجهه بعد أن مر به أبو بكر ومر فلم يفطنا إلى ما فيه من الجوع، وكيف أن رسول الله صلى الله عليه وسلم وجد في بيت لبنا في قدح، فطلب إليه أن يدعو أهل الصفة فدعاهم وشربوا منه جميعا، وشرب أبو هريرة، وشرب الفضلة رسول الله صلى الله عليه وسلم[٣]. وكان رسول الله صلى الله عليه وسلم يعمل في الوظائف العامة للأمة كأحد المسلمين فعن أنس بن مالك رضي الله عنه قال: غدوت إلى رسول الله صلى الله عليه وسلم بعبد الله بن أبي طلحة ليحنكه، فوافيته في يده المبسم يسم ابل الصدقة[٤] وعن عمرو بن الحارث قال: ما ترك رسول الله صلى الله عليه وسلم دينارا ولا درهما ولا عبدا ولا أمة إلا بلغته البيضاء التي كان يركبها. وسلاحه، وأرضا جعلها لابن السبيل صدقة[٥]، صلى الله عليه وسلم.

أما مصادر دخول أصحاب رسول الله صلى الله عليه وسلم فقد كانت المغانم الكثيرة التي وعدها الله المجاهدين منهم بعد الحديبية، قال الله تعالى: ﴿ وَعَدَكُمُ اللَّهُ مَغَانِمَ كَثِيرَةً تَأْخُذُونَهَا فَعَجَّلَ لَكُمْ هَذِهِ وَكَفَّ أَيْدِيَ النَّاسِ عَنكُمْ ﴾[٦] والعمالات التي يدفعها رسول الله صلى الله عليه وسلم إلى العاملين معه منهم.

وأما فقراء المسلمين واليتامى والمساكين وابن السبيل منهم فقد كان رسول الله صلى الله عليه وسلم يعطيهم حقوقهم من الزكاة ومن خمس المغانم ومن الفيء ومن الجزية. ولم يكن في العهد النبوي أعمال شق الطرق أو بناء أماكن عامة سوى المساجد، وكانت تبنى بأبسط الأشياء

(١) المرجع السابق، ص ٧٥.
(٢) المرجع السابق، ص ٨١.
(٣) المرجع السابق، ص ص ٨١ - ٨٢.
(٤) المرجع السابق، ج ٢، ص ١١٠.
(٥) المرجع السابق، ج ٦، ص ١٣.
(٦) سورة الفتح، الآية ٢٠.

وأقلها كلفة، ولم يكن المسلمين في العصر النبوي ينحتون من الجبال بيوتا فارهين كمدائن صالح وأماكن لهوها، وكمدينة البتراء ومدرجها للألعاب، لم تكن في ذلك العصر أكثر الوسائل العامة التي أنضاها اليم في مجتمعاتنا ونوادينا ودوائر حكوماتنا، وذلك كان حجم الإنفاق العام قليل مقاسا بحجم الأنفاق العام في عصرنا الحاضر.

وأما مصادر الدخل العام للدولة الإسلامية، إضافة إلى ما ذكرناه في العصر ـ النبوي فثروات باطن الأرض من ركاز ومعدن، وثروات البحر، فقد جاء في السنة النبوية أن في الركاز الخمس، والركاز: دفن الجاهلية، وليس المعدن بركاز. عن أبي هريرة رضي اللـه عنه، أن النبي صلى اللـه عليه وسلمقال: (العجماء جبار، البئر جبار، والمعدن جبار، (والجبار: الهدر) وفي الركاز الخمس)[1]. وقال الحسن: في العنبر واللؤلؤ الخمس، وقال ما كان من ركاز في أرض الحرب ففيه الخمس، وما كان من أرض السلم ففيه الزكاة[2]، ويظهر في قول الحسن زيادة عما في الحديث النبوي أو تفسير له والضريبة على التجار أو العشور كذلك من موارد الدخل العام، ولم يرد أنها كانت في العهد النبوي[3].

وبهذه المبحث في الإدارة المالية في العصر النبوي نكون قد أجزنا أهم العمليات والمبادئ والأحكام الإدارية في الإسلام، باستثناء مبحث إدارة الأمن الداخلي. لحفظ أنفس الناس وأموالهم وأعراضهم وعقولهم، وبالرغم أنه لم يكن في العصر النبوي جهاز شرطة كالدول الحديثة إلا أن الأمن كان متحققا بسبب التعليم والتزكية للأمة المسلمة على يدي رسول اللـه صلى اللـه عليه وسلم ، وبسبب الأحكام الرادعة التي كانت تقام على مرتكبي مخلات الأمن في الأشياء الخمسة التي هي قوام حياة الناس في جمع العصور.

(١) الإمام البخاري، مرجع سابق، ج ٢، ص ١١٠.

(٢) المرجع السابق، نفس الصفحة.

(٣) عبد الخالق النواوي، مرجع سابق، ص ١٠٧.

VII

الفصل الثالث

إدارة عمر بن الخطاب رضي اللـه عنه

إدارة عمر بن الخطاب

قامت إدارة عمر رضي الله عنه على أحكـام القـرآن والسـنة في تمسكها بالهـدف العام لجماعـة المسـلمين وتقسـيمها الأعمـال والإدارات بمـا يحقـق نشرـ الـدين وحفـظ المصالح العامة للمسلمين.

وقد ساعد عمر رضي الله عنه في العمل الإداري للدولة نفـر مـن أصحـاب رسـول الله صلى الله عليه وسلم ، ممن عُرفوا بالعلم والتقوى، والقوة والأمانة، وكـان عـدد منهم قد عمل لرسول الله صلى الله عليه وسلم ، ولخليفته أبي بكر رضي الله عنه.

استخلاف عمر رضي الله عنه:

تفيد المصادر التاريخية [1] أن أبا بكر، لما ثَقلُ به المرض، جمـع النـاس ورد علـيهم أمرهم وأطلقهم من بيعته، وطلب إلـيهم أن يـؤمّروا علـيهم مـن أحبـوا، في حيـاة منـه، مخافة أن يختلفوا فيما بينهم بعد موته على الإمارة.

ولكنهم عادوا إليه لعجـزهم عـن الاتفـاق عـلى أمـير، وطلبوا منـه أني ختار لهم بنفسه، فأملهم لينظر لله ولدينه ولعباده.

أن مبدأ الطلب إلى كبار الصحابة، ومنهم علماء الأمة وأهل الرأي فيهـا، أن يُـؤمّروا واحدا من المؤمنين، يتفق مع ما أثبتناه من قبل أن الأمة هـي صـاحبة الحـق في اختيار رئيسها، ولكنَّ عجزَ كبار الصحابة عن الاتفاق لا يلغي ذلك المبدأ، ولكنه التفاف حوله، حين طلبوا إلى الخليفة أن يختار لهم بنفسه، وقبلوا بما شرطه عليهم، وهو أن لا يختلفوا إذا اختار لهم.

---

(١) ابن الجوزي، مناقب أمير المؤمنين عمر بن الخطاب. تحقيق الدكتورة زينب إبراهيم القاروط. بيروت: دار الكتـب العلمية، ب. ت. ص ٥٢.

كما أن طلب الخليفـة مـن الصحابـة أن يُمْهلـوه لينظـر لله ولدينـه ولعبـاده يؤكـد أهمية مبدأ الشورى في اتخاذ الرأي، وهكذا بدأ أبو بكر مشاوراتِه، فأرسل إلى عـدد مـن كبال الصحابة منهم عثمان بن عفان. وعبد الرحمن بن عوف، وسعيـد بـن زيـد، أُسَـيْد بن الحضُير، وغيرهم، وكان رأيهم أن ليس فيهم كعمر لهذا الأمـر. لكـن بعـض الصحابة ممن لم يُستشاروا، دخلوا على أبي بكر فقالوا[١] : "مـا أنـت قائل لربك إذا سـألك عـن استخلافك عمر عليا؟ وقد ترى غِلظته، وهو إذا ولي، كان أفظَّ وأغلظ.

"قال أبو بكر رضي اللـه عنه: أجلسوني فلما جلس قال: أبالله تُخوفونني؟ خاف من تَرَدَّد من أمركم يظلم. أقول: اللهم إني قد استخلفت عـلى أهلـك خيـرَ أهلـك". ثـم دعـا عثمان وأملى عليه استخلاف عمر بن الخطاب، وأمر المسلمين بالسمع والطاعة لـه، وأمـر بختم الكتاب، وخرج به عثمان بن عفان ومعه عمر وعـدد مـن الصحابة إلى النـاس لإعلامهم باستخلاف عمر. وهذه إحدى الروايات التاريخية في هذا الشأن.

صفات عمر رضي اللـه عنه الرئاسية المميزة:

إن استخلاف عمر بن الخطاب على المسلمين كان لـه مؤيدات مـن صفاتـه القياديـة العديدة، فهو من المهاجرين الأولين، ومن العلماء الرجال الأقوياء في الجاهليـة والإسلام. وقد شهد له رسول اللـه صلى اللـه عليه وسلم بكثير من الصفات الحسنة، نـذكر منهـا باختصار ما يلي:

إيمانه القوي: قال رسول اللـه صلى اللـه عليه وسلم في ذلك:

"بينما راع في غنمه، عدا الذّئب فأخذ منها شاة، فطلبها حتـى استنقذهـا، فالتفت إليه الذئب، فقال له: من لها يوم السّبُعُ ليس لها راع غيري؟ فقال الناس: سبحان اللـه! فقال النبي صلى اللـه عليه وسلم: "فإني أؤمن به وأبـو بكـر وعمـر" ومـا ثـم أبـو بكـر وعمر[٢] .

(١) علي الطنطاوي، أبو بكر الصديق (ط٢). القاهرة: لجنـة الشباب المسلم، ١٣٧٢هــ ص ص ٢٢٥-٢٢٦، عـن تهذيب تاريخ ابن عساكر وغيره.
(٢) الإمام البخاري، مرجع سابق، ج ٥، ص ١١.

ففي هذا الحديث جمع الرسول صلى الله عليه وسلم في الإيمان القوي بوحي الله بين نفسه وأبي بكر وعمر. فأي مكانة هذه لعمر!

علمه الراسخ: العلم قيمة أساسية، وهو شرط للمناصب العالية في الإدارة الإسلامية، وقد شهد رسول الله صلى الله عليه وسلم لعمر رضي الله عنه بسعة العلم حين قال: "بينما أنا نائم شربت – يعني اللبن – حتى أنظر إلى الرِّي يجري في ظُفُري أو أظفاري، ثم ناولت عمر" فقالوا: فما أولته؟ قال: "العلم". (١)

كمال دينه: هذه شهادة بكمال دين عمر رضي الله عنه، فقد قال رسول الله صلى الله عليه وسلم في ذلك: "بينما أنا نائم رأيت الناس يُعرضون عليّ، وعليهم قُمُص، منها ما يبلغ الثدي، ومنها ما هو دون ذلك. وغرض علي عمر بن الخطاب وعليه قميص يجره" قالوا: فما أولت ذلك يا رسول الله؟! قال: "الدِّين" (٢).

موافقته الله في القرآن: وأن من ذروة إيمانه وعلمه وكمال دينه أن يوافق الله فيما ينزل من القرآن على رسول الله صلى الله عليه وسلم. فقد أخرج البخاري في كتاب التفسير، عن أنس، قال: قال عمر: وافقت الله في ثلاث، أو وافقني ربي في ثلاث. قلت يا رسول الله: لو اتخذت مقام إبراهيم مصلى! وقلت: يا رسول الله يدخل عليك البرّ والفاجر، فلو أمرت أمهات المؤمنين بالحجاب، فأنزل الله آية الحجاب. قال: وبلغني معاتبة النبي صلى الله عليه وسلم بعض نسائه، قد خلت عليهن، قلت: إن انتهيتن أو ليبدلنّ الله رسوله صلى الله عليه وسلم خيراً منكن، حتى أتيت احدى نسائه، قالت: يا عمر، أما في رسول الله صلى الله عليه وسلم ما يعظ نساءه حتى تعظهن أنت! فأنزل الله: (عَسَى رَبُّهُ إِن طَلَّقَكُنَّ أَن يُبْدِلَهُ أَزْوَاجًا خَيْرًا مِنكُنَّ مُسْلِمَاتٍ). (٣)

---

(١) المرجع السابق، ص ٩.

(٢) محمد فؤاد عبد الباقي، اللؤلؤ المرجان، مرجع سابق، ج ٣، ص ص ١٢٤ – ١٢٥.

(٣) الإمام البخاري، مرجع سابق، ج ٦، ص ٥١٧.

وقد أخرج مسلم في صحيحه عن أبي بكر قال، قال عمر: وافقت ربي في ثلاث: في مقام إبراهيم، وفي الحجاب، وفي أسرى بدر[1]. وكان لرسول الله صلى الله عليه وسلم عطفا على أصحابه، فلما توفي عبد الله ابن أبي بن سلول جاء ابنه عبد الله بن عبد الله إلى رسول الله صلى الله عليه وسلم فسأله أن يعطيه قميصه يكفن فيه أباه، فأعطاه، ثم سأله أن يصلي عليه، فقام رسول الله صلى الله عليه وسلم ليصلي عليه، فقام عمر، فأخذ بثوب رسول الله صلى الله عليه وسلم ، فقال: يا رسول الله، أتصلي عليه، وقد نهاك الله أن تصلي عيه؟ فقال رسول الله صلى الله عليه وسلم : إنما خيرني الله فقال: (استغفر لهم أو لا تستغفر لهم أن تستغفر لهم سبعين مرة) وسأزيد على السبعين. قال: أنه منافق. فصلى عليه رسول الله صلى الله عليه وسلم وأنزل الله عز وجل: (ولا تصل على أحد منهم مات أبدا ولا تقحم على قبره)[2].

إن هذه الموافقات، وغيرها لتدل دلالة واضحة على أن صفات عمر العديدة في كمال الدين والعلم والإيمان، هي المؤهلات التي استحق بموجبها رئاسة الدولة وإمارة المؤمنين، وهي الصفات التي جعلت منه خليفة يعمل بعمل الأنبياء إلا أنه ليس نبيا.

عبقريته الإدارية: وهذه بشارة له من رسول الله صلى الله عليه وسلم بأن سيكون خليفته، ويعمل أعمالا كثيرة للمسلمين وللإسلام. فقد حدّث أبو هريرة رضي الله عنه، قال: سمعت النبي صلى الله عليه وسلميقول: "بينما أنا نائم رأيتني على قليب، عليها دلو، فنزعت منها ما شاء الله، ثم أخذها ابن أبي قحافة، فنزع بها ذنوبا أو ذنوبين، وفي نزعه ضعف، و الله يغفر له ضعفه، ثم استحالت غربا[*]، فأخذها ابن الخطاب، فلم أر عبقريا[**] من الناس ينزع نزع عمر، حتى ضرب الناس بعَطَن"[3].

---

(1) صحيح مسلم بشرح النووي، مرجع سابق، ج ١٥، ص ص ١٦٦-١٦٧.
(2) المرجع السابق، ج ١٥، ص ١٦٧.
(*) الغرب: الدلو العظيمة.
(**) العبقري هنا: السيد العظيم القوي.
(3) محمد فؤاد عبد الباقي، اللؤلؤ المرجان، مرجع سابق، ج ٣، ص ص ١٢٦-١٢٧.

وقد جاء في شرح العلماء لهذا الحديث النبوي^(١):

"هذا المنام مثال واضح لما جرى لأبي بكر وعمر رضي الله عنهما في خلافتهما وحسن سيرتها وظهور آثارهما وانتفاع الناس بهما. وكل ذلك مأخوذ من النبي صلى الله عليه وسلمومن بركته وآثار صحبته.

"فكان النبي صلى الله عليه وسلمهو صاحب الأمر، فقام به أكمل قيام، وقرر قواعد الإسلام، ومهد أموره، وأوضح أصوله وفروعه، ودخل الناس في دين الله أفواجا، وأنزل الله: (اليوم أكملت لكم دينكم) ثم توفي صلى الله عليه وسلمفخلفه أبو بكر رضي الله عنه سنتين وأشهرا، وهو المراد بقوله صلى الله عليه وسلمذنوبا أو ذنوبين، وهذا شك من الراوي، والمراد ذنوبان. وحصل في خلافته قتال أهل الردة، وقطع دابرهم واتساع الإسلام، ثم توفي فخلفه عمر رضي الله عنه فاتسع الإسلام في زمنه، تقرر لهم من أحكامه ما لم يقع مثله.

"فعبر بالقليب عن أمر المسلمين لما فيها من الماء الذي فيه حياتهم وصلاحهم، وشبه أميرهم بالمستقى لهم وسقيه هو قيامه بمصالحهم وتدبير أمورهم".

إن عبقرية عمر الإدارية إنما هي في قيامه بمصالح المسلمين وتدبير أمورهم، فالإمام النووي، صاحب هذا الشرح وهذه التعابير لم يستعمل المصطلحات الإدارية المعروفة اليوم.

قوته وهيبته: إن قوة عمر رضي الله عنه هي ذروة صفاته التي استحق بها إمارة المؤمنين ورئاسة دولة الإسلام. ونعني بقوته مقدرته الفائقة على تحمل المسؤوليات الجسام للإدارة العامة في عهده. فشروط القوة والأمانة للموظف العام في الإسلام تبدت جلية في عمر رضي الله عنه أكثر من غيره من أصحاب رسول الله صلى الله عليه وسلم ، فقد كان قوى الإيمان،

---

(١) المرجع السابق، هامش الصفحتين ١٢٦ و ١٢٧.

وقوى الشخصية حتى فرَّقَه أهل الباطل، وكانت هيبته وخشية أهل الرّيب منه سببا في فرض النظام في الدولة المترامية الأطراف.

أخرج البخاري، عن عبد الله بن مسعود رضي الله عنه، قال: مازلنا أعـزة منذ أسلم عمر[١]. واخرج ابن سعد عن صهيب بن سنان أنه قال: لما أسلم عمر ظهر الإسلام ودعي إليه علانية وجلسنا حول البيت حلقا وطفنا بالبيت، انتصفنا ممـن غلـظ علينا ورددنا عليه بعض ما يأتي به[٢].

وكان الشيطان يهاب عمر لقوته في الدين واتباعه الحق، حتى أن رسول الله صلى الله عليه وسلم يقول له: "يا ابن الخطاب" والذي نفسي بيده ما لقيك الشيطان سالكا فجا قط الا سلك غير فجك"[٣]. (والفج هو الطريق).

ولصفات القوة، المتعددة الجوانب في عمر رضي الله عنه قال: رسول الله صلى الله عليه وسلم : "لو كان بعدي نبي لكان عمر بـن الخطاب"[٤]. وقال: "إن الله جعل الحق على لسان عمر وقلبه"[٥]. ووصف رسول الله صلى الله عليه وسلم قوة عمر بالشدة في أمر الله، فقال: "أشد أمتي في أمر الله عمر"[٦].

وكانت له هيبة، تمنع الناس من أن يكلموه في حوائجهم، ولم يكن ذلك مـما يتفق مع سياسة رد المظالم وقضاء الحوائج لهم، وكان أصحاب رسول الله صلى الله عليه وسلم حول عمر يريدون منه أن يلين للناس، وكان أجرأهم عليه عبد الرحمن بن عوف رضي الله عنه. فاجتمع هو

---

(١) الإمام البخاري، مرجع سابق، ج ١٥، ص ٤١.

(٢) ابن سعد، الطبقات الكبرى، بيروت: دار صادر، ب.ت. ج ٣، ص ٢٧٠.

(٣) الإمام السيوطي، تاريخ الخلفاء، بتحقيق: محمد محي الـدين عبد الحميد (ب.م) (ب.ن)، (ب.ت)، ص ١١٧ وقال أخرجه الشيخان.

(٤) المرجع السابق، نفس الصفحة، وقال أخرجه الترمذي، الحاكم وصححه.

(٥) المرجع السابق، نفس الصفحة وقال أخرجه الترمذي.

(٦) ابن سعد مرجع سابق، ج ٣، ص ٢٩١، وابن الجوزي، مرجع سابق، ص ٢٨.

وعلي وعثمان وطلحة وسعد، فقالا لعبد الرحمن: لو كلمت أمير المؤمنين للناس فإنه يأتي الرجل طالب الحاجة فتمنعه هيبتك أن يكلمك في حاجة حتى يرجع ولم يقض حاجته. فدخل عليه عبد الرحمن فكلمه، فقال: يا أمير المؤمنين: لن للناس، فإنه يقدم القادم فتمنعه هيبتك أن يكلمك في حاجته حتى يرجع ولا يكلمك قال: يا عبد الرحمن أنشدك الله، أعلي وعثمان وطلحة الزبير وسعد أمروك بهذا؟ قال: اللهم نعم، قال: يا عبد الرحمن لقد لنت للناس حتى خشيت الله في اللين ثم اشتددت عليهم حتى خشيت الله في الشدة، فأين المخرج؟ فقام عبد الرحمن يبكي يجرّرداءه، يقول بيد، أف لهم بعدك، أف لهم بعدك[1].

فعمر كان يدرك أنه مهاب، فلان للناس، فخشي أن يؤدي اللين إلى ضياع سلطان أمير المؤمنين فيؤثر ذلك على مصالح المسلمين سلبيا، فاشتد عليهم عد ذلك، فكلمه أصحاب النبي صلى الله عليه وسلم، فاحتار أين المخرج؟

لقد كان مهابا لينا، مرنا، رجاعا إلى الحق رضي الله عنه.

أهم إنجازات إدارته رضي الله عنه:

لقد امتازت إدارته لدولة الإسلام بإنجازات كبيرة في الحقول السياسية والاجتماعية والاقتصادية، وكان أكثر هذه الإنجازات من أولياته التي اشتهر بها، والتي لا يكاد يخلو منها كتاب يختص بسيرة عمر بن الخطاب رضي الله عنه[2].

وأهم تلك الإنجازات: كثرة الفتوحات الإسلامية في البلدان، فقد بلغت مساحتها ما يقارب مليون ونصف المليون ميل مربع، وهذه المساحة أكثر من مساحة الجزيرة العربية

---

(١) ابن سعد، مرجع سابق، ج ٣، ص ص ٢٨٧ - ٢٨٨.
(٢) مثال ذلك: ابن سعد مرجع سابق، ج ٣، ص ص ٢٨٠ - ٢٨٤، وابن الجوزي، مرجع سابق، ص ص ٦١ - ٦٣، والإمام السيوطي، مرجع سابق، ص ص ١٣٦ - ١٣٧، وعلي الطنطاوي وأخوه ناجي، مرجع سابق، ص ص ٢٥٢ - ٢٥٩.

فقد بلغت مساحة رقعة الدولة حين ولي الخلافة مليونا ومائتي ألف ميل مربع (١).

وليس لدينا أرقام عن عدد السكان في الدولة في عهده. ولكن المراكز السكانية كانت بالعشرات، وبعض تلك المراكز بلغ تعداد سكانه مائة ألف مقاتل أو أكثر كالكوفة (٢).

ومن إنجازات إدارته تمصير الأمصار، وهي الكوفة والبصرة والجزيرة والشام ومصر- والموصل وأنزلها العرب.

ومنها مسح السواد وأرض الجبل وضع الخراج على الأرضين والجزية على جماجم أهل الذمة.

ومنها تدوين ديوان العطاء، وكتابة الناس على قبائلهم، وقسمة الأموال العامة في الناس.

ومنها توسيع المسجد الحرام وتوسيع المسجد النبوي واتخاذ دار الدقيق، فجعل فيها الدقيق والسويق والتمر والزبيب وما يحتاج إليه المنقطع والضيف ينزلان بأمير المؤمنين، وخدمات عامة غيرها.

ومنها حفر الخليج بين نيل مصر والبحر الأحمر، وغير ذلك.

إن هذه الإنجازات وغيرها، إنما كانت ثمرة جهود المؤسسة الإدارية الإسلامية – بلغة اليوم – التي كان رئيسها عمر بن الخطاب. وخطة البحث في هذا الفصل أن نتناول العمليات والمبادئ الإدارية التي سارت عليه تلك النخبة من أصحاب رسول الله صلى الله عليه وسلم بإمرة عمر رضي الله عنه، لنتبين كيف كان يتم التخطيط، والتنظيم، والتوظيف، التوجيه، والمراقبة، وأن هذه العمليات لابدّ لها من قيادة للقيام بها والإشراف عليها. واتخاذ القرارات بشأنها.

---

(١) محمد حميد الله، مرجع سابق، ص ص ٤٩٨-٤٩٩.
(٢) ابن الأثير، مرجع سابق، ج ٣، ص ٣٢.

القيادة الإدارية:

قد توقف الكثير من الإنجازات في خلافة عمر رضي اللـه عنه عـلى شخص عمـر نفسه، فقد كانت بيده صلاحيات واسعة، تتناسب مع المسؤوليات الجسام التي اختارته الأمة لحملها، وعقدت معه على ذلك عقدا اجتماعيا هو البيعة: فعاهدته عـلى السـمع الطاعة، وفي فيما تستطيع، وفي غيرِ معصية، وفوضته بتلك الصلاحيات لمواجهة مسؤولياته المترتبة عليه بكتاب اللـه تعالى وسنة نبيه صلى اللـه عليه وسـلم، والتـي كانت مـدار البحث في الفصل السابق.

كانت قيادة عمر رضي اللـه عنه تتصف بالعلم والشدة والرحمة والعدل والتقوى، بحيث حفظت وحدة الأمة جميعها وراءه. وكان الناس مقتنعين بقيادته ومتعاونين معه تعاونا رائعا.

وكذلك كان أمراء الجند الأمصار لا يردون له أمرا، وذلك بفضل تـربيتهم الإسلامية الصحيحة، وبقناعتهم بعدل عمر وصواب رأيه. ولعل أكـثر مـن تحامـل عليـه عمـر مـن رجال الإدارة الإسلامية خالد بن الوليد، سيف اللـه،[1] رضي اللـه عنه، فقد عزله عمر عن أمرة الجيش وولى عمله أبا عبيدة بن الجراح، فعمل خالد تحت أمـرة أبي عبيـدة، وكان يجله ويحترمه، وبجهوده غزا المسلمون بـلاد الـروم خـارج بـلاد الشـام، وولاه أبـو عبيدة قنسرين، فجاء كتاب عمر يأمر أبا عبيدة بعزل خالد للمرة الثانية،[2] لأسباب كان يراها عمر، ورجع عنها بعد ذلك وقال حين توفي خالد: "يرحم اللـه أبا سليمان كان على غير ما ظننا به"[3].

إن خالدا الذي رأى في عزل عمر له أكثر مـن مـرة، وعـلى أسـاس ظنـون لم تكـن في موضعِها، لم يخرج عن قيادة عمر رحمه اللـه، ولم يقم بأي أعـمال تخـل بنظـام الدولـة العام،

(١) الإمام البخاري، مرجع سابق، ج ٥، ص ٢٣.

(٢) ابن الأثير، مرجع سابق، ج ٢، ص ٥٣٦.

(٣) ابن سعد، مرجع سابق، ج ٧، ص ص ٣٩٧ - ٣٩٨.

بل احتمل على نفسه، ولم يزد على قوله لعمر رضي الله عنه:

"لقد شكوتك إلى المسلمين، فبالله إنك في أمري لغير مجمل"[1].

إن هذه الأخبار عن معاملة عمر لرجال الدولة قد توحي، بأن عمر كان مستبدا في رأيه، ويتخذ القرارات بفردية محضة، ولكن الأمر ليس كذلك. فقد كان عمر رجاعا للحق، وقافا عنده، ولا يصدر عنه قرار إلا بمشورة، وحتى يجمع حوله أهل الرأي والأحلام من الصحابة كما سنرى.

إن قوله في خالد بعد موته وترحمه عليه لدليل على رجوعه إلى الحق بعدما تبين له. وقد طيب خاطر خالد قبل وفاته، لإحساسه بأنه قسا على خالد، فقال له:

"يا خالد، و الله أنك علي لكريم، وأنك إلي لحبيب".

وكتب إلى الأمصار إني لم أعزل خالدا عن سخطه ولا خيانة، ولكن الناس فخموه وفتنوا به، فخفت أن يوكلوا إليه، فأحببت أني علموا أن الله هو الصانع، وأن لا يكونوا بعرض فتنة[2].

اتخاذ القرارات بالشورى:

إن إصدار القرارات من أعمال القيادة التي يتوقف عليها النجاح أو الخذلان، فالقرارات الفردية المتسرعة غالبا ما تكون السبب في انهيار المؤسسات وهنا ننبه إلى أمر هام، ففي الإسلام أحكام صريحة واجبة التنفيذ، ولا تحتاج إلى شورى، بل أن الشورى غير جائزة في نص صريح من النصوص الشرعية. أما التداول والشورى فإنما يكونان فيما ليس فيه نص صريح، أو فيه نصان يبدوان في الظاهر، وكأنهما متعارضان.

ولسنا بحاجة إلى ذكر مثال على ما لا تجوز الشورى فيه، فجميع أحكام الإسلام

---

(١) ابن سعد، مرجع سابق، ج ٢، ص ص ٥٣٦ – ٥٣٧.

(٢) المرجع السابق، ص ٣٥٧.

الصريحة الواجبة التنفيذ هي أمثلة.

أما ما نريد ذكر أمثلة عليه، فالأمور التي لا نَصّ عليها. كغزو العراق مـثلا، فكيـف واجهه عمر رضي الـله عنه؟

يستفاد من المصادر التاريخية أن أهل فارس ساءهم ما فعل المسـلمون في خلافة أبي بكر في سواد العراق، والسواد هو الأرض السهلية الخصبة، فاجتمعوا على يزدجـرد في خلافة عمر، فأهمه اجتماعهم، وأراد أن يتخذ قرار طول ما ينبغي معه لمواجهة الفرس؟

بدأ أولا بالتحريض على حرب الفرس، وأخذ يرميهم بوجوه الناس، فلم يـدع رئيسا ولا ذا رأي وشرف وبسطة ولا خطيبا ولا شاعرا إلا رماهم به، وكتب إلى المثنى بن حارثـة أن لا يدع في ربيعة ولا مضر أحدا إلا أحضروه إما طوعا أو كرها[1].

ثم اجتمع إليه الناس في المدينة، فخرج بهم إلى صرار، وهو موضع خـارج المدينة، وعسكر، ولا يدري الناس ما يريد، أيسير أم يقيم.

وبعد المشاورة أجمع أصحاب رسول الـله صلى الـله عليه وسلم أن يبعث عمر رجلا من أصحاب النبي صلى الـله عليه وسلم ويعززه بالجنود.

فهذا قرار جماعي؛ أن يبقى رئيس الدولة، أمـير المـؤمنين، في المدينة، وأن يبعـث رجلا على رأس الجيش من أصحاب رسول الـله صلى الـله عليه وسلم .

ولم يسارع عمر رضي الـله عنه إلى إصدار قرار بشـأن ذلك الرجـل المطلـوب. بـل قال: أشيروا علي برجل؟ فهو يطلب قرارا آخر مـن الجماعـة فيـه اصرار أن يشـيروا عليـه برجل.

وأشار الناس على عمر بتأمير سعد بن أبي وقاص كان عاملا عـلى صدقـات هـوازن. فأمَّره عمر على حرب العراق[2].

(١) المرجع السابق، ص ص ٤٤٨ - ٤٤٩.

(٢) المرجع السابق، ص ص ٤٥٠ - ٤٥١.

هكذا كانت القرارات لا تصدر إلا بعد مشاورة وتداول للآراء، وكان عمر رضي الله عنه يطلب من كبار الصحابة أن يشيروا عليه، ولا يذكر الباحث قراراً مصيريا صدر عن عمر رضي الله عنه بغير إشراك كبار الصحابة، ومنهم الستة الذين توفي رسول الله صلى الله عليه وسلم وهو عنهم راض[1]: عثمان بن عفان وعلي بن أبي طالب وطلحة بن عبد الله، والزبير ابن العوام وعبد الرحمن بن عوف وسعد بن أبي وقاص. وهم الذين جعل فيهم شورى الخلافة، على أن تكون في أحدهم.

ومثال آخر في الشورى لاتخاذ قرار في أرض العراق المفتوحة هل تقسم بين المقاتلين، كالغنائم المنقولة – أي الذهب والفضة والأنعام والسلاح وأمثالها – أم تبقى دون تقسيم، ثم يتخذ بشأنها قرار بتنظيم الدخل للمسلمين منها؟

وكان بلال بن رباح رضي الله عنه ومعه رجال من أصحاب النبي صلى الله عليه وسلم يسألون عمر بن الخطاب رضي الله عنه أن يقسم ما أفاء الله عليهم من العراق والشام، وقالوا: أقسم الأرضين بين الذين افتتحوها كما تقسم غنيمة العساكر. فأبى عمر ذلك عليهم، وتلا عليهم، آيات سورة الحشر في الفيء[2].

وكان رأي عمر قائمًا على أسس فكرية ولا يجد لها برهانا من كتاب الله تعالى أو سنة نبيه ليقنعهم بها، ولكنه كان يرى أن من حقهم أن تقسم عليهم الأرضين إلا أن يأتيهم ببينة.

فأخذ يقول لأصحاب رسول الله صلى الله عليه وسلم[3].

"و الله لا يفتح بعدي بلد فيكون فيه كبير نيل، بل عسى ـ أن يكون كلاً على المسلمين، فإذا قسمت أرض العراق بعلوجها، وأرض الشام بعلوجها – أي المزارعين الذين

---

(١) الإمام البخاري، مرجع سابق، ج ٥، ص ١٥.

(٢) أبو يوسف، مرجع سابق، ص ص ٢ – ٢٤.

(٣) المرجع السابق، ص ص ٢٥ – ٢٦.

يزرعونها – فما تُسَدّ به الثغور؟ وما يكون للذرية والأرامل بهذا البلد وبغيره من أرض الشام والعراق؟

فأكثروا على عمر رضي الله عنه، وقوال: اتقف ما أفاء الله علينا بأسيافنا على قوم لم يحضروا، ولم يشهدوا، ولأبناء القوم ولأبناء أبنائهم ولم يحضروا؟

"فكان عمر رضي الله عنه لا يزيد على أن يقول: هذا رأي.

"فاستشار المهاجرين الأولين. فاختلفوا...

"فأرسل إلى عشرة من الأنصار: خمسة من الأوس، وخمسة من الخزرج من كبرائهم وأشرافهم. فلما اجتمعوا حمد الله وأثنى عليه بما هو أهله... وكان مما قاله: "وقد رأيت أن أحبس الأرضين بعلوجها وأضع عليها فيها الخراج وفي رقابهم الجزية يؤدونها فتكون فيئا للمسلمين: المقاتلة والذرية ولمن يأتي بعدهم" وأخذ يبين لهم رأيه الذي ذكرناه آنفا فلما وجد من الأنصار استحسانا قال: "لقد بان لي الأمر".

وهكذا دارت مشاورات مطولة استمرت أياما حتى عزم الأمر، وأقره المسلمون على ذلك. فسألهم أن يشيروا عليه برجل يضع الأرض موضعها، ويضع على العلوج ما يحتملونه فأجمعوا على عثمان بن حَنيف.

فأسرع إليه عمر فولاه مساحة ارض السواد. فأدت جباية سواد الكوفة قبل أن يموت عمر رضي الله عنه بعام مائة ألف ألف درهم.

أن هذا المثال على القرارات بعد التشاور هو أكثر تعقيدا من المثال الأول، لأن موضوع المثال الثاني أكثر تعقيدا فللسابقة التي شهدها الصحابة مع رسول الله صلى الله عليه وسلم هي تقسيم الأرضين بين المقاتلين الذين افتتحوها، ولكن علم عمر بأهداف التشريع ومقاصده، جعله يتوقف عن قسمة الأرضين دون أن يجد البينة على رأيه، فكان يقول حين يقرع بالحجة: هذا رأي. وحين استطاع إقناع المستوى الثاني من الصحابة، بأن له الأمر، وارتاح الجميع لنهاية المتداولات، فهم قد علموا أن عمر على حق، لأن النص في

سورة الحشر يجعل الفيء للفقراء من المهاجرين والأنصار الشاهدين للفتوحات، ويذكر صنفا ثالثا هم الذين لم يكونوا مخلوقين بعد، وذلك في قوله تعالى: ﴿والذين جاءوا من بعدهم يقولون ربنا اغفر لنا ولاخواننا الذين سبقونا بالإيمان﴾[1]. يقول القاضي أبو سيف في كتابه الخراج مخاطفا أمير المؤمنين هارون الرشيد:

"فهذا و الله أعلم لمن جاء من بعدهم من المؤمنين إلى يوم القيامة"[2] فلم يأخذ عمر برأيه بل أخذ يستشير الصحابة على عدة مستويات حتى استحسنوا رأيه، عند ذلك أمر بمساحة الأرض وتقدير الخراج عليها.

أن هذا المستوى من الشورى كان يعمل به في المدينة، مركز الدولة. ولكن القرارات كانت تتخذ بعد التشاور في الأقاليم أو الأمصار البعيدة عن المدينة كذلك فكان أبو عبيدة يستشير أصحابه في عمله على بلاد الشام، وكان سعد بن أبي وقاص يستشير أصحابه في عمله على الكوفة والفتوحات في فارس، جميعهم كان يأخذ من مصدر واحد، القرآن الكريم ﴿وَشَاوِرْهُمْ فِي الْأَمْرِ﴾ و ﴿وَأَمْرُهُمْ شُورَى بَيْنَهُمْ﴾ لأن الشورى أساس من أسس الإسلام وقواعد الثابتة في التشريع والإدارة.

وقد بين الإمام البخاري معاني هاتين الآيتين وأورد شواهد على تطبيقهما من قبل عمر بن الخطاب وغيره من أصحاب رسول الله صلى الله عليه وسلم فقال:

"وقد كان الأئمة بعد النبي صلى الله عليه وسلم يستشيرون الأمناء من أهل العلم في الأمور المباحة ليأخذوا بأسهلها، فإذا أوضح الكتاب أو السنة، لم يتعدوه إلى غيره اقتداء بالنبي صلى الله عليه وسلم"[3].

ثم يبين الإمام البخاري موقف الإمام إذا كان عنده حكم من أقوال الرسول صلى الله عليه وسلم فقال: ورأى أبو بكر قتال من منع الزكاة، فقال عمر: كيف تقاتل وقد قال رسول الله صلى الله عليه وسلم : أُمرت أن أقاتل الناس حتى يقولوا لا إله إلا الله فإذا قالوا لا إله إلا الله عصموا منّي

(١) سورة الحشر، الآية ١٠.
(٢) أبو يوسف، مرجع سابق، ص ٢٣.
(٣) الإمام البخاري، مرجع سابق، ج ٩، ص ٩١.

دماءهم وأموالهم إلا بحقها فقال أبو بكر: و الله لأ قاتلن مَن فرق بين ما جمع رسول الله صلى الله عليه وسلم .

ثم تابعه بعد عمر، فلم يلتف أبو بكر إلى مشورة، إذا كان حكم رسول الله صلى الله عليه وسلم في الذين فرقوا بين الصلاة والزكاة وأرادوا تبديل الدين وأحكامه[1].

وكان عمر رضي الله عنه حريصا على أن لا يتخلى الولاة الذين يختارهم للعمل عن مبدأ الشورى في الحكم واتخاذ القرار بعد التشاور فإذا ولّى رجلا قليل التجربة، بعث معه بعض أصحاب رسول الله صلى الله عليه وسلم السابقين من ذوي الرأي والخبرة، وأمره أن يشركهم في اتخاذ القرار، وأن لا ينفرد بالأمر دونهم ومثال ذلك أنه ولّى رجلا من المسلمين لم تكن له صحبة، بل كان أول المنتدِبين حين انتدب الناس لحرب فارس، فكانت توجيهات عمر إليه - وهو "أبو عبيدة بن مسعود الثقفي" - أن يسمع من أصحاب رسول الله صلى الله عليه وسلم الذين معه في الجيش، يعملون تحت إمرته، وأن يشركهم في الأمر، وكان معه صحابيان هما: سعد بن عبيد الأنصاري، وسُليط بن قيس، وهو ممن شهد بدرا[2] .

إن هذه الشواهد تدل على أن القرارات كانت تصدر عن القادة الإداريين والعسكريين بالشورى.

ولا يفهم من ذلك أن الولاة على الأمصار لم يكونوا قد اتخذوا قرارات دون الرجوع إلى أمير المؤمنين - رئيس الدولة، فقد انفرد أحدهم بغزو الفرس من البحر، ولم يلتفت للطاعة والمعصية فعزله عمر بن الخطاب عن عمله في البحرين عقوبة له، وهو العلاء بن الحضرمي، رضي الله عنه، وتحمل عمر المسؤولية كاملة عن عمل العلاء، وبعث إلى البصرة، وكان عليها بن غزوان، بأن ينجد المسلمين المحاصرين في فارس، بعد أن حرق الفرس مراكبهم حصروهم داخل البلاد. فالعلاء لم يأخذ برأي الخليفة لعلمه بأنه لن يوافق على أن يغزو المسلمون في البحر، لأنهم لم يكونوا رجال بحر ماهرين في الملاحة، وهذه كانت سنة النبي صلى الله عليه وسلم، أن يكون البحر بين المسلمين وبين أعدائهم، وأن يغزو المسلمون في البحر خوف الغزو[3].

(١) المرجع السابق، ص ٥٨٣.

(٢) المرجع السابق، ص ٥٣٨.

(٣) المرجع السابق، ص ٥٣٨.

١- التخطيط التنموي في خلافته:

كان عمر بن الخطاب رضي اللـه عنه ذا نظرة مستقبلية للأمور، ولـذلك يمكن اعتباره من عباقرة المخططين الإداريين. فقد وضع خططا عديدة للتنمية الشاملة للأمة ولمراكز الخدمات العامة، فوضع خطة تمصير الأمصار، أي بنائها.

ففي عهده بنيت الكوفة والبصرة والفسطاط.

وفي عهده حُفر خليج أمير المؤمنين من النيل إلى بَحْر القُلْزم (الأحمر)

وفي عهده وسع المسجد الحرام في مكة، أو المسجد النبوي في المدينة، وفرش بالحصا أضيء بالقناديل.

وفي عهده أبى أن يقسم الأراضي المفتوحة في العراق على المقاتلين وجعل عليها الخراج وعلى المزارعين الجزية، لتوفير الأموال للأجيال القادمة ولتوفيرها للعاملين في الثغر الإسلامية، فأغنى بيت المال بالمصادر المالية الوافرة، كما ذكرنا آنفا في مبحث الشورى والقرارات الإدارية.

وإذا نظرنا في هذه الإنجازات التي جاءت ثمارا للتخطيط السليم، نجد أنها تغطي عددا من الحقول الهامة للأمة وهي شاغل لإدارات الحديثة في عالمنا المعاصر:

توفير المساكن للمواطنين، وتوفير أماكن العبادة بمساحات كافية، وتحسين طرق المواصلات، وتحسين دخل الدولة.

إن هذه الإنجازات تكشف عن عبقرية إدارية في التخطيط تستحق الـذكر بالإكبار لعمر بن الخطاب رضي الله عنه.

تخطيط الكوفة والبصرة:

وصف المؤرخون كيف خططت الكوفة والبصرة، فقالوا: "كان على تنزل الكوفة: أبو هياج بن مالك، وعلى تنزل البصرة: عاصم بن دلف أبو الجرباء. وقدر المناهج أربعين ذراعا، وما بين ذلك عشرين ذراعا، والأزقة سبع أذرع، القطائع ستين ذراعا، وأول شيء خُط فيهما وبُني مسجداهما، وقام في وسطهما رجل شديد النزع، فرمى في

كل جهة بسهم، وأمر أن يبنى ما وراء ذلك. وبنى ظلة في مقدمة مسجد الكوفة على أساطين رخام من بناء الأكاسرة من الحيرة، وجعلوا على الصحن خندقا لئلا يقتحمه أحد بنيان، وبنوا لسعد دارا بحياله، وهي قصر الكوفة اليوم، بناه روزبه من آجر بنيان الأكاسرة بالحيرة، وجعل الأسواق على شبه المساجد من سبق إلى مقعد فهو له حتى يقوم منه إلى بيته أو يفرغ من بيعه [1].

هذا التخطيط العمراني المتقن، يظهر أن النظرة البعيدة المستقبلية كانت صفة مميزة للتخطيط الإداري في عهد عمر رضي الله عنه. فقد بقيت الساحات واسعة حول المسجد والمسجد في منتصف المدينة أو المصر، والأسواق مثل المسجد لمن سبق. المناهج أربعون ذراعا، ولم يكن في ذلك العصر ـ مراكب كالسيارات اليوم! والساحات الواسعة هذه هي احتياط للتوسعات البشرية في المستقبل، فالسكان يزيدون، ولابدّ من ساحات واسعة لاستيعاب تحركاتهم وسيرهم في الأسواق، والشوارع العامة.

تخطيط خليج أمير المؤمنين: وقد حفر هذا الخليج بتوجيه من عمر رضي الله عنه، ولم يكن لدى أمير مصر قناعة به. إلا أن عمر استقدمه وجماعة معه من أهل مصر، عرض عليهم منافع حفر الخليج حتى أقنعهم بوجهة نظره، وكانوا متخوفين من دخول الضرر على أهل مصر منه.

فحفر الخليج الذي في جانب الفسطاط، الذي يقال له خليج أمير المؤمنين، فساق من النيل إلى القلزم، فلم يأت الحول حتى جزت فيه السفن، فحمل فيه الطعام إلى المدينة ومكة.

ولم يزل يحمل فيه الطعام حتى زمن عمر بن عبد العزيز، ثم ضيعه الولاة، وغلب عليه الرمل، فانقطع، فصارفتها إلى ذنب التمساح [2].

٢- التنظيم:

تشتمل عملية التنظيم في الدولة الحديثة على أكثر المبادئ الإدارية كمبدأ تقسيم العمل، والتخصصات المتفرعة عنه، ووحدة النظام واستقراره، ووحدة إصدار

(١) ابن الأثير، مرجع سابق، ج ٢، ص ٥٢٩.
(٢) علي الطنطاوي، وناجي الطنطاوي، مرجع سابق، ص ص ١٦٢ - ١٦٣.

التعليمات، والتوجيه، والتسلسل الهرمي، والتدرج في السلطة والتفويض والإشراف والتنسيق وغيرها.

فالتنظيم هو قلب العملية الإدارية، ويحكمه الهدف العام للمؤسسة أو الجماعة.

وقد كان الهدف العام والأسمى للجماعة أو المؤسسة الإسلامية في عهد عمر هو العمل بكتاب الله تعالى وبسنة النبي صلى الله عليه وسلم. وهو ما تحدثنا عنه في الفصل السابق.

ولذلك نجد أن المسؤوليات والواجبات الأساسية لحكومة العصر النبوي انتقلت إلى الحكومة أو الإدارة العامة في عصر عمر بن الخطاب.

أن خطتنا في بحث هذه العملية الإدارية أن نقدم وصفا للتنظيم الهيكلي للدولة في عهد عمر رضي الله عنه، ثم نبحث في واجباتها الأساسية كما جاء في القرآن الكريم والسنة النبوية، ثم نبحث في أوليات عمر في عهده، وهي التي اشترت بها إدارته أكثر من غيرها، وأن الواجبات الأساسية والأولويات واقعة ضمن مبدأ تقسيم العمل من منظور إداري، ثم نتابع البحث في مبادئ التنظيم التي كان معمولا بها في هذا العهد.

التنظيم الهيكلي للدولة:

كانت الدولة الإسلامية في عهد عمر بن الخطاب ذات تنظيم هيكلي أشبه بالهرمي القصير الارتفاع، إذ كان على رأس الدولة: أمير المؤمنين، وعلى الأمصار عمال أو ولاة أو أمراء.

وكان يساعد أمير المؤمنين عدد من أصحاب رسول الله صلى الله عليه وسلم في صنع القرار، وكتبة لأعمال الكتابة، ومساعدون للأمور التنفيذية، كما كان في المدينة رجال يعملون في بيت المال، يساعدون الخليفة في هذا العمل، كما كان للمسجد مؤذن أو أكثر.

كان التنظيم في الأمصار، شبيها لتنظيم عاصمة الدولة، فيأتي الأمير على رأس المصر ومعه أمين بيت المال، وكانت يقوم بأعمال الكتابة إن كان كثيرة، إذ يبدو أنه لم يكن ذلك في جميع الأمصار كان في بعض الأمصار قضاة منفصلون عن الأمير في عملهم ويتبعون الخليفة إداريا، فهو الذي يعينهم ويوجههم بكتبه.

وكان في بعض الأمصار كالكوفة، وظائف فنية كالمساحة وحسابات الخراج.

كان في الدولة أعمال مؤقتة لا تتطلب تفرغا، كأعمال توسيع المساجد وفرشها وإضاءتها، فلم تكن هذه وظائف دائمة.

أما أسلوب الاتصالات بين مراكز الإدارة المحلية ومراكز الإدارة في العاصمة، فهو بالكتابة أو باللقاء في المدينة أو في موسم الحج، وكان الخليفة قد قام بزيارات إلى بعض الأقطار كالشام، وحل كثيرا من القضايا الإرثية بعد طاعون عمواس.

ويلاحظ الباحث أن التنظيم الهيكلي للدولة كان بسيطا، لا تعقيد فيه.

ويبين الرسم على الصفحة التالية صورة هذا التنظيم الهيكلي للدولة كما تصوره الباحث.

ويلاحظ الباحث كذلك أن الدولة قد خلت في عهد عمر من الدوائر المركزية باستثناء الخلافة وبيت المال العام، أما الديوان، فقد رأينا أن لكل ناحية أو مدينة أو مصر ديوان خاص بأهله، أما ما ذهب إليه بعض الكتاب من وجود ديوان باسم "ديوان الإنشاء" لحفظ الوثائق الرسمية، فهو مذهب ينقصه التوثيق[1].

وكذلك لم يكن في الدولة في عهد عمر ديوان للمظالم أو الحسبة، وأن العمل بمهمات ديوان المظالم قد نشأ في عهده، حيث كان يجلس بعد الصلوات للناس، فمن كانت له حاجة نظر فيها في المسجد[2].

---

(١) الدكتور سليمان محمد الطحاوي، عمر بن الخطاب أصول السياسة والإدارة الحديثة، (ط١) (القاهرة): دار الفكر العربي، ١٩٦٩، ص ٣١١.

(٢) ابن سعد، مرجع سابق، ج ٣، ص ٢٨٨.

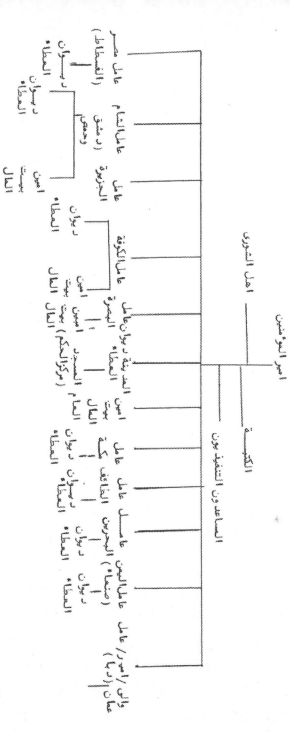

مبدأ تقسيم العمل:

نبحث تحت هذا المبدأ الواجبات أو الوظائف الأساسية للدولة في خلافة عمر رضي الله عنه، ثم نبحث الواجبات أو الوظائف التحسينية، والتي تأتي في الأهمية بعد الوظائف الأساسية.

أولاً: الوظائف الأساسية للدولة:

إن وظائف الدولة الحديثة كثيرة جداً، ولكنها تنطلق من منطلقات معروفة، تختلف من بلد إلى بلد، تبعا للنظام السياسي والاجتماعي القائم فيه، ولا يهدف الباحث هنا أن يعدد تلك الوظائف ولا أن يقارنها بالوظائف الأساسية للإدارة الإسلامية في العصر النبوي وغيره من العصور، ولكننا نكتفي بالإشارة إلى التشابه الموجود بين الإدارات العامة المختلفة وإدارة عمر بن الخطاب فجميعها تسعى لخدمة المواطن بالطريقة التي تراها مناسبة، وموفية بالغرض. من حيث عدالة التوزيع ومقدار الخدمة ونوعها وزمنها.

ويشير الباحث كذلك إلى وجود اختلاف عميق في المضمون بينها، من حيث الهدف العام وتقسيم العمل المتعلق به، فالوظائف الأساسية لإدارة عمر كانت نفس وظائف دولة النبي صلى الله عليه وسلم التي ذكرنا في الفصل الثالث: وهي وظائف التبليغ للدعوة وتعليم القرآن والسنة والقيام على العبادات الكبرى التي بني عليها الدين وحفظ الأمن في الداخل والخارج لجميع المواطنين في أنفسهم وأموالهم وعقولهم وأعراضهم.

وقد يظن ظان أن وظيفة التبليغ في دولة عمر تشبه وظيفة الإعلام في الدولة المعاصرة!

لكن هذا الظن لا يقوم على أساس سليم، فالأهداف والوسائل المتبعة مختلفة بينهما.

إن هدف التبليغ في دولة الإسلام هو إيصال كلمة التوحيد لا إله إلا الله محمد رسول الله إلى جميع الناس وشرحها لهم بالقرآن والسنة.

فهل هذا هو هدف الإعلام في الدولة الحديثة؟

وأن الوسائل المتبعة في دولة الإسلام للتبليغ هي الكلمة المكتوبة والمشافهة بصدق وأمانة.

فهل هذا هو المتبع في أعلام الدولة المعاصرة؟

وأن مادة التبليغ هي آيات الله تعالى وأحاديث رسول الله ٩. فهل مادة الإعلام الحديث ترقى إلى هذا المستوى الرباني؟

ولو نظرنا في وظيفة التعليم في الدولة في عهد عمر، لوجدنا أنها تنطلق من القرآن الكريم، على نطاق شامل لرفع المستوى العلمي لكل مسلم، حتى يكون لبنة صالحة لدولة الإسلام في الدنيا ومؤهلا لدخول جنات النعيم في الآخرة ، ثم تصل وظيفة التعليم إلى تعليم اللغات الأجنبية، والمساحة، والصناعة، وما يحتاجه المجتمع الدولة من علوم ضرورية لبقاء دولة الإسلام وأهله في أعلى المستويات العلمية والمهنية.

ولو نظرنا إلى وظيفة القيام والإشراف على العبادات المفروضة في دولة عمر الإسلامية لتبين لنا أنها كانت شغل أولي الأمر في أنحاء البلاد وعلى جميع المستويات.

فهل وظيفة وزارات الأوقاف في البلاد الإسلامية اليوم كافية وحدها لتغطية تلك المسؤوليات العبادية الجسيمة؟

وإذا نظرنا إلى الوظيفة الأمنية لدولة الإسلام في عهد عمر لوجدنا أن أموال الناس وأعراضهم وعقولهم وأنفسهم كانت تنعم بالأمن بأعداد من الموظفين لا تكاد تذكر لقلتها.

فهل تنعم المجتمعات الحديثة بالأمن على ضروراتها الخمس كما كان الناس ينعمون بالأمن في إدارة عمر؟

فلنتبين كيف كانت إدارة عمر تقوم بهذه الوظائف الأساسية التي أنزل أحكامها الله رب العالمين.

وظيفة التبليغ والدعوة:

حملت إدارة عمر مسؤولية التبليغ والدعوة، فكانت تدعو الناس إلى الإسلام وتبلغهم كلمة التوحيد فمن شاء آمن ومن شاء كفر، ولا تكره أحدا على الدين. وكان مهمة التبليغ من مسؤولية أمراء الجند في جبهات الجهاد، كما كانت في رأس اهتمامات رئيس الدولة، أمير المؤمنين.

ونكتفي بذكر مثال احد على فهم رجال الإدارة في عهد عمر لهذه الوظيفة – الواجب، كما جاء في كتب التاريخ.

في المواجهة بين المسلمين والفرس، طلب رستم قائد الفرس من سعد بن أبي قاص أمير العراق أن يبعث له رجلا لمحادثته فبعث إليه ربعي بن عامر وحده، ودار هذا الحوار بين ربعي ورستم الفرس:

"فقالوا له: ما جاء بكم؟

"فقال: الله ابتعثنا لنخرج من شاء من عبادة العباد إلى عباد الله، ومن ضيق الدنيا إلى سعتها، من جور الأديان إلى عدل الإسلام، فأرسلنا بدينه إلى خلقه لندعوهم إليه، فمن قبل ذلك قبلنا منه ورجعنا عنه، ومن أبي قاتلناه أبدا حتى نفضي ـ إلى موعود الله..." [1]. وقد تجاوز ربعي الحديث عن الجزية لمن شاء البقاء على دينه، وكان أحد المسلمين قد بين لهم ذلك قبل يوم من ذهاب ربعي إليهم. إن التبليغ هو هدف مرحلي أو وسيلة للوصول إلى الهدف الأسمى وتحقيقه: عبادة الله وحده من غير شرك، الكم بما أنزل على رسول الله صلى الله عليه وسلم من أحكام يجب العمل بها. فالتبليغ والدعوة صارا وسيلة لخدمة الهدف الأسمى.

إن هذه الوظيفة الهامة لدولة الإسلام في عهد عمر هي وظيفة أساسية لكل حكومة إسلامية في جمع العصور، ولا تسقط عن أية حكومة في ديار الإسلام إلى أن يرث الله الأرض ومن عليها.

---

(١) ابن كثير، البداية والنهاية. بيروت: دار الكتب العلمية ب.ت، ج ٢، ص ٤٠.

وظيفة تعليم القرآن والسنة:

إن هذه الوظيفة الإدارية أو الحكومية هي مرحلة لاحقة لوظيفة التبليغ تابعة لها، فبعد أن يدخل الناس في دين الله، فإن على الإدارة الإسلامية أو الحكومة الإسلامية أن تعلم المؤمنين تعاليم دينهم وأحكامه، كما جاء في كتاب الله تعالى وسنة نبيه.

وقد أدركت إدارة عمر رضي الله عنه مكانة هذه الوظيفة – الواجب حق الإدراك، وقامت بها أحسن قيام، فجعلت أجب أعلى رجل إداري في المدينة والمصر ـ الكورة أن يعلم الناس شؤون دينهم ويفقههم فيه، ولذلك أمكن حكومة عمر رضي الله عنه أن تقوم بإنجازات كثيرة وكبيرة، لأن التعليم هو الوظيفة الأساسية التي ترفع كفاءات جميع الأمة في الأداء الصحيح لكل عمل يقومون به، وإن كانوا قطاعا خاصا في لغة العصر الحاضر، لأنه لا يمكن الفصل إلا نظريا بين القطاعين، لاعتماد أحدهما على الآخر اعتمادا مصيريا التحاميا، لأنهم بمجموعهم هم الأمة، الراعي والرعية.

وقد كان إعداد الأمة واجبا حتى تتمكن من القيام بتلك الأعباء، بالتعليم الشامل لجميع المسلمين، وفي ميع أباب الفقه والأحكام التي جاء بها القرآن الكريم والسنة النبوية في الإدارة والسياسة والاجتماع والاقتصاد والمال والأمر بالمعروف والنهي عن المنكر والجهاد في سبيل اله، وقد رأينا أن القرآن الكريم قد نظم حياة الأمة، جماعة وأفرادا، لتحقيق أكثر خير في حياتهم الدنيا أخراهم.

وقد كان عمر رضي الله عنه يقرب القراء الفقهاء في مجلسه ويشاورهم في أمور المسلمين، ومنهم عبد الله بن مسعود، وأبي بن كعب، وعبد الله بن عباس.

وكان توجيهات عمر الإدارية واضحة كل الوضوح في أن واجبات أمراء الأمصار هي تعليم المسلمين دينهم وسنة نبيهم، ومثال ذلك ما أخرجه القاضي أب يوسف في كتاب الخراج عن عمرو بن ميمون، قال خطب عمر بن الخطاب الناس فقال:

"إني و الله ما أبعث إليكم عمالي ليضربوا أبشاركم، ولا ليأخذا أموالكم، ولكني أبعثهم إليكم ليعلموكم دينكم وسنة نبيكم، فمن فعل سوى ذلك فليرفعه إلي، فو الذي

نفسي بيده لأقصنه منه"[1].

فأمير المؤمنين عمر رضي الله عنه ـ يحصر ـ عمل عمال الدولة الذين يبعثهم إلى الأمصار في تعليم الناس دينهم وسنة نبيهم، فهو أهم واجباتهم الإدارية، لا أن يضربوهم أو يأخذوا أموالهم. وهذا من قبيل تقديم الأهم على المهم، فمن واجبات الإدارة تحصيل زكاة الأموال من الأغنياء وردها على الفقراء كماس يأتي، وكما أشرنا إليه في الفصل السابق، كما أن من واجبات العمال أن يعاقبا المسيء بالعقوبة المحددة في القرآن الكريم والسنة المطهرة، لكن تعليم الناس يبقى في قمة الواجبات لكل رجل إداري في عهد عمر رضي الله عنه.

وكان عمر رضي الله عنه من علم من أصحاب رسول الله صلى الله عليه وسلم، فكان يُسأل عن الدين فيجيب، ويرى الخطأ فيصححه، والشواهد على ذلك كثيرة، نذكر منها ما رواه البيهقي في السنن أن جماعة اجتمعت خارج مكة في الحج، فحانت الصلاة، فتقدم رجل من آل أبي السائب، أعجمي اللسان، فأخره المِسور بن مخرمة، وقدم غيره، فبلغ ذلك عمر فلم يعرفه بشيء حتى جاء المدينة، فلما جاء المدينة عرفه بذلك، فقال: أنظرني يا أمير المؤمنين، أن الرجل كان أعجمي اللسان، وكان في الحج، فخشيت أن يسمع بعض الحجاج قراءته فيأخذ بعجمته، فقال: أو هناك ذهبت؟ قال: نعم. قال أصبت[2].

ففي هذا الخبر نجد أن عمر رضي الله عنه يتحلى بأخلاق الإسلام، ولا يذكر لمسور شيئا في مكة، ويؤجل ذلك إلى أن يصل المدينة، فيبحث معه الأمر، كأنه يعتب عليه أن يقدم رجلا للصلاة ويؤخر آخر، فيبين له المسور اجتهاده في الأمر. وأنه خشي ـ أن يأخذ ناس من الحجاج بعجمة القارئ، وأن الأولى أن يتعلموا قراءة العجمة فيها، فيقره عمر على هذا الاجتهاد، ويصوب رأيه، فالناس يتعلمون مما يسمعون ومما يرون.

_____

(١) أبو يوسف، كتاب الخراج، بيروت: دار المعرفة، ١٣٩٩ هـ (١٩٧٩م)، ص ١٥٥، وابن سعد، مرجع سابق، ج ٣ ص ٢٨١.

(٢) محمد عبد العزيز الهلاوي، فتاوى وأقضية أمير المؤمنين عمر بن الخطاب. القارة: مكتبة القرآن، (١٤٠٥هـ)، ص ص ٤٩ – ٥٠.

والإداري الناجح هو الذي يسلك سلوك المسور رضي الله عنه، وسلوك عمر رضي الله عنه في استجلاء ما أشكل عليه تعليله. يسير على مبدأ التعليم بالقدوة.

وكان عمر رضي الله عنه يقدم قارئ القرآن، كما كان عماله يقدمون القراء في الأعمال العامة ولو كانوا من الموالي. ونكتفي بذكر مثل أحد على ذلك، فقد روى البيهقي في السنن أن نافع بن عبد الحارث والي مكة، لقي عمر بعُسْفان، فسلم على عمر، فقال له عمر: من استخلفت على أهل الوادي؟ فقال: عبد الرحمن بن أبزى، فقال عمر: من أين أبزى؟ فقال نافع: مولى من موالينا. فقال عمر: واستخلفت عليهم مولى؟ فقال: يا أمير المؤمنين، أنه قارئ لكتاب الله وعالم بالفرائض. فقال عمر: أما أن رسول الله صلى الله عليه وسلم، قد قال: "إن الله يرفع بهذا الكتاب أقواما ويضع به آخرين"[1]. فعبد الرحمن ابن أبزى، المولى، رفعه القرآن حتى صار واليا لمكة نيابة عن نافع حتى يرجع، لأنه عالم بالفرائض، قارئ للقرآن.

أن تقديم العلماء هو واجب الإدارة الإسلامية في عهد عمر وفي جميع العهود، وإلا فقدت الإدارة إحدى خصائصها الإسلامية الأساسية.

ويمكننا اتباع وظيفة الإدارة بالأمر بالطاعات والنهي عن المعاصي ضمن واجب التعليم لتشابه الواجبين، ونذكر على ذلك مثالا واحدا، رواه القاضي أبو يوسف، أن عمر خطب فقال:

"وأن أحق ما تعهد به الراعي من رعيته تعهدهم بالذي لله عليهم في وظائف دينهم الذي هداهم الله له، وإنما علينا أن نأمركم بما أمركم الله به من طاعته وأن ننهاكم عما نهاكم الله عنه من معصيته، وأن نقيم أمر الله في قريب الناس وبعيدهم ولا نبالي على من مكان الحق"[2].

والراعي هنا هو رجل الإدارة، وأحق عمله أن يأمر الرعية بما أمرهم الله به من الطاعات، وأن ينهاهم عما نهاهم الله عنه من المعاصي، وأن يعدل بينهم.

(1) المرجع السابق، ص ٥٠.
(2) أبو يوسف، مرجع سابق، ص ١٣.

إدارة العبادات الأساسية في عهد عمر: أهم الإدارات وأخصها.

إن إقامة العبادات الأساسية التي بني عليها الإسلام هي أخص الواجبات الأساسية التي فرضها اللـه على رسوله صلى اللـه عليه وسلم وعلى خلفائه من بعده، وأن الإدارة لا تكون إسلامية إلا إذا أدت واجباتها نحو إقامة الـدين بإقامة أركانه وهـي: الصـلاة والزكاة والصوم والحج، أما الركن الأول والأهم، وهو الإيمان، فإن واجب حفظه في الأمـة يكون بمنع الفتنة - أي الشرك باللـه - وأسبابها في المجتمع المحـلي والـدولي والعـالمي، ومعاقبـة المرتدين والمفسدين للعقائـد الإسلامية في المجتمـع بالعقوبـات المحـددة في الشرع.

ونتحدث عن العبادات الأساسية وواجب الإدارة نحوها باختصار.

إقام الصلاة: إن مـن واجبـات الإدارة الإسلامية أن تقيم الصـلاة، وتحافظ عليهـا، وواجب على رجال الإدارة العليا أن يكونوا أمّة الناس، وقد كان عمر رضي اللـه عنه يؤم الصلاة في المدينة وكان أمراء الأمصار هـم الأئمّة في أمصارهم، ولـذلك يشـترط في رجـل الإدارة العليا أن يكون عالما فقيها بالدين وبأحكام الصلاة والتلاوة.

وكانت إمامة الصلاة سببا في زيادة عمالة الوالي. ونذكر خبرا واحدا يبين ذلك. فقد جاء في أخبار عمر نقلا عن كتاب سراج الملوك للطرطوشي أن عمر فضل عمار بـن يـاسر حين كان واليا على الكوفة في الجرايـة - أي فيـما أجـراه عليـه؛ لأنـه كـان عـلى الصـلاة، فأجرى عليه في كل يـوم نصف شـاة ورأسـها وجلدها وأكراعها ومعه نصف جريـب، بالإضافة إلى ستمائة درهم في كـل شهر، بيـنما كانت جرابة عبد اللـه بـن مسعـود وعثمان بن حنيف أقل من ذلك فكانت، مائة درهم في الشهر وربع شاة في اليوم[1].

ومـن واجبـات الإدارة في الإسلام تهيئـة المسـاجد وتوسـيعها وفرشـها وإضـاءتها، وتوظيف المؤذنين وتوفير المياه لاستعمالات المصلين.

جمع الزكاة وتوزيعها: وهذا واجب إداري أساسي. فالزكاة ركن مـن أركان الـدين كالصلاة، وقد فرضها اللـه في أموال الأغنياء، وقاتل أبوم بكر من منعها. وقد كان

---

(١) علي الطنطاوي وناجي الطنطاوي، أخبار عمر (ط١). دمشق: دار الفكر، ١٣٧٩هـ (١٩٥٩ م)، ص ١٧١.

عمر رضي الله عنه يبعث عاملين على الزكاة، وقد بعث سفيان بن مالك ساعيا على الزكاة في البصرة، فمكت حينما ثم استأذنه في الجهاد، فقال: أولست في جهاد؟ قال: من أين والناس يقولون: هو يظلمنا؟ قال: وفيم؟ قال: يقولون بعد علينا السخلة. قال: فعدها وإن جاء بها الراعي على كتفه، قال أوليس تدع لهم الربى والأكيلة والماخض وفحل الغنم[1]. وهذه أنواع من الأنعام لا تحسب في المال ولا تؤخذ عنها زكاة.

وليست الزكاة كسائر المال العام الذي يأتي من الفيء والخراج والجزية، فمصارف الزكاة ثمانية سماها الله تعالى في كتابه العزيز، وقد كان عمر رضي الله عنه يرى أن الله قد أعز الإسلام في عهده، فلم يعطه المؤلفة قلوبهم، وكان أشار على أبي بكر الصديق بأن لا يصرف لمن كان يعطيهم الرسول صلى الله عليه وسلم المؤلفة قلوبهم[2]، فعمل أبو بكر بمشورة عمر.

صيام رمضان: وهو ركن من أركان الدين والحفاظ عليه اجب إداري، فعلى الإدارة العامة مراقبة هلاله، ومراقبة هلال شوال، ومراعاة حرمته ومعاقبة منتهكي الصيام، فقد قال عمر لنشوان في رمضان: ويلك وصبياننا صيام؟ فضربه[3]. والنشوان هو السكران لأول مرة (المعجم الوسيط). مما يدل على مسؤولية الإدارة عن تحقيق الصيام في المجتمع وفق أحكام الشريعة.

وكان عمر رضي الله عنه يسأل عن صيام أهل الأمصار، لأنها مسؤوليته. فقد روى عبد الرزاق أن عمر بن الخطاب رضي الله عنه سأل: هل يعجل أهل الشام الفطر؟ قالا: نعم. قال: لن يزالا بخير ما فعلوا ذلك[4].

حج البيت: وهذا الركن الأساسي من الدين، واجب إداري ثابت. وهو مدرسة اجتماعية وسياسية وإدارية، وقد كان موضع اهتمام عمر رضي الله عنه، حتى أنه حج جميع سنوات خلافته، فكان أمام الناس في الحج، وكان يحب الأفراد بالحج، فقد روى ابن

(١) أبو يوسف، مرجع سابق، ص ٨٢.

(٢) محمد عبد العزيز الهلاوي، مرجع سابق، ص ص ٩٠ - ٩١.

(٣) الإمام البخاري، مرجع سابق، ج ٣، ص ٣٣.

(٤) محمد عبد العزيز الهلاوي، مرجع سابق، ص ٩٥.

كثير في تفسيره عن الزهري، قال: بلغنا أن عمر قال في قوله تعالى: ﴿ وَأَتِمُّوا الْحَجَّ وَالْعُمْرَةَ لِلَّهِ ﴾: من تمامها أن تفرد كل واحد منهما عن الآخر، وأن تعتمر في غير أشهر الحج[1]. فكان يحب أن يزار البيت الحرام في غير شهور الحج.

وكان يعقد المؤتمرات لعماله في موسم الحج، فيتداولون في شؤون المسلمين، ويطلب عمر من الناس أن يرفعوا إليه شكاواهم على أمرائهم ليحكم فيها.

إن موسم الحج هو بمنزلة عالم مصغر عن جميع الشعب والألوان واللغات يعقد كل عام، ففيه منافع عظيمة للمسلمين في جميع الأمور. وعلى الغدارة العامة الاستفادة منه إداريا وعلميا وسياسيا.

إدارة الأمن الداخلي للدولة في عهد عمر:

إن تحقيق هدف الدولة الإسلامية من إقامة الدين وحفظ أركانه لتوفير جو العبادة للناس لا يمكن أن يتم إذا لم يكن الناس في أمن شامل على أنفسهم وأموالهم وأعراضهم وعقولهم.

وقد أنزل الله الأحكام بحق من يعتدي على شيء من ضرورات الناس الخمس. وأن مسؤولية حفظ الأمن في الدولة يقع على جهازها الإداري، وأن مسؤولية إصدار الأحكام الخاصة بحفظ الأمن تقع على الجاز القضائي للدولة.

وقد كانت الأحكام تصدر في عهد عمر رضي الله عنه من القضاء وتنفذ على المخالفين بالعدل من قبل الإدارة في الدولة.

إن الأحكام التي تم تنفيذها في عهده رضي الله عنه ليست كثيرة، وكلنها متنوعة، وكانت الحدود تُدرأ بالشبهات، طاعة لأمر الرسول صلى الله عليه وسلم وفعله، فكان يقبل من المرتد أن يعود إلى الإسلام، لا يسرع إليه بضرب عنقه. ومثال ذلك ما رواه ابن الحكم أن عمرو بن العاص كتب إلى عمر بن الخطاب رضي الله عنه يسأله عن الرجل أسلم ثم كفر ثم

أسلم ثم كفر، حتى فعل ذلك مرارا، أيقبل منه الإسلام؟ فكتب إليه عمر: أن أقبل ما قبل الله منه ما أعرض عليه الإسلام، فإن قبل فاتركه، وإلا فاضرب عنقه[1].

وكان يقام الحد على القاتل، ولو اشترك في القتل نفر من الرجال. فقد روى مالك في الموطأ أن عمر بن الخطاب قتل نفرا خمسة أو سبعة برجل واحد، قتلوه وقتل غيلة، وقال لو تمالأ عليه أهل صنعاء لقتلتهم جميعا[2].

ويلاحظ الباحث قلة عدد الحوادث التي أقيم فيها حد الزنا في عهد عمر رضي الله عنه فقد كان الحد يُدرأ بالشبهات، فلم يقم الحد على المستكرهة ولا المجنونة، ولا ما فيه شبهة عقد الزواج. لكن مالكا روى في الموطأ أن عمر رضي الله عنه غرب في الزنا سنة، أما ابن حزم فقد روى عن عائشة رضي الله عنها أن ر جلد مائة وغرب عاما[3].

وقد نفذ حد القذف في عهد عمر رضي الله عنه، فقد جلد أبو بكر – أحد موال يثقيف الذين أعتقهم رسول الله صلى الله عليه وسلم – وشبل بن معبد البجلي ونافع ابن كلدة في كلامهم على المغيرة بن شعبة حين كان والي الكوفة.[4] وباستقامة عمر رضي الله عنه ورجال إدارته أمكن حفظ الأعراض وإضاعة الأمن بدل الخوف.

وكان السارق يقطع في عهده رضي الله عنه، وقد روى عبد الرزاق وابن حزم أن عمر رضي الله عنه أتى برجل قد سرق فقطعه، ثم أتي به ثانية وقد سرق فقطعه، ثم أتي به الثالثة، فأراد أن يقطعه، فقال له علي رضي الله عنه: لا تفعل، إنما عليه يد ورجل، فالله تعالى يقول: ﴿ إِنَّمَا جَزَاءُ الَّذِينَ يُحَارِبُونَ اللَّهَ وَرَسُولَهُ وَيَسْعَوْنَ فِي الْأَرْضِ فَسَادًا أَن يُقَتَّلُوا أَوْ يُصَلَّبُوا أَوْ تُقَطَّعَ أَيْدِيهِمْ وَأَرْجُلُهُم مِّنْ خِلَافٍ ﴾ فلا ينبغي أن تدعه ليس له قائمة يمشي عليها ولا يأكل بها، فإما أن تعزره، وإما أن تستودعه السجن، فاستودعه عمر

---

(١) المرجع السابق، ص ص ١٩٢ - ١٩٣. نقلا عن حياة الصحابة، ج ١، ص ٣٦.

(٢) المرجع السابق، ص ١٩٨.

(٣) المرجع السابق، ص ص ١٧٢ - ١٧٣. ومعنى التغريب الإبعاد من الوطن إلى بلد آخر (أي النفي).

(٤) المرجع السابق، ص ص ١٦٦ - ١٦٧.

السجن[1].

ففي هـذا الخـبر فقـه إداري بحـد العقوبـات في السـرقة، وأنـه لا يجـوز أن يبقـى السارق بغير رجل يمشي عليها ويد يأكل بها، وأن الحبس، هو العقوبة الأخيرة.

ومن مسـؤوليات الإدارة العامـة منـع الاتجـار بالخمر أو تصنيعهـا، حسب أحكا الشريعة، ومن مسـؤولياتها إقامة الحد على المخالفين. وقد قامت إدارة عمر بوابها تجاه هذه المسؤولية. فقد روى البخاري، عن السائب بن يزيد، قال: كنـا نـؤتى بالشـارب علـى عهد رسول اللـه صلى اللـه عليـه وسلم وإمرة أبي بكر، وصدرا من خلافـة عمـر، فنقـوم إليه بأيدينا ونعالنا وأرديتنا، حتى كان آخـر إمـرة عمـر، فجلد أربعـين، حتـى إذا عتـوا وفسقوا جلد ثمانين[2].

إن تشديد العقوبة، لا تخفيفها، هو الأمـر الـذي سـار عليـه عمـر في خلافتـه، لأنه يحمل مسؤولية حفظ الأمن لعقول الناس ولم يكن يترك شريفا ولا وضيعا، فقد روى ابن حزم في المحلى عن البصري قال: شهد الجارود على قدامة بن مظعون أنه شرب الخمر، وكان عمر قد أمر قدامة على البحرين، فقال عمر للجارود: من يشهد معك؟ قال علقمة الخصي.. فأمر به فجلد[3]. فغاضب قدامة عمر وهجره، وكان خال ابن عمر وحفصة. وهذا هو العدل في القضاء والإدارة الذي يميز عهد عمر رضي اللـه عنه.

---

(١) المرجع السابق، ص ١٧٩.

(٢) المرجع السابق، ص ١٨٤.

(٣) المرجع السابق، ص ص ١٨٦-١٨٧.

إدارة الأمن الخارجي في عهد عمر: الجهاد في سبيل الله وسدّ الثغور

إن هذا الواجب الإداري الهام أشبه بـوزارة الـدفاع في الدولة المعـاصرة. وهـو في الإسلام ذو منزلـة رفيعـة، وهـو فرض كفايـة عـلى المسلمين، أي أن الإدارة العامـة هـي المعنية والمسؤولة عن القيام عليه والإعداد لـه وتنفيـذه، والجهـاد في سبيل الله هـو سبيل حفظ مصالح الأمة، وحفظ دينها وكرامتها وذراريها وأموالها وديارها.

وهو السبيل الذي حمل أمة الإسلام إلى الآفاق. وقد كان عمر رضي الله عنه مثالا يحتذى في إعداد الأمة توجيها لأداء هذه الفريضة، وقد كان يسير في القيام عليها بسيرة صاحبيه من قبله رسول الله صلى الله عليه وسلم وأبي بكر الصديق. فقد روى أب يوسف بسنده عن سليما بن بريدة أن عمر بن الخطاب رضي الله عنه كان إذا اجتماع إليه جيش من أهل الإيمان بعث عليهم رجلا من أهل الفقه والعلم، فاجتمع إليه جيش فبعث عليهم سلمة بن قيس فقال.

"سر بسم الله تقاتل في سبيل الله من كفر بالله، فإذا لقيتم عدوكم من المشركين فادعوهم إلى ثلاث خصال: ادعوهم إلى الإسلام، فإن أسلموا فاختاروا دارهـم في أموالهم الزكاة. وليس لهم في فيء المسلمين نصيب، وإن اختاروا أن يكونـوا معكم فلهـم مثل الذي لكم وعليهم مثل الذي عليكم، فإن أبوا فـادعوهم إلى إعطـاء الجزيـة، فإن أقروا بالجزيـة فقـاتلوا عـدوهم مـن ورائهـم وفرغـوهم لخراجهـم، ولا تكلفوهم فـوق طاقتهم، فإن أبوا فقاتلوهم، فإن الله نـاصركم عليهم، وأن تحصنوا منكم في الحصـن فسألوكم أن ينزلوا على حكم الله وحكم رسوله فلا تنزلوهم على حكم الله ولا حكم رسوله، فإنكم لا تدرون ما حكم الله وحكم رسوله فيهم، وإن سـألوكم أن تنزلوهم على ذمة الله وذمـة رسوله، فيهم، وإن سألوهم أن تنزلوهم عـلى ذمة الله وذمـة رسوله، فلا تعطوهم ذمة الله وذمة رسوله، وأعطوهم ذمم أنفسكم، فإن قاتلوكم، فل تغدروا لا تمثلوا ولا تقتلوا وليدا"[(١)].

_____

(١) أبو يوسف، مرجع سابق، ص ص ١٩٣ - ١٩٤.

إن في هذا التوجيه الإداري إتباع للسنة النبوية، فقد ذكر نحو هذا النص عن رسول الله صلى الله عليه وسلم، وقد أخرجه مسلم في صحيحه. ونلاحظ أن الجهاد هو باب من أبواب نشر الإسلام، وهو باب من أبواب توسيع موارد الدولة الإسلامية، وهو باب لحفظ مكانة الأمة المسلمة عالية مصانة مهابة من الأعداء. ونلاحظ في الكتاب تحديد لمسؤولية الأمير وسلطته، فلا يعطي العدو ذمة الله وذمة رسوله لا حكم الله وحكم رسوله، ولا ذمة أمير الجيش ومن معه وحكمهم.

ثانياً: أوليات إدارة عمر بن الخطاب التنظيمية التحسينية[1].

بينت الأحكام الشرعية واجبات الحكومة الإسلامية في الإدارة العامة في عهد عمر وجميع العهود، وقد بحثناها آنفا، وإضافة إلى ذلك، قامت إدارة عمر بن الخطاب رضي الله عنه بعدد كبير من الأعمال التنظيمية التحسينية التي تعرف بالأوليات، فهو أول من أرخ بالهجرة النبوية، وأول من نظم الخراج والجزية على الأرضين المفتوحة، وأول من نظم خدمات الضيافة لمن ينزل بالخليفة في المدينة، وأول من نظم خدمات للمسافرين بين مكة والمدينة بتوفير المياه وغيرها.

وهو أول من نظم صلاة قيام رمضان على الصورة التي بقيت عبر العصور إلى اليوم.

وهو أول من أدخل نظام المواصلات البحرية بين مصر الحجاز، بحفر خليج أمير المؤمنين في عهده، فحمل الطعام في السفن بين مصر والجار على ساحل الحجاز.

وهو أول من أدخل أمر تشديد العقوبات على المخالفين لأحكام الدين لزيادة الردع وحفظ الأمن الداخلي في الدولة. فزاد عقوبة الخمر تعزيزا وليس حدا.

وهو أول من فرض هيبة الحكم بأيسر الإدارات، فحمل الدرة، حتى قيل: لدرة

---

(١) ابن سعد، مرجع سابق، ج ٣، ص ٢٨٢، والإمام السيوطي، مرجع سابق، ص ص ١٣٦ – ١٣٧، وابن الجوزي، مرجع سابق، ص ص ٦١ – ٦٣، وعلي الفظاوي وأخوه، مرجع سابق، ص ص ٢٥٢ – ٢٥٩.

عمر أهيب من سيوفكم، وأل من عس بالليل.

وهو أول من نظم مجتمع الجزيرة العربية، فجعله مجتمعا إسلاميا خالصا تنفيذا لأمر رسول الله صلى الله عليه وسلم قبل وفاته بإخراج المشركين من جزيرة العرب.

وهو أول من دون الدواوين، وكتب الناس على قبائلهم، وفرض لهم الأعطية من الفيء وقسم القسوم بين الناس.

وهو أول من مصّر الأمصار، أي بناها، فبنى الكوفة والبصرة والجزيرة الشام مصر ـ والموصل وأنزلها العرب، وخط الكوفة والبصرة خططا للقبائل.

وهو أول من فصل القضاء عن الإمارة أو الإدارة بلغة اليوم، فاستقضى ـ القضاة في الأمصار.

وفيما يلي نبحث في هذه الأوليات أو الاستحداثات التنظيمية بإيجاز.

تنظيم التاريخ:

ولم يكن العرب يؤرخون بتأريخ خاص بهم، وكان أمير المؤمنين عمر رضي الله عنه يكتب إلى أمراء الأمصار من غير أن يذكر لها تاريخا، فكتب أبو موسى الأشعري أحد ولاة الكوفة والبصرة إلى أمير المؤمنين عمر يقول: إنه تأتينا من قبل أمير المؤمنين كتب ليس لها تاريخ، فلا ندري على أيها نعمل[1].

وجاء في خطط المقريزي وغيره أنه كان عند عمر عامل جاء من اليمن فقال لعمر: أما تؤرخون؟ إني رأيت باليمن شيئا يسمونه التاريخ، يكتبون من عام كذا وشهر كذا. فقال عمر أن هذا لحسن، فأرخوا[2].

وجاء في خطط المقريزي وغيره أن عمر جمع وجوه الصحابة لمشاورتهم في توقيت قسمة الأموال بعد أن كثرت، فقال بعضهم: اكتبوا على تاريخ الروم، وقالوا: يجب أن يعرف ذلك من رسوم الفرس، فاستحضر عمر الهرمزان وسأله عن ذلك، فقال: إن لنا

---

(١) علي الطنطاوي وناجي الطنطاوي، مرجع سابق، ص ٢٥٥، نقلا عن تدريب الراوي وغيره.
(٢) المرجع السابق، نفس الصفحة.

حسابا نسميه ماه روز (أي حساب الشهور والأيام). عند ذلك أراد عمر والناس أن يكتبوا من مبعث رسول الله صلى الله عليه وسلم، أو من وفاته، أو من مولده، وقال علي رضي الله عنه: منذ خرج النبي صلى الله عليه وسلم من أرض الشرك، يعني يوم هاجر.

فاتفقوا على أن يكون المبدأ من سنة الهجرة.

واختلفوا من أي شهر يبدأون السنة. فقال عثمان رضي الله عنه: أرخوا من المحرم أول السنة، وهو شهر حرام، وأول الشهور في العدة، و منصرف الناس عن الحج[١].

فلما عزموا على تأسيس الهجرة رجعوا القهقرى ثمانية وستين يوما وجعلوا التأريخ من أول محرم هذه السنة، ثم أحصوا من أول يوم في محرم إلى آخر عمرُ رسول الله صلى الله عليه وسلم فكان عشرين وشهرين وكتب التاريخ لستة عشرة من المحرم[٢].

تنظيم صلاة قيام رمضان:

صلى رسول الله صلى الله عليه وسلم صلاة قيام رمضان ثلاث ليال، والناس يصلون بصلاته، وهي صلاة تطوع ونافلة، فخشي رسول الله صلى الله عليه وسلم أن تكتب عليهم فيعجزوا عنها، فتوفي رسول الله صلى الله عليه وسلم والأمر على ذلك، ثم كان الأمر على ذلك في خلافة أبي بكر، وصدرا من خلافة عمر رضي الله عنهما[٣].

إن حس عمر التنظيمي أبي أن تبقى الصلاة في قيام رمضان على غير نظام. فلماذا لا ينظمها؟

وأخرج البخاري بسنده عن عبد الرحمن بن عبد القاري - وكان من عمال عمر، يعمل مع عبد الله الأرقم على بيت مال المسلمين.

أنه قال:

―――――――――――――――

(١) المرجع السابق، ص ٢٥٦ نقلا عن عدد من المراجع.
(٢) المرجع السابق، ص ٢٥٧.
(٣) الإمام البخاري، مرجع سابق، ج ٣، ص ص ٣٩ - ٤٠.

"خرجت مع عمر بن الخطاب رضي اللـه عنـه ليلة في رمضان إلى المسجد فإذا الناس أوزاع متفرقون، يصلي الرجل لنفسه، ويصلي الرجل فيصلي بصلاته الرهط، فقال عمر: إني أرى لو جمعت هؤلاء على قارئ واحد لكان أمثل، ثم عزم فجمعهـم علـى أبي بن كعب، ثم خرجت معه ليلة أخرى والناس يصلون بصلاة قارئهم، قال عمر: نعم البدعة هذه، والتي ينامون عنها أفضل من التي يقومون - يريد آخر الليل وكان الناس يقومون أوله"[1].

إن حس التنظيم الذي فطر عليه عمر ونماه الـدين الحنيف أبى أن يبقى النـاس أوزاعا متفرقين، فاجتهد وجمعهم على إمـام واحد، هـو أبي، لأنه أقـرأ القـراء، العارفين بكتاب اللـه، فهو من أهل الاختصاص، وهو أقرأ من عمر نفسه، ووصف عمـر هـذه البدعة، فقال نعم البدعة هذه! وفي هذا فقه إداري عظيم!

وهنا قد يتساءل متسائل: هل كان عمر مبتدعا في الدين؟

وجواب الباحث على ذلك أن عمر رضي اللـه عنـه كـان متبعا ولم يكن مبتدعا، فجميع أعماله التنظيميـة في العبـادات والعقوبـات والمصالـح العامـة للمسلمين كانت نابعة من كتاب اللـه وسنة نبيه صلى اللـه عليه وسلم ومتفقة معهـا ومـع مقاصد الشرع، وقد ذكرنا أن رسول اللـه صلى اللـه عليه وسلم قال: "لو كان بعدي نبي لكان عمر بن الخطاب، وذكرنا مواقف عديدة لعمر وافق فيها القرآن قبل أن ينـزل، فنـزل القرآن بما كان يرى عمر رضي اللـه عنه.

وأخرج البخاري أن شيبة - أحد رواة الحديث،[2] ولعله شيبة بن نصاح، أحد القراء من التابعين - جلس إلى عمر في المسجد، فقال (أي عمر): هممت أن لا أدع فيها صفراء ولا بيضاء إلا قسمتها بين المسلمين، قلت ما أنت بفاعل. قلت: لم؟ قلت لم يفعله

(١) المرجع السابق، ص ص ٣٩ - ٤٠، والزيادة بالتعريف بعبد الرحمن بن عبد القاري عن ابن الجوزي، مرجع سابق، ص ٦٤.

(٢) ابن حزم، مرجع سابق، ص ٢٦٩.

صاحباك. قال: هما المرآن يقتدى بهما[1].

فاقتدى عمر بن الخطاب بالنبي صلى الله عليه وسلم وقبل الحجر وقال: "لولا أني رأيت رسول الله صلى الله عليه وسلم قبلك ما قبلتك"[2].

ولا تناقض بين أوليات عمر وحديث رسول الله صلى الله عليه وسلم الذي رواه أبو داود والترمذي: "... فعليكم بسنتي وسنة الخلفاء الراشدين المهديين، عضوا عليها بالنواجز، وإياكم ومحدثات الأمور فإن كل بدعة ضلالة"[3] لأن سنة عمر مأمور باتباعها في نص الحديث نفسه، كل ما صدر عن عمر من أعمال وسنن فقد أوصى الرسول صلى الله عليه وسلم باتباعها، لأنها توافق سنة النبي صلى الله عليه وسلم وهديه.

وقد أخرج أصحاب النبي حديث رسول الله صلى الله عليه وسلم: "الخلافة ثلاثون عاما، ثم يكون بعد ذلك الملك "وأن العلماء يرون أن هذه المدة هي خلافة الخلفاء الأربعة وأيام الحسن بن علي رضي الله عنهم"[4].

فسنة عمر رضي الله عنه واجبة الاتباع، وليست بدعة ضالة.

تنظيم بعض العقوبات بالتشديد (تعزيرا بقصد الردع):

إن تنفيذ العقوبات التي جاءت بها الأحكام الشرعية شرط لحفظ الأمن في المجتمع، وإلا لم يأمن الناس على أنفسهم وأموالهم وأعراضهم، وقد نفذت حكومة عمر رضي الله عنه العقوبات كما جاءت في الكتاب والسنة، ولكن شاربي الخمر لم تردعهم العقوبة التي أوقعها رسول الله صلى الله عليه وسلم وخليفته أبو بكر الصديق رضي الله عنه، فسن عمر تشديد العقوبة لردع المخالفين وحفظ الأمن والنظام العام، فهو أول من ضرب في الخمر ثمانين، وأول من اشتد على أهل الرِّيب والتهم، وأحرق بيتا لأحدهم، وغرب آخر، وكان

---

(١) الإمام البخاري، مرجع سابق، ج ٩، ص ٧٥.
(٢) المرجع السابق، ج ٣، ص ١٢٧.
(٣) النووي، رياض الصالحين، (القاهرة): (ب.ن)، (ب.ت)، ص ٩٥.
(٤) السيوطي، مرجع سابق، ص٩.

صاحب شراب، فدخل أرض الروم فارتد،(١) فقيل إنه لم يغرب بعدها أحدا خوفا من أن يؤدي التغريب إلى ما هو أسوأ على المجتمع والأفراد من الشرب!

تنظيم الخدمات العامة في المدينة ومكة:(٢)

ومن أفكار عمر التنظيمية التي لم يسبق إليها، اتخاذه دار الدقيق، وهي دار للضَّيف والمنقطع بأمير المؤمنين، وجعل فيها السويق والتمر والزبيب وما يحاج إليه الضيف.

ووضع عمر في طريق السبل ما بين مكة والمدينة ما يصلح من ينقطع، كالمياه.

وحين استأذنه أهل الطريق بين مكة والمدينة بالبناء أذن لهم، قال: ابن السبيل أحق بالماء الظل.

وفي عام الرمادة وفر الطعام من مصر ومن غيرها لأهل الحجاز وتهامة.

كتب عمر إلى عمرو بن العاص يستغيثه، فكتب إليه عمرو:

"... لا بعث إليك بعير أولها عندك وآخرها عندي"، فلما قدم ألو الطعام كلم عمر بن الخطاب الزبير بن العام فقال له: تعترض للعير فتميلها إلى أهل البادية فتقسمها بينهم، فوالله لعلك ألا تكون أصبت بعد صحبتك رسول الله صلى الله عليه وسلم، شيئا أفضل منه. فأبى الزبير واعتل، فكلم عمر رجلا آخر من أصحاب النبي صلى الله عليه وسلم فلم يأب، فقال له عمر: أما ما لقيت من الطعام فمل به إلى أهل البادية، فأما الظروف فاجعلها لحفا يلبسونها، وأما الإبل فانحرها لهم يأكلون من لحومها ويحملون من ودكها - أي شحمها - ولا تنتظر أن يقولوا ننتظر الحيا - أي الخصب والمطر - وأما الدقيق فيصطنعون ويُحرزون حتى يأتي أمر الله لهم بالفرج(٣).

هذه نماذج للخدمات التي وفرها للمواطنين المحتاجين من الأمة في عهده، نكتفي بها خشية الإطالة.

(١) ابن سعد، مرجع سابق، ج ٣، ص ٢٨٢.

(٢) المرجع السابق، ص ٢٨٣، ص ٣٠٦، وص ص ٣١٠-٣١١.

(٣) المرجع السابق، ص ٣١٠ - ٣١١.

إعادة تنظيم أماكن سكنى مواطني الدولة من غير المسلمين في جزيرة العرب:

كان يسكن جزيرة العرب شعوب وقبائل عديدة، ويدينون بأديان عديدة، وأنزل الله تعالى في كتابه العزيز: ﴿ هُوَ الَّذِي أَرْسَلَ رَسُولَهُ بِالْهُدَىٰ وَدِينِ الْحَقِّ لِيُظْهِرَهُ عَلَى الدِّينِ كُلِّهِ وَلَوْ كَرِهَ الْمُشْرِكُونَ (٩) ﴾ [١]، وقد ظهر الإسلام على الدين كله في جزيرة العرب بالغلبة والنصر، كما ظهر على الدين في بلاد فارس والروم وغيرها، وقال العلماء: ومن الإظهار ألا يبقى دين سوى الإسلام في آخر الزمان [٢]. وليس هنا مناقشة هذا الأقوال أو التوسع فيها، وأن ما يعنينا هنا هو عهد عمر بن الخطاب، وأَمْرُ الرسول صلى الله عليه وسلم أصحابه بإخراج المشركين من جزيرة العرب [٣]. فكانت حكومة عمر رضي الله عنه هي التي نفذت أمر النبي صلى الله عليه وسلم، فأجلى عمر اليهود من الحجاز إلى الشام [٤]، وليست الشام من جزيرة العرب، ولكنها جزء من دار الإسلام، ورقعة الدولة، فالإجلاء هو تنظيم إقامة لهم لتخفيف الأذى عن المسلمين بقدر الإمكان.

وأما نصارى نجران، فقد وفدوا على رسول الله صلى الله عليه وسلم، وعاهدوه على أمور استمرت المعاهدة إلى أيام عمر فنقضوها، وخالفوا شروطها، واستحقوا بذلك الجلاء ثم أنهم طلبوا الجلاء بأنفسهم، ودفع لهم عمر تعويضا مضاعفا عن أملاكهم وأسكنهم العراق ناحية الكوفة وأسقط عنهم الجزية سنتين، ومنع عنهم الظلم، وقد ورد نص المعاهدة في فتوح البلدان، ومن بنودها أن لا يأكلوا الربا ولا يتعاملوا به فأصابوا الربا في خلافة عمر [٥].

---

(١) سورة الصف الآية ٩.

(٢) القرطبي، مرجع سابق، ج ١٨، ص ٨٦.

(٣) الإمام البخاري، مرجع سابق، ج ٤، ص ص ٧٨ – ٧٩، وج ٦ ص ٩.

(٤) ابن سعد، مرجع سابق، ج ٣، ص ٢٨٣.

(٥) علي الطنطاوي، وناجي الطنطاوي، مرجع سابق، ص ص ٢٠٩ – ٢١٠ نقلا عن فتوح البلدان.

وهنا قد يساء فهم معاملة عمر وإدارته للمشركين من أهل الكتاب سكان جزيرة العرب ولذلك يرى الباحث أن ينقل قول عمر رضي الله عنه الذي رواه البخاري، وكان عمر يوصي الخليفة من بعده:

(وأوصيه بذمة الله، وذمة رسوله صلى الله عليه وسلم أن يوفَّ لهم بعهدهم، وأن يقاتل مِنْ ورائهم، ولا يكلَّفوا إلا طاقتهم) [1].

فموطنوا الدولة من أهل الذمة لهم ما للمسلمين وعليهم ما على المسلمين، وقد أكثر العلماء في الحديث عن مكانتهم عند المسلمين [2].

هذا ولعمر بن الخطاب موقف من النصارى خارج جزيرة العرب نُسجله هنا للاستدلال بعدله وعطفه عليهم. فقد ولَّى عمر الوليدَ بن عقبة على عرب الجزيرة البلاد بين العراق وسوريا – فأراد الوليد أن يضيق على نصار تغلب حتى يدخلوا في الإسلام، فعزله عمر وكتب إليه: "إنما ذلك بجزيرة العرب لا يُقبَل منهم إلا الإسلام فدعهم على أن لا يُنَصِّروا وليدا، ولا يمنعوا أحدا منهم من الإسلام"وأمَّر عليهم فرات بن حيان وهند بن عمرو الجملي [3]. وغير ذلك من معاملات خاصة بنصارى تغلب، ذكرها أبو يوسف في كتاب الخراج، منها إسقاط الجزية عنهم [4].

تنظيم أماكن سكنى العرب ببناء الأمصار:

ذكرنا في باب التخطيط التنموي كيف خطط عمر رضي الله عنه خطط الكوفة والبصرة. وقد بنيتا حسب خطته التي شارك في وضعها وتنفيذها رجال مختصون بالتنزيل – أي بترتيب أماكن النزل للمجاهدين وذراريهم.

(١) الإمام البخاري، مرجع سابق، ج ٥، ص ١٥.
(٢) الدكتور محمد سلام مدكور، مرجع سابق، ص ص ٩٩ – ١٠٦.
(٣) ابن الأثير، مرجع سابق، ج ٢، ص ٥٣٣.
(٤) أبو يوسف، مرجع سابق، ص ١٢٠ وما بعدها.

ولم يقتصر العمل العمراني في إدارة عمر على بناء مدينة الكوفة والبصرة، بل مصرت في عهده كذلك عدة أمصار غيرهما هي الجزيرة - بين العراق وسوريا ناحية الرها - والموصل، والشام، ومصر، وجعلها أماكن سكنى العرب ممن خرج من جزيرة العرب للجهاد في سبيل الله، كما مصر البحرين والمدينة[1]. أن عمر رضي الله عنه فاق من سبقه بحجم الأعمار وبناء المساكن الذي أنجزه في عهده. ولم تكن خططه التنموية حبرا على أدم، بل كانت واقعا حيا في سنوات قليلة من بني الحكمة.

إعادة تنظيم أماكن العبادة (توسيع المساجد):

إن ازدياد السكان في عهد عمر حمله إلى إعادة النظر في مساحة المسجد النبوي المسجد الحرام. فهدمهما ووسعهما.

جاء في الكامل لابن الأثير أن عمر اعتمر سنة سبع عشرة، وبنى المسجد الحرام ووسع فيه، وأقام بمكة عشرين ليلة، وهدم على قوم أبوا أن يبيعوا، ووضع أثمان دورهم في بيت المال حتى أخذوها. وأمر بتجديد أنصاب الحرم، وهي العلامات التي تنصب عند حدوده، فأمر بذلك رجالا مختصين بهذا العمل منهم محرمة بن نوفل، والأزهر بن عبد عوف، وحويطب بن عبد العزى، وسعيد بن يربوع[2]. وذلك ابن سعد أن عمر آخر المقام - مقام إبراهيم - إلى موضعه اليوم، وكان ملصقا بالبيت[3].

وجاء في طبقات ابن سعد أن عمر رضي الله عنه هدم مسجد رسول الله صلى الله عليه وسلم، وزاد فيه، وأدخل دار العباس بن عبد المطلب فيما زاد، ووسعه وبناه لما كثر الناس بالمدينة[4].

وأخرج ابن سعد كذلك "أول من ألقى الحصى في مسجد رسول الله صلى الله عليه وسلم عمر بن الخطاب، وكان الناس إذا رفعوا رؤوسهم من السجود نفضوا أيديهم، فأمر عمر بالحصى

(١) ابن سعد، مرجع سابق، ص ٢٨٢ وص ٢٨٤.

(٢) ابن الأثير، مرجع سابق، ج ٢، ص ٥٣٧.

(٣) ابن سعد، مرجع سابق، ص ٢٨٤.

(٤) المرجع السابق، ج ٣، ص ٢٨٣.

فجيء به من العقيق فبسط في مسجد النبي صلى الله عليه وسلم"(١).

إن هذه الإنجازات التنظيمية في ميزان الخدمات لتحسين أماكن العبادة غنية عـن التعلق. ويذكر الباحث أنه شهد الحصى إلى عهد قريب في المسجد الحرام، ولعـل كثيرا من المعتمرين الحجاج يعرفون ذلك جيدا، ولم يستبدل الرخام بالحصى- إلا منـذ عقدين تقريبا، فصار المسجد الحرام مبنيا جميعه بالرخام. وكسا الكعبة بالقباطي – وهي ثياب بيضاء رقاق – وكان النبي صلى الله عليه وسلم كساها الثياب اليمانية(٢).

إعادة تنظيم الحدود الإقليمية بين البصرة والكوفة:

ومن أعمال عمر التنظيمية أنه أعاد تخطيط الحدود بين البصرة والكوفة، فقد جاء في الكامل لابن الأثير أن أهل الكوفة وأهل البصرة اختصموا. فادعى أهل البصرة قرى افتتحها أبو موسى – والي البصرة – دون أصبهان أيام أحدّ بـه عمر ابن الخطاب أهـل الكوفة. فقال أهل الكوفة: أتيتمونا مدادا، وقد افتتحنا البلاد فأنشبناكم – أي أشركنـاكم – في الغنائم، والذمة ذمتنا – وهم سكان القرى المفتوحـة – والأرض أرضنا. فقال عمـر صدقوا فقال أهل الأيام والقادسية ممـن سـكن البصرة: فلتعطونا نصيبنا ممـا نحن شركاؤهم فيه من سوادهم وحواشيهم. فأعطاهم عمـر مائـة دينار برضا أهـل الكوفة أخذها من شهد الأيام والقادسية(٣).

إن واجب إدارة الدولة أن تسوي الخلافات بين الأقاليم وأن تعيـد ترسـيم الحـدود بما يحقق العدل للسكان جميعا، من غير أن يأخذ أحد حقا أو خدمة ليست له.

فقد ذكر أن سبب الخصـومة بـين المصرـين يعـود إلى كـثرة أهل البصرة وعجـز خراجهم عنهم، فكتب أحد سكان البصرة واسمه عمر بن سراقة إلى عمر بن الخطاب أن يزيد أهل البصرة أحد الماهين أو ما سبذن. ولما بلغ أهل الكوفة ذلك، قالوا لعمار ابن ياسر، أمير الكوفة اكتب إلى عمران رامهرمز وايدج – مكنين في فارس – لنا دونهم ولم

---

(١) المرجع السابق، ص ٢٨٤.

(٢) علي الطنطاوي ناجي الطنطاوي، مرجع سابق، ص ١٦٢.

(٣) ابن الأثير، مرجع سابق، ج ٣، ص ٣١.

يعينونا عليها ولم يلحقونا حتى افتتحناها. ولكن عمارا رضي الله عنه لم يفعل، فأبغضه أهل الكوفة لذلك[١].

فكان تدخل عمر لحل النزاع بين المصرين، وإعادة تنظيم الحدود بما يحقق العدل، من إنجازات عمر الإدارية.

تنظيم الخراج والجزية:

إن عقل عمر الإداري المنظم، لم يترك زاوية من زوايا المصالح العامة، إلا ونظمها، ففي الحقل المالي، تبين لنا أنه أبى أن يقسم الأرضين بين المقاتلين كما تقسم الغنائم في المعسكر، وحين وقف في وجهة كبار أصحابة يعارضونه، لم يرضخ لهم، فأشاروا عليه بعقد مجالس مشاورات، كانت حصيلتها قراراً جماعياً إلى جانبه. فجاء دور تنفيذ القرار بأفضل الطرق. فبعث عثمان بن حُنيف فمسح الأرضين وجعل على جريب العنب عشرة دراهم، وعلى جريب النخل ثمانية دراهم، وعلى جريب الشعير درهمين. وجعل على الرأس – أي من أهل الذمة – اثني عشر درهما، وأربعة وعشرين درهما وثمانية وأربعين درهما، وعطل من ذلك النساء والصبيان[٢] والجريب: مكيال قدرة أربعة أقفزة[٣].

إن هذه التنظيمات المالية التي صدرت عن مختص لبيب، هو عثمان بن حنيف تختلف عن الأنظمة التي كانت متبعة من قبل، في مقاديرها تصنيفاتها، ويلاحظ أن أعلى قيمة هي عشرة دراهم وأدناها درهمان، وتتدرج بين ذلك حسب القيمة لكل صنف في ذلك العهد.

---

(١) المرجع السابق، ص ص ٣٠ – ٣١.
(٢) أبو يوسف، مرجع سابق، ص ٢٦.
(٣) المعجم الوسيط، مرجع سابق، ص ١١٤.

أما الجزية على أهل الذمة، فقد كان أدناها اثنا عشر ـ درهـما في السـنة، أي درهـم واحد في الشهر، وأعلاها أربعة أمثال ذلك على الموسرين، ولم تؤخـذ مـن النسـاء ولا مـن الصبيان، فكانت تؤخذ من الرجال فقط.

وأخرج أبو يوسف أن عمر سأل عثمان بـن حنيـف، وحذيفـة بـن اليـمان ـ وكـان بعثه إلى ناحية جوخي لنفس الهدف ـ كيف وضعتما على الأرض؟ لعلكما كلفتـما أهل عملكما ما لا يطيقون قال حذيفة: قد تركت فضلا. وقال عثمان: لقد تركت الضعف، ولو شئت لأخذته [1].

فلم يقتصر عمل عمر على بعثهما إلى المسح ووضع أنظمة الخراج الجزيـة، ولكنـه تابع عملهما بالسؤال، ليطمئن على عدلهما، لأن عمـر لا يقبل ظلم أحـد مـن النـاس في محيط الدولة.

ويرى أن عمر اتخذا إجراء آخر لتحقيق العـدل، فسـمع لـرأي دهاقنـة البلاد أولا. فقد أخرج أبو يوسف أن عمر بـن الخطاب رضي اللـه عنه لـما أراد أن يمسح السـواد أرسل إلى حذيفة: أن أبعث إلي بدرهقان من جوخي، ومبعث إلى عثمان بـن حنيـف: أن ابعث إلي بدهقان من قبل العراق، فبعث إليه كل واحد منها بواحد، ومعه ترجمان من أهل الحيرة، فلما قدموا على عمر رضي اللـه عنه، قال: كيف كنتـم تـؤدون إلى الأعـاجم في أرضهم؟ قالوا: سبعة وعشرين درهما، فقال عمر رضي اللـه عنه: لا أرضى بهذا منكم، وضع على كل جريب عامر، أو غامر ـ والغامر [2] من الأرض خلاف العامر، والغامر، هـو ما غمره ماء أو رمل أو تراب، وصار لا يصلح للـزرع ـ يناله الماء قفيزا مـن حنطة أو قفيزا من شعير، ودرهما فمسحا على ذلك. فكانت مساحتهما مختلفة، كان عثمان عالـما بالخارج فمسحها مسح الديباج، وأما حذيفة فكان أهل جـوخي قومـا مناكير فلعبـوا في مساحته. وكانت جوخي يومئذ عامرة، فخرجت بعد ذلك وغارت مباهها وقلت منافعهـا وصارت وظيفتها يومئذ هينة لما كانوا عملوا مع حذيفة في مساحته.

---

(١) المرجع السابق، ص ٦٦٧.

(٢) مرجع سابق، ص ص ٣٧ ـ ٣٨.

هاتان روايتان عن تقدير الخراج على أرض العراق، وجاءتنا من مصدر فقهي وتاريخي احد، هو كتاب الخراج لأبي يوسف، ولسنا هنا في مقام التحقيق أي الروايتين أصح، فالهدف متحقق بأيهما أخذنا، وهو أن عمر رضي الله عنه بعث مختصين من المسلمين لتنظيم خراج الأرض والجزية في العراق، كان عملهما أكثر عدلا وإنصافا للمزارعين من أنظمة الفرس من قبل، أي أن عمر أجرى تحسينات خراجية على الأراضي المفتوحة بما هدى إليه بعلمه وفقهه المستمد من كتاب الله تعالى وسنة نبيه صلى الله عليه وسلم وصحبته للنبي الكريم عليه الصلاة والسلام.

تنظيم المالية العامة للدولة:

ونعني به تنظيم الموارد العامة والنفقات العامة للدولة. أما الموارد العامة فقد كانت: الخراج والجزية وخمس الغنائم والعشر والزكاة.

أما الخراج: فهو الفيء عند أبي يوسف [1] وقد تحدثنا آنفا عن تنظيمه ومقداره على أرض العراق، وهو في البلاد المفتوحة مشابه لخراج أرض العراق غالبا، ولا نرى ضرورة في التوسع في بحثه في أرض نجران أو الشام أو مصر، فمثال العراق يكفي.

وأما الجزية، فتؤخذ على رؤوس أهل الذمة من البالغين من الذكور، ولا تؤخذ من الصبيان والنساء كما جاء بذلك الخبر، ومقدار الجزية أقله اثنا عشر درهما، كما قدمنا، ثم يتضاعف على الأغنياء، حتى يبلغ ثمانية أربعين درهما [2].

وكانت الجزية تؤخذ من اليهود والنصارى المجوس الصائبين السامرة، ما خلا نصارى تغلب وأهل نجران خاصة [3] أما نصارى تغلب، فقد أخرج أبو يوسف أن عبادة بن نعمان التغلبي قال لعمر بن الخطاب، يا أمير المؤمنين: إن بني تغلب قد علمت شوكتهم، وأنهم بإزاء العدو، فإن ظاهروا عليه العدو اشتدت مؤنتهم أي جلبوا الشدة

(١) المرجع السابق، ص ٢٣.
(٢) المرجع السابق، ص ص ١٢٢ - ١٢٦.
(٣) المرجع السابق، ص ١٢٢.

على المسلمين – فإن رأيت أن تعطيهم شيئا فافعل. فصالحهم عمر على أن لا يغمسوا أحدا من أولادهم في النصرانية ويضاعف عليهم الصدقة، وعلى أن يسقط الجزية عن رؤوسهم[١].

ويستفاد من أقوال أبي يوسف أن ما أخذ من أهل الذمة من أموال فإن سبيلها كسبيل الخراج، تقسم كما يقسم الخراج[٢].

وأما الخمس، فهو خمس الغنائم التي تؤخذ من الأعداء في الحرب، فيأخذ المقاتلون أربعة أخماس الغائم، ويبعثوا بالخمس إلى بيت مال المسلمين المركزي، ولها مصارف بينها الله تعالى في كتابه.

وكذلك الزكاة: فهي تؤخذ من أغنياء المسلمين فقط بمقادير بينها الله على لسان رسوله صلى الله عليه وسلم في جميع الأموال، وله مصارف ثمانية ذكرها الله في كتابه العزيز.

وفي زمن عمر بن الخطاب رضي الله عنه نشأ مصدر جديد لخزينة الدولة هو العشور. وكان يؤخذ من التجار فقد أخرج أبو يوسف أن زياد بن حدير هو أول رجل بعثه عمر بن الخطاب على العشور، فأمره أن لا يغش أحدا. وجعل عمله منظما على الوجه التالي وكان على موقع حدودي:

من مر من المسلمين أخذ منه حساب من أربعين درهما درهما واحدا ومن أهل الذمة من عشرين درهما درهما واحدا، وممن لا ذمة له العشر. وأمر أبا موسى الأشعري بمثل ذلك[٣].

وكان عمر رضي الله عنه قد أوصى الخليفة من بعده أن يوفي لأهل الذمة بعهدهم وأن يقاتل من وراءهم ولا يُكلَّفوا فوق طاقتهم، وقدمنا ذكر ذلك فيما مضى.

إن كثرة هذه المارد العامة كانت سببا في تدوين ديوان العطاء، وهو المبحث التالي.

---

(١) المرجع السابق، ١٢٠.
(٢) المرجع السابق، ص ١٢٤.
(٣) المرجع السابق، ص ص ١٢٠ – ١٢١، وص ١٣٥.

تدوين الديوان:

إن تدوين الديوان استجد في عهد عمر بـن الخطـاب، فلـم يكـن يعرفـه العـرب أو المسلمون قبل ذلك، وقد اقتضت وجوده الحاجـة إليـه، فأدخلـه عمـر رضي اللـه عنـه لتنظيم صرف الأموال العامة من بيت المال بالعدل.

وقد جاء ابن سعد وغيره بروايات عديدة منها أن أبا هريـرة قـدم عـلى عمـر مـن البحرين بخمسمائة ألف درهم، فقال عمر للناس: أنه قدم علينا مال كثيرة، فإن شـئتم أن نعد لكم غداً وإن شئتم أن نكيل لكم كيلا، فقال له رجـل: يـا أمـير المـؤمنين، إني قـد رأيت هؤلاء الأعاجم يدونون ديوانا يعطون النـاس عليـه، أي سـجلا فيـه أسـماء النـاس ومقادير استحقاقاتهم، فدون عمر الديوان عند ذلك [١].

وقال ابن سعد: لما أجمع عمر بن الخطاب عـلى تـدوين الـديون، وذلـك في المحـرم سنة عشرين بدأ ببني هاشم في الديوان، ثم الأقرب فالأقرب برسول اللـه صـلى اللـه عليه وسلم، فكان القوم إذا استووا في القرابة برسول اللـه صـلى اللـه عليه وسلم، قـدم أهل السابقة، حتى انتهى إلى الأنصار فقالا: بمن نبدأ؟ فقال عمر: ابدؤوا برهط سعد بن معاذ الأشهلي ثم الأقرب بسعد بن معاذ. وفرض لأهل الديوان ففضل أهل السابق والمشاهد في الفرائض. وكان أب بكـر الصـديق قـد سـوى بـين النـاس في القسـم، فقيل لعمر في ذلك، فقال: لا أجعل من قاتل رسول اللـه، صـلى اللـه عليه وسلم، كمـن قاتل معه [٢].

إن دخل الدولة، من الفيء والجزية والعشر هو حق جميع المسلمين، وكان رسول اللـه صلى اللـه عليه وسلم، وكذلك أبو بكر يقسم الأمـوال بـين المسـلمين حـال قـدوم الرسل بها من نواحي الدولة، ولم تكن حاجـة إلى تسـجيل أو تـدوين. فالأمـوال العامـة هذه حق المسلمين جميعا، وهذا هو مصرفه الوحيد، أما أموال الزكاة والخمس، فلكـل مصارفه المخصصة به، ولذلك كان الناس يمدحون عهد عمر حتى قال خالد بـن عرفطة العذري، وكان قدم من أحد الأمصار: يا أمير المؤمنين تركت مـن ورائي يسـألون اللـه أن يزيد في عمرك من

---

(١) ابن سعد، مرجع سابق، ص ٣٠٠.
(٢) المرجع السابق، ص ٢٩٦.

أعمارهم، ما وطء أحد القادسية إلا عطاؤه ألفان أو خمس عشرة مائة وما من مولود يولد إلا أُلحق على مائة وجريبين كل شهر ذكرا كان أو أنثى، وما يبلغ لنا ذكر إلا الحق على خمسمائة أو ستمائة، فإذا خرج هذا لأهل بيت منهم من يأكل الطعام ومنهم من لا يأكل الطعام، فما ظنك به؟ فإنه لينفقه فيما ينبغي وفي ما لا ينبغي، قال عمر: فالله المستعان إنما هو حقهم أعه، وأنا أسعد بأدائه إليهم منهم بأخذه، فلا تحمدين عليه، فإنه لو كان من مال الخطاب ما أعطيتموه، ولكني قد علمت أن فيه فضلا ولا ينبغي أن أحبسه عنهم (١).

لقد كان عمر يدرك أن كثرة المال تحمل الناس على إنفاقه فيما ينبغي وما لا ينبغي، ولكنه لن يحبسه عنهم فهو حقهم، بل يبدي أفكارا لخالد بن عرفطة يبين كيف يمكن أن تستثمر تلك الأموال بطرق صحيحة لا يحتاجون فيها إلى الولاة الذين يأتون بعده ممن لا يعد العطاء في زمانهم مالا، فيقول "فلو أنه إذا خرج عطاء أحد هؤلاء العرب ابتاع منه غنما فجعلها بسوادهم، ثم خرج العطاء الثانية ابتاع الرأس فجعله فيها، فإني، ويحك يا خالد بن عرفطة، أخاف عليكم أن يليكم بعدي ولاة لا يعد العطاء في زمانهم مالا" (٢).

فكان عمر ناصحا لأمته، عادلا فيهم، اقتداء بقول النبي صلى الله عليه وسلم: من مات غاشا لرعيته لم يرح راحة الجنة (٣).

فكانت سياسة عمر الإنفاقية واضحة، فيها النصح والعدل للمسلمين حسب اجتهاده، لذلك خالف أبا بكر في كيفية التوزيع أو القسم ولم يكن عنده نص من كتاب الله تعالى ليعمل به. لكنه رجع عن اجتهاده إذا صح الخبر بذلك، فقد جاء في كتاب أخبار عمر أن عمر لما رأى المال قد كثر، قال: لئن عشت إلى قابل، لألحقن أخر الناس بأولهم، حتى يكونوا في العطاء سواء، فتوفي رحمه الله قبل ذلك (٤) أي أنه رجع عن أقواله المشهودة عنه مثل قوله:

(١) المرجع السابق، ص ص ٢٩٨ - ٢٩٩.
(٢) المرجع السابق، ص ٢٩٩.
(٣) المرجع السابق، نفس الصفحة.
(٤) علي الطنطاوي، وناجي الطنطاوي، مرجع سابق، ص ١٢٢، وأرجعا، إلى أبي يوسف في كتاب الخراج، والفائق، وابن سعد.

"و الله الذي لا إله إلا هو، ثلاثا، ما من الناس أحد إلا له في هذا المال حق أعطيه أو منعه، وما أحد بأحق به من أحد إلا عبد مملوك، وما أنا فيه إلا كأحدهم؛ ولكنا على منازلنا من كتاب الله وقسمنا من رسول الله، صلى الله عليه وسلم، فالرجل وبلاؤه في الإسلام، والرجل وقدمه في الإسلام، والرجل وغناؤه في الإسلام، والرجل وحاجته، و الله لئن بقيت ليأتين الراعي بجبل صنعاء حظه من هذا المال وهو مكانه"[1].

إن هذه القواعد التفضيلية في إنفاق العطاء قد ثبت لعمر خطؤها، ورجع إلى رأي أبي بكر الصديق في التسوية بين الناس، وكان رأي أبي بكر قائما على أن الناس أخوة، أبوهم الإسلام، فهم في هذا المعنى أسوة، وأجور أهل السوابق عند الله[2].

وكان لكل قبيلة على ما يبدو ديوانا، فقد أخرج ابن سعد أن عمر رؤى وهو يحمل ديوان خزاعة حتى ينزل قديدا فتأتيه نساؤها البكر والثيب فيعطيهن في أيديهن، ثم يروح فينزل عسفان فيفعل مثل ذلك، حتى توفي[3].

وكذلك كان ديوان حمير على حدة كما جاء في كتاب الخراج[4].

مبدأ السلطة والمسؤولية: وهو أحد مبادئ عملية التنظيم قيد البحث.

إن الخليفة هو أعلى رجل في الدولة منصبا، وأوسعهم صلاحية، وهذا متفق مع مسؤوليته الواسعة عن نظام الدولة وتطبيق أحكام الشرع وحفظ الأمن في الداخل الخارج. لكن الخليفة لا يستطيع وحده القيام بجميع ما هو مستخلف عليه من قبل الأمة، ولذلك يفوض جزءاً من صلاحيته لغيره من الموظفين العامين، وأكثر الناس حملا للمسؤولية مع الخليفة هم ولاة الأمصار، ولذلك فإن سلطتهم تتناسب مع مسؤوليتهم على دائرة حكمهم، قالوا لي هو أمير على المصر باختيار أمير المؤمنين له، وبتفويضه

(١) ابن سعد، مرجع سابق، ص ٢٩٩.

(٢) علي الطنطاوي وناجي الطنطاوي، مرجع سابق، ص ١٢٢.

(٣) ابن سعد، مرجع سابق، ص ٢٩٨.

(٤) أبو يوسف، مرجع سابق، ص ٤٦.

صلاحيات تصريف الأمور في ولايته، وفق كتاب التكليف، من حيث إمامة الصلاة وحفظ مصالح الناس، وإمرة الجند، وقسمة الفيء والأموال العامة الأخرى على مستحقيها. وكان يساعده أمين لبيت المال، وكاتب أو أكثر للديوان، وقد يَتْبع مِصرٌ صغير الحجم لمصر قريب أكبر منه حجما فقد جاءت روايات في طبقات ابن سعدا أن سعدا كان واليا على الكوفة، وكان عتبة غزوان واليا على البصرة، وكانت البصرة تتبع أمير الكوفة، بأكملها [1].

وتتمثل المسؤولية في الفقه الإسلامي بحديث رسول الله : "ألا كلكم راع ومسؤول عن رعيته" وبحديثه صلى الله عليه وسلم: "أعطوهم حقهم فإن الله سائلهم عمط استرعاهم" وهما حديثان صحيحان في البخاري وغيره [2].

أما السلطة فهي حق التصرف، وتتمثل بقول الله تعالى: ﴿ يَا أَيُّهَا الَّذِينَ آمَنُوا أَطِيعُوا اللَّهَ وَأَطِيعُوا الرَّسُولَ وَأُولِي الْأَمْرِ مِنْكُمْ ﴾ فالطاعة لا تكون إلا لصاحب سلطة أو سلطان. وعلى الرعية السمع والطاعة لأولي الأمر منها.

ويستفاد من هذه النصوص أن هذا المبدأ كان مبدأ من مبادئ إدارة عمر.

مبدأ التفويض لأجل:

ظهر مبدأ التفويض في مبحث السلطة والمسؤولية والآنف الذكر، وكان هناك تفويضا جزئيا غير محدد بأجل، أما التفويض لأجل فهو الاستخلاف المؤقت، فقد كان عمر بن الخطاب إذا خرج من المدينة حاجا أو مسافرا إلى بلد، كالشام، استخلف على المدينة، كأن يستخلف علي بن أبي طالب أو زيد ثابت [3]. فكان المستخلف يقوم مقام الخليفة بالصلاة في الناس، والحكم بينهم في القضايا الفقهية، والتعليمية، ويقوم بما يصلح أمر الناس إلى أن يعود الخليفة، فهي مسؤولية مؤقتة وحق تصرف مؤقت.

وكان ولاة الأمصار يستخلفون إذا خرجوا من مكان عملهم لنفس السبب، فقد

---

(١) ابن سعد، مرجع سابق، ج ٧، ص ص ٦ - ٩.

(٢) الإمام البخاري، مرجع سابق، ج ٣، ص ٥١، وج ٤، ص ١٣٥.

(٣) ابن الأثير، مرجع سابق، ج ٣، ص ٢٠، وج ٢، ص ٤٥٠.

استخلف نافع بن عبد الحارث والي مكة عبد الرحمن بن أبزى عليها، حيث خرج إلى المدينة ليقابل الخليفة، كما ذكرنا آنفا، وكان عبد الرحمن من الموالي، فأقره عمر على عمله.

وكذلك استخلف سعد بن أبي وقاص على الكوفة عبد الله بن عبد الله بن عتبان حين قدم سعد مع محمد بن مسلمة بأمر من عمر حين شكاه بعض أهل الكوفة من بني أسد، وأقره عمر على هذا الاستخلاف.

يستفاد من ذلك بأن جماعة المسلمين لا يجوز أن تبقى بغير إمام أو أمير مهما كان عدد سكان المصر الذي تسكنه، لأن مصالح الجماعة لا تتحقق إلا بوجود إمام أو والي. وهذا ما تنص عليه أحاديث شريفة، ويفهم من مقاصد الشريعة.

٣- إدارة شؤون الموظفين (إدارة الأفراد) personnel administration

إن هذه العملية الإدارية الثالثة هي من مسؤوليات الإدارة العامة ولها أسماء متعددة مثل إدارة الأفراد، وإدارة شؤون العاملين إدارة شؤون الموظفين.

وتتضمن هذه العملية في الدولة الحديثة عدة مراحل، كالإعلان عن الوظائف، وعقد الامتحانات للمتقدمين، واتبع أسس لاختيار العاملين، والتوظيف تحت التجربة، ثم التثبيت في الخدمة بعد ثبوت الصلاحية للعمل، ويتم التعيين في الوظائف وفق سلم للدرجات وبأجور منصوص عليها في سلم الدرجات، ولذلك يسمى سلم الدرجات والرواتب، وتتضمن إدارة الأفراد كذلك حفظ النظام في المؤسسة بمعاقبة المخالفين أو تأديبهم، أو فصلهم من الخدمة، مما هو معلوم اليوم.

وسنبحث في هذه العملية على عهد عمر بن الخطاب فيما يلي:

استحداث أسلوب لاختيار الخليفة:

إن عملية اختيار الخليفة كانت شاغل عمر رضي الله عنه في آخر أيام ولايته حين طعن، فقد قيل له ألا تستخلف؟ فقال: "إن أستخلف فقد أستخلف من هو خير مني: أبو

بكر، وإن أترك فقد ترك من هو خير مني: رسول اللـــه صلــى اللـــه عليــه وسلم"
(١)

فلم يقبل أن يستخلف لأنه لم يرد أن يتحمل مسؤوليتهم حيا وميتا، ولذلك اتبع أسلوبا ثالثا يخالف الأسلوب الذي جاء به إلى الخلافة، ويخالف أسلوب اختيار أبي بكر في سقيفة بني ساعدة.

فقد أخرج البخاري عن عمر ما يكشف عن جانب من فكره الإداري والسياسي في هذه المسألة حيث جعل الخلافة في ستة من الصحابة، فقال:

"ما أجد أحق بهذا الأمر - أي الخلافة - من هؤلاء النفر الذين توفي رسول لله صلى اللـه وسلم وهو عنهم راضي، فسمى عليا وعثمان والزبير وطلحة وسعدا وعبد الرحمن، وقال يشهدكم عبد الله بن عمر، وليس له من الأمر شيء، كهيئة التعزية له، فإن أصابت الأمرة سعدا، فهو ذلك، وإلا فليستعن به أيكم ما أُمر، فإني لم أعزله عن عجز ولا خيانة(٢) .

فلما توفي رحمه اللـه اختار الله الستة من بينهم عثمان بن عفان وأن هذا الأسلوب في اختيار رئيس الدولة في الإسلام هو سنة أوصى رسول اللـــه صلــى اللـــه عليــه وسلم باتباعها ضمن سنن الخلفاء الراشدين كما قدمنا آنفا، لأن العلماء يرون حكمة في ترك رسول اللـه صلى اللـه عليه وسلم للاستخلاف، وجعله حقا للأمة بحيث تختار أميرها بنفسها، وقول عمر الذي رواه البخاري شاهد على أن رسول اللـه صلى اللـه عليه وسلم لم يستخلف، والأمة مجمعة على أن أبا بكر تم اختياره ومبايعته خليفة لرسول اللـه صلى اللـه عليه وسلم بإجماع المسلمين في عهده، وقد اختاره المسلمون بأنفسهم.

استقرار الجهاز الإداري في عهده:

لقد سار منذ أن لي الخلافة على سياسة إبقاء كل عامل أو وال علـى رأس ملـه، ولم يعزل أحدا منهم، إلا ما كان منه نح خالد بـن الوليد، فقد كان يسخط منه أشياء في حروب الردة قبل أن يلي الخلافة، وكان يشير على أبي بكر بعزل خالد، فكان منطقيا مع نفسه أنه عزل خالدا بأول قرار يتخذه، وولى مكانه على مله أبا عبيدة عامر بن الجراح.

---

(١) الإمام البخاري، مرجع سابق، ج ٩، ص ٦٦.
(٢) المرجع السابق، ج ٥، ص ١٥.

فالاتجاه الذي اتبعه عمر رضي الله عنه من إبقاء الجهاز الوظيفي مستقرا. ساعد على زيادة كفاءته، وهذا الاتجاه يتفق مع القواعد الإسلامية العامة، التي يقوم عليها العمل الوظيفي. العدل، والتقوى، والإخلاص لله. فالموظفون العاملون لا يعملون لحزب سياسي، فإذا ذهب، ذهبوا معه من وظائفهم وإنما يعمل الجميع في مرضاة الله، وتحقيق مصالح المسلمين.

أسس اختيار العاملين:

أما سياسة عمر في التوظيف، فقد كانت مماثلة لسياسة صاحبيه من قبله، فقد بقيت الأسس العامة في التوظيف مرعية في عهده، فلم يكن يستعمل على العمل أحدا يطلبه. ومثال ذلك ما أورده صاحبا كتاب أخبار عمر رضي الله عن أراد أن يستعمل رجلا، فبدر الرجل يطلب العمل، فقال له: قد كنا أردناك لذلك، ولكن من طلب هذا العمل لم يعن عليه [1].

الشروط المطلوبة في الموظف:

ومن الخطوات التي كان يتبعها في استعمال الرجال عن عمل عام أن يعلن عن شروط الوظيفة، فقد قال يوما، لأصحابه: دلوني على رجل استعمله على أمر قد أهمني. فلما ذكروا له رجلا، رأى أنه لا يناسب ذلك الأمر، فسألوا أن يحدد شروطه في الرجل المطلوب. فقال: أريد رجلا إذا كان في القوم وليس أميرهم كان كأنه أميرهم وإذا كان أميرهم كان كأنه رجل منهم، فذكروا له الربيع بن زياد الحارثي، فقال: صدقتم، فولاه [2].

وكان يستعمل الأقوياء على العمل ويدع من هو أفضل منهم ليستبقيهم عند، يستشيرهم في الأمور العامة، ويعتد عليهم في اتخاذ القرار المناسب، ويقول: أكره أن أدنسهم في العمل [3].

---

(١) علي الطنطاوي، وناجي الطنطاوي، مرجع سابق، ص ١٦٦.

(٢) المرجع السابق، ص ١٦٥.

(٣) المرجع السابق، ص ص ١٦٤ - ١٦٥.

وكان الشروط الأساسية للوظائف العامة هي كما كانت من قبل: القوة والأمانة والإسلام. إلا أن هذه الصفات غير متوفرة في كثير من الرجال حتى في عهده. ولذلك كان عمر يشكوا أهل الكوفة ويقول: من يعذرني من أهل الكوفة؟ إن وليتهم التقى ضعفوه، وأن وليتهم القوي فجروه. فقال المغيرة بن شعبة: يا أمير المؤمنين، أن التقي الضعيف له تقاة ولك ضعفه، وأن القوي الفاجر لك قوته وعليه فجوره. قال: صدقت أنت القوي الفاجر! فاخرج إليهم[1].

وكان لا يقدم أحدا من الناس على أصحاب رسول الله صلى الله عليه وسلم، فهؤلاء هم أقدر الناس على العلم بأمانة وخلق وإخلاص، وبخاصة إذا استعملهم رسول الله واكتسبوا خبرة الإدارة والعمل في معية رسول الله صلى الله عليه وسلم وتحت إشرافه، إلا ما كان من تأخر أصحاب سول الله صلى الله عليه وسلم عن الانتداب إلى العراق، لكراهيتهم لقتال الفرس، فقد كان الفرس ذوي بأس هيبة على العرب، فلما انتدبهم عمر في أول عهده بالخلافة، سبقهم إلى الانتداب رجال ليست لهم صحبة مع رسول الله صلى الله عليه وسلم فولاهم ومنهم أبو عبيدة الثقفي، بعثه على جيش للجهاد في العراق. ولما قال له أصحابه: أمر على المنتدبين رجلا من السابقين من المهاجرين أو الأنصار. قال: لا و الله لا أفعل. إنما رفعهم الله بسبقهم ومسارعتهم إلى العدو، فإذا فعل فعلهم قوم وتثاقلوا، كان الذين ينفرون خفافا وثلاثا ويسبقون إلى الرفع أولى بالرئاسة منهم[2].

ولو استعرضنا أسماء أمراء الأمصار وأمراء الأجناد لوجدنهم من المهاجرين والأنصار الذين سبقوا إلى الإيمان، فتأمير أبي عبيد بن مسعود الثقفي كان من استثناءات القاعدة العامة في التوظيف وهي أن الأولية في الوظائف الكبرى لأصحاب رسول الله، كسعد بن أبي وقاص، أمير الكوفة، وأبي عبيدة عامر بن الجراح، أمير الشام، عمرو بن العاص، أمير مصر، عثمان بن أبي العاص، أمير الطائف، ونافع بن عبد الحارث الخزاعي، أمير مكة، ويعلى بن أمية، أمير اليمن، والعلاء بين الحضرمي، أمير البحرين،

---

(١) المرجع السابق، ص ١٦٦.

(٢) ابن الأثير، مرجع سابق، ج ٢، ص ص ٤٣٢ - ٤٣٣.

وعتبة بن غزوان، أمير البصرة، وأبو موسى الأشعري، أمير البصرة بعد عتبة، وغير هؤلاء.

إلا أن من سياسة عمر رضي الله عنه سهولة عزل الوالي عن عمله، حتى أنه كان يقول: هان شيء أُصلِحُ به قوما، أن أبدلهم أميرا مكان أميره^(١).

سياسة العزل من العمل:

إن إبدال أمير بأمير له محاسنه وله سلبياته على الإدارة العامة. فالموظف المهدد بالعزل أو الفصل من العمل لأهون الأسباب، يتناقض مع الاستقرار الوظيفي للإدارة العامة حتى يقوم الموظفون بواجباتهم في جو من الأمن النفسي. فالتضحية بموظف لسبب هين أو شكوى لا تصح، هو هدر لطاقة الموظف بمالها من تأثير سلبي على نفسه ونشاطه، فلماذا كان عمر رضي الله يجد إبدال أمير مكان أمير هينا؟

يرجح الباحث أن شدة خشية عمر رضي الله عنه لله تعالى كانت السبب وراء سهولة عزله الأمراء، فهو يخشى أن تكون شكوى الناس في محلها، وعندها يجد نفسه ظالما للرعية، لأنه يتحمل مسؤولية عامله في جميع ما يصد رعنه نحو الرعية.

ثم يضاف إلى هذا السبب إن الوظيفة العامة ليست حقا لأي مواطن مهما كانت صفاته، وعزله من عمله ليس أخذا لحق له، هي تكليف من الخليفة، وللخليفة أن يسحب هذا التكليف إن شاء.

وسبب ثالث نراه، وهو أن العزل لا يؤدي إلى البطالة أو فقدان راتب المعاش، لأن جميع الأمة لها حق في المال العام، وكان الولاة من المقدمين في الصحابة، وكان أعطياتهم تصرف له من غير إبطاء.

---

(١) علي الطنطاوي، ناجي الطنطاوي، مرجع سابق، ص ١٦٩، عن ابن سعد في الطبقات. مرجع سابق، ج ٣، ص ٢٨٤.

فلعل هذه الأسباب كانت وراء هذه السياسة الإدارة نحو الموظفين الباحث يرى كذلك أن سياسة العزل من العمل لها حسنات، منها أن الموظف العام الجديد يتحلى بنشاط في عمله أكثر من الموظف القديم، فإبدال أمير مكان أمير هو تجدي لدم الإدارة العامة، ونشيط لها، وهذه السياسة متبعة في الجيوش الحديثة، التي تحدد لرئيس أركان الجيش مدة ثلاث سنوات أو أربع ولا تبقيه في عمله كل حياته، بل تنقله إلى مكان آخر ليعمل فيه. وان عمر رضي الله عنه إذا عزل ميرا عن عمل ولاه عملا آخره والأمثلة على ذلك كثيرة، فقد عزل سعد بن أبي وقاص عن الكوفة عن غير سخطة ولا خيانة[1]، ثم أوصى الخليفة من بعده باستعمال سعد فولاه عثمان بن عفان رضي الله عنه الكوفة[2].

ولكن العزل من العمل لم يكن دائما تضحية بالعامل، بل كان يحدث بسبب ضعف المعزول أو ارتكابه المحرم. فقد عـزل قدامـة بن مظعون، خـال ابـن عمـرو حفصـة أم المؤمنين، بعد أن عوقب بالجلد على شرب الخمر وكان فيه متأولا[3].

وعزل العلاء بن الحضرمي عن البحرين لأنه لم ينظر في الطاعة والمعصية، وأغزا المسلمين في البحر إلى فارس، وقد كان عمر نهاه عن الغزو في البحر، إتباعا لسياسة عامة اتبعها رسول الله صلى الله عليه وسلم وخليفته أبو بكر الصديق رضي الله عنـه، ومخافة الغرر[4]. عزل عمار بن ياسر، لضعفه في إمارة الكوفة، وقال عمر له: "قد علمت ما أنت بصحب عمل ولكني تأولت: (ونريد أن نمن عـلى الـذين استضعفوا في الأرض ونجعلهم أئمة ونجعلهم الوارثين)[5].

وقد بقي عدد من أمراء الأمصار في مراكز عملهم سنوات طويلة ولم يعزلوا من

(١) ابن الأثير، مرجع سابق، ج ٣، ص ص ٦-٧.
(٢) المرجع السابق، ص ٧١.
(٣) المرجع السابق، ج ٢، ص ٥٦٩.
(٤) المرجع السابق، ص ٥٣٧٨.
(٥) المرجع السابق، ج ٣، ص ص ٣١ - ٣٢.

عملهم حتى جاء أجلهم، كأبي عبيدة بن الجراح وعتاب بن أسيد، ويعلى بن أمية، وعثمان بن أبي العاص، وغيرهم، كما تفيد المراجع التاريخية التي رجع الباحث إليها.

تحديد واجبات أمراء الأمصار (الولاة أو الحكام الإداريين في مصطلح اليوم):

كانت واجبات أمير المصر – وهو الكورة الكبيرة التي فيها مساكن وأماكن خدمات عامة كالمسجد والأسواق – تحدد من قبل أمير المؤمنين مشافهة أو كتابة، وبحضور رهط من الصحابة فكان على الأمير أن يصلي بالناس، ويعلمهم دينهم وسنة نبيهم، ويقسم فيهم فيئهم، كما ذكرنا ذلك من قبل. فواجباته الإدارية هي العبادة والتعليم وقسمة المال العام، وقد يكون مع الأمير من يقوم على بيت المال ويعلم الناس، مثل عبد الله بن مسعود رضي الله عنه، فقد عمل مع عمار بن ياسر أمير الكوفة، على بيت المال، وكان معلما للناس[1]. قالا لي والعاملون معه تحدد واجباتهم عند توليتهم على العمل، ولكل عامل اختصاصه، ولكل واجباته.

شروط عمر على كبار الموظفين (الولاة):

وكان عمر رضي الله عنه يفرض شروطا تقشفية على الرجل إذا استعمله، فقد أخرج أبو يوسف: كان عمر رضي الله عنه، إذا استمل رجلا اشهد عليه – رهطا من الأنصار غيرهم اشترط عليه أربعا: أن لا يركب ولا يأكل نقيا، ولا يغلق بابا دون حوائج الناس، ولا يتخذ حاجبا[2].

وقد جرب عمر رضي الله عنه ركوب البرذون في مقدمة إلا الشام فل يعبه، فإذا أخذ البرذون يتجلجل به، فنزل وضرب وجهه، وقال: لا أعلم من علمك هذه الخيلاء، ثم لم يركب برذونا قبله ولا بعده[3].

---

(١) ابن سعد، مرجع سابق، ج ٣، ص ٢٥٥.
(٢) البرذون ضرب من الدواب يخالف الخيل الحراب، عظيم الخلقي، غليظ الأعضاء (المعجم الوسيط).
(٣) أبو يوسف، مرجع سابق، ص ١١٦.

ومن شروط عمر على ولاته أن يبتعدوا عن التنعم في الملبس والمأكل، فلا يلبسا الرقيق من الثياب ولا النقي من الطعام.

ومن شروطه أن يبقى باب الأمير أو الموظف العام مفتوحا لا يغلق دون حوائج الناس.

إن هذه السياسة في الإدارة هي صفة من صفات إدارة عمر المميزة، فحوائج الناس مقدمة على راحة الموظف لأنه يخدمهم، ويأخذ أجره من مالهم، فهو موظف لحوائجهم، ولذلك عليه أن لا يتخذ حاجبا يمنع الناس من الدخول عليه بعد أن أمره بفتح بابه.

هذا إضافة إلى وجوده في المسجد خمس مرات في اليوم من الفجر إلى العشاء!

محاسبة العمال (الولاة):

وكان عمر بن الخطاب يحاسب الولاة على أموالهم وأعمالهم، من ذلك ما رواه ابن سعد في الطبقات عن ابن عمر أن عمر أمر ماله فكتبوا أموالهم، منم سعد بن أبي وقاص، فشاطرهم عمر أموالهم فأخذ نصفا وأعطاهم نصفا[1]. وروى ابن سعد عن الشعبي أن عمر كان إذا استعمل عاملا كتب ماله[2].

هذه السياسة الإدارية نحو الموظفين تفتقدها الحكومات والإدارات العامة الحديثة، فنجد الوظيفة العامة بابا من أبواب الثراء غير المشروع! فمتى تأخذ الحكومات الإسلامية بهذا المبدأ الذي اتبعه عمر رضي الله عنه.

تأديب العمال (الولاة):

إن تأديب العمال هو غير تنفيذ حكم القرآن السنة عليهم كسائر الناس إذا ارتكبوا ما يوجب الحد كشر بالخمر، ولو كانوا متأولين القرآن خاطئين، كقدامة بن مظعون خال ابن عمرو وحفصة. بل هو معاقبتهم بعقوبات خفيفة إذا رأى عمر أن استحقوا ذلك.

---

(١) ابن سعد، مرجع سابق، ج ٣، ص ٣٠٧.
(٢) المرجع السابق، نفس الصفحة.

فقد جاء في أخبار عمر للطنطاويين نقلا عـن كتاب الرياض النضرة أن عمـر رضي الله عنه أدب عبد الله بن قرط، أمير حمص لأنه اتخذ عُلية يكون فيها، فكأنه حجب نفسه عن الناس وأغلق الباب دون حوائجهم، فأرسل بريدا لحـرق بـاب العُليـة، وكتب إليه أن يقدم عليه في المدينة، فلما جـاءه، قال عمر: احبسوه في الشمس ثلاثة أيام، فحبس، ثم قال له: ألحقني إلى الحرة (وفيها أبل الصدقة وغنمها)، حتى إذا جاءها ألقى عليه جُبة، وقال انزع ثيابك واتزر بهذه، ثم ناوله الدلو، وقال: اسق هـذه الإبـل، فلم يفرغ حتى لغب (تعب) فقال: يا ابن قرط: متى كان عهدك بهذا؟

قال: مليا (أي زمانا) يا أمير المؤمنين!

قال: "فلهذا بنيت العلية، وأشرفت بها على المسلمين والأرملة واليتيم؟

ارجع إلى عملك، ولا تعد" [1].

هذا مثال على تأديب مـن يقصر ـ في واجبـات وظيفته في عهـد عمر، وهو كـاف للدلالة على شدة عمر على عماله وأمرائه إذا خرجوا عـن السياسـة العامـة المرسومة للوظيفة العامة.

وكثيرا ما كان محمد ب مسلمة يقوم نيابة عن أمير المؤمنين بالتحقيق مـع الـولاة، تنفيذ العقوبات الإدارية عليهم [2].

الإفادة من مواسم الحج إداريا:

ليس لدينا أخبار تؤكد أن عمر كان يـدرب الموظفين على أعمالهـم، لكـن بعـض الكتاب تأولوا لقاءات عمر بعماله على أنها دورات تدريبية [3]. لكن عمر رضي الله عنه كان يدعو عماله إلى موافاته في موسم الحج، لتوجيههم ومحاسبتهم لتنسيق معهم ومما كان يقوله فيهم:

"أيها الناس إني و اللـه ما أبعث عمالي ليضربا أبناءكم ولا ليأخذوا أمالكم، ولكن

---

(١) علي الطنطاوي، ناجي الطنطاوي، مرجع سابق، ص ص ١٨٧ – ١٨٨.

(٢) ابن سعد، مرجع سابق، ج ٣، ص ٤٤٣.

(٣) علي الطنطاوي، وناجي، مرجع سابق، ص ص ١٦٧ – ١٦٨.

ابعثهم ليلموكم دينكم وسنة نبيكم فمن فعل به سوى ذلك فليرفعه إلي، فوالي نفسي بيده لأقصنه منه.

فوثب عمرو بن العاص فقال: يا أمير المؤمنين، أرأيت إن كان رجل من لمسلمين واليا على رعية فأدب بعضهم، إنك تقصه منه؟ قال أي والذي نفسي بيده لأقصنه منه، وقد رأيت رسول الله صلى الله عليه وسلم يقص من نفسه إلا لا تضربوا المسلمين فتذلوهم، لا تمنعوهم حقوقهم فتفروهم، ولا تنزلوا بهم الغياض فتضيعوهم [1].

رواتب الموظفين:

كانت للعاملين في الدولة رواتب شهرية من المال والطعام "(الأرزاق)، بدأ من الخليفة ثم أمراء الأمصار (الولاة أو العمال) والعاملين على الصدقات والخراج وأمناء بيت المال.

راتب أمير المؤمنين:

كان عمر رضي الله عنه متفرغا لعمل المسمين وإدارة الدولة، وكان يأكل من ماله الخاص، ولا يأكل من المال العام شيئاً حتى احتاج إليه، فسأل المسلمين أن يفرضوا له شيئا، ففعلوا. أخرج ذلك ابن سعد، فقال:

"مكث عمر زمانا لا يأكل من المال شيئا، حتى دخلت عليه في ذلك خصامة، وأرسل إلى أصحاب رسول الله، صلى الله عليه وسلم فاستشارهم، فقال: قد شغل نفسي في هذا الأمر، فما يصلح لي منه؟ فقال عثمان بن عفان: كل واطعم وقال ذلك آخرون". فقال لعلي: ما تقول في ذلك، قال: غداء وعشاء فأخذ عمر بذلك [2].

وكان يكتسي من مال المسلمين العام كذلك. فقد جاء في الطبقات أن عمر كان يقوت نفسه وأهله يكتسي الخلة في الصيف ولربما خرق الأزرار حتى يرقعه مما يبدل

(1) ابن الأثير، مرجع سابق، ج ٢، ص ٥٠٠ – ٥٠١.

(2) المرجع السابق، ص ٣٠٧.

مكانة حتى يأتي الإبان، وما من عام يكثر فيه المال إلا كسوته أدنى من العام الماضي. فكلمته في ذلك حفصة، فقال: إنما اكتسى من مال المسلمين، وهذا يبلغني [1].

ولربما كان يأخذ مبلغا قليلا من المال، وينفق في حجة من المال العام. فقد جاء في طبقات ابن سعد أن عمر بن الخطاب كان يستنفق كل يوم درهمين له ولعياله، وأنه أنفق في حجة ثمانين ومائة درهم، قال قد أسرفنا في هذا المال، في رواية له أن عمر أنفق في حجته ستة عشر دينارا، فقال: يا عبد الله بن عمر: أسرفنا في هذا المال. قال ابن سعد: وهذا مثل الأول، على صرف اثني عشر درهما بدينار [2].

لكن ابن سعد أخطأ في الحساب، فالستة عشر دينارا تساوي مائة واثنين تسعين درهما على حساب الصرف اثنا عشر درهما بدينار، فلعله أنفق خمسة عشر ـ دينار في حجته، يوافق ذلك الحساب.

رواتب الأمراء (ولاة الأمصار):

ويظهر من المصادر التاريخية أن الأمراء لم يكونوا يأخذون شيئا على عملهم، إلا أن سأل أبو موسى الأشعري وفدا معه من البصرة أن يكلموا عمر بفرض أرزاق للأمراء فقال: يا معشر الأمراء أما ترضون لأنفسكم ما أرضاه لنفسي؟ قالا: يا أمير المؤمنين: إن المدينة أرض العيش فيها شديد، ولا نرى طعامك يعشي ولا يؤكل، وإنا بأرض ريف، وأن أميرنا يعشي، وإن طعامه يؤكل. فنكت في الأرض ساعة، ثم رفع رأسه فقال: نعم، فإني قد فرضت لكم كل يوم من بيت المال شاتين وجريبين [3].

فهذا الخبر يفيد بأن حال ولاة الأمصار كان مثل حال الخليفة، كل يأكل من ماله الخاص إلى أن فرض لهم من بيت المال.

وقال أبو يوسف: "وكان يفرض لأمراء الجيوش والقرى في العطاء ما بين تسعة آلاف وثمانية آلاف وسبعة آلاف على قدر ما يصلحهم من الطعام وما يقومون به من

(١) المرجع السابق، ص ص ٣٠٧ - ٣٠٨.

(٢) المرجع السابق، ٣٠٨.

(٣) علي الطنطاوي، وناجي الطنطاوي، مرجع سابق، ص ٧٠، وعزاه لابن سعد.

الأمور[1]. فهل هذه كانت رواتب أم أنها العطايا حسب الديوان؟ فقد جاء هذا القول في معرض الحديث عن ديوان حمير.

رواتب الوظائف الأخرى:

كان في الدولة وظائف عامة غير الإمارة، وكان لكل موظف مقدار من المال أو الرزق على مقدار عمله، فقد جاء في مناقب أمير المؤمنين عمر بن الخطاب لابن الجوزي أن عمر استعمل عبد الله بن مسعود على القضاء بيت المال، وعثمان بن حنيف على ما سقى الفرات، وعمار بن ياسر على الصلاة والجُنْد، ورزقهم كل يوم شاة فجعل نصفها وسقطها وأكارعها لعمار، لأنه كان في الصلاة والجند، وجعل لعبد الله بن مسعود ربعها، وجعل لعثمان بن حنيف ربعها، ثم قال: إن ما لا يؤخذ منه كل يوم شاة، إن ذلك فيه لسريع[2] أي يذهب به سريعا.

ويلاحظ في هذا الخبر التفاوت في المخصصات، ولكن لا يمكن أن يكون هذا فيه أي شبه بأنظمة الموظفين الحالية وسلم الرواتب المتدرج، ولكن يستفاد من خبر ابن الجوزي أن عمر اتبع التفاوت في ما أجراه على العاملين في إدارة الدولة.

وجاء في كتاب ابن الجوزي أن عمر وعثمان بن عفان رضي الله عنهما كان يرزقان الأئمة والمؤذنين المعلمين القضاة[3]. ولم يحدد مقدارا لأرزاقه أي منهم.

ولكن صاحبي أخبار عمر نقلا عن كتاب سراج الملوك أن عمر أجرى على عمار ستمائة درهم مع عطائه لولاته وكتابه ومؤذنيه من كان يلي معه في كل شهر. وأجرى عليه كل يوم نصف شاة ورأسها وجلدها وأطارعها ونصف جريب كل يوم.

وأجرى على عثمان بن حنيف ربع شاة وخمسة دراهم كل يم سوى عطائه. وكان عطاؤه خمسة آلاف درهم.

وأجرى على عبد الله بن مسعود مائة درهم في كل شهر وربع شاة في كل يوم.

(١) أبو يوسف، مرجع سابق، ص ٤٦.
(٢) ابن الجوزي، مرجع سابق، ص ١١١.
(٣) المرجع السابق، ص ١٠٥.

وأجرى على شريح القاضي مائة درهم في كل شهر وعشرة أجربة، وإنما فضل عمارا عليهم لأنه كان على الصلاة[1].

إن هذه الأخبار بمجموعها تبين أنه كان للعاملين في الدولة رواتب شهرية أو أجور يومية تسمى جرايات أو عُمالات، كما كانت لهم أرزاق من اللحوم والحبوب، سوى عطاياهم السنوية من بيت المال، وأن التفاوت بين المقادير كان معمولا به في عهد عمر رضي الله عنه.

٤- التوجيه الإداري ودقة التعليمات المكتوبة:

إن وضوح التوجيهات ودقتها وشموليتها شرط لنجاح العملية الإدارية، فالعاملين في الإدارة العامة بحاجة إلى معرفة قواعد العمل، وسياسته العامة، حتى تكون أعمالهم ضمن ما تطلبه القيادة الإدارية التي هي أقدر على فهم ما تقود المؤسسة إليه.

وقد كانت توجيهات عمر رضي الله عنه واضحة، وقد ذكرنا في مبحث إدارة الأمن الخارجي (الجهاد في سبيل الله) كتاب عمر إلى أحد أمراء الجند الذين ولاهم على جيش من الملمسين. فقد كانت التوجيهات مأخوذة من توجيهات رسول الله صلى الله عليه وسلم، للتشابه بين ما أورده المؤرخون والفقهاء بشأنها ونصها، وحديث رسول الله صلى الله عليه وسلم الذي رواه مسلم في توجيه صلى الله عليه وسلم أمراء الجند إذا جاءوا إلى قوم غير مسلمين، ماذا عليهم أن يقولون ويفعلوا.

وقد ذكر ابن الأثير هذه التوجيهات في تاريخه، وذكر أن الأمير هو سلمة بن قيس الأشجعي، وأن عمر وجهه إلى القتال الأكراد، فسار سلمة ومن معه، حتى لقوا عدوا من الأكراد، فدعوهم إلى الإسلام أو الجزية فلم يجيبوا، فقاتلوهم فهزموهم، وقتلوا المقاتلة وسبوا الذرية، فقسم سلمة بينهم الغنائم[2].

فكان الأمراء يقتدون بالتوجيهات وينفذونها بإخلاص ودقة.

(١) علي الطنطاوي، وأخوه ناجي، مرجع سابق، ص ١٧١.

(٢) ابن الأثير، مرجع سابق، ج ٣، ص ٤٨.

ولقد أُلف كتاب[1] بخطب عمر ووصاياه وكتبه إلى أمرائه وعماله على الجند والمدن والأرياف والأموال والصدقات.

وقد كانت توجيهاته شاملة لأعمال الإدارة وغيرها من الشؤون العامة للمسلمين وأهل الذمة.

وقد ذكرنا في المباحث التي قدمناها آنفا كثيرا من توجيهاته مما يغني عن إعادتها هنا.

وتقوم توجيهات عموما على كتاب الله تعالى، وحديث النبي الكريم صلى الله عليه وسلم، هدفها تحقيق العدل في الرعية، ورد المظالم وأخذ الحقوق لأهلها.

٥- الرقابة الإدارية:

وهذه الملية هي الضمان لتنفيذ مبادئ الإدارة العامة وواجباتها بدقة، لأن التوجيه وحده لا يكفي، بل أن المتابعة شرط أساسي لنجاح العمل الإداري.

وكان من سياسة عمر الإدارية أن يتابع عماله، فينظر ماذا ملوا فقد جاء في أخبار عمر للطنطاويين أن عمر كان يقول:

"أرأيتم إذا استعملت عليكم خير من أعلم، ثم أمرته بالعدل، أكنت قضيت ما علي؟ قالا: نعم. قال لا، حتى أنظر في عمله أعمل بما أمرته أم لا"[2].

إن قوله هذا يبين سياسة في الرقابة على الموظفين وكانت الرقابة تتحقق من ثلاث طرق: الرقابة الذاتية، والرقابة الداخلية والرقابة الخارجية.

الرقابة الذاتية:

يمتاز العاملون في عهد عمر رضي الله عنه، بأنهم من أصحاب رسول الله صلى الله عليه وسلم، ومن التابعين لهم بإحسان وكان هؤلاء جميعا قد تعلموا كتاب الله تعالى وسنة نبيه صلى الله عليه وسلم، ولذلك

---

(١) دكتور محمد أحمد عاشور، خطب أمير المؤمنين عمر بن الخطاب ووصاياه. القاهرة: دار الاعتصام، ١٤٠٥ هـ = (١٩٨٥م)، ويقع في ١٥٧ صفحة، وغيره.

(٢) علي الطنطاوي، وناجي الطنطاوي، مرجع سابق، ص ١٦٩.

نجدهم فقهاء علماء أتقياء محسنين. وأن الإحسان في الإسلام: "أن تعبد الله كأنك تراه، فإن لم تكن تراه فإن يراك"[1] فهذا التعريف للإحسان من أقوال النبي صلى الله عليه وسلم فالمحسن في عمله يشعر دائما بأن الله يراه، فهو يعمل العمل على أحسن وجه لأنه يعمل مخلصا لله، و الله يا يغيب ولا ينام، أما الإمام والخليفة فيغيب وينام، وهذا الإحساس برية الله للعبد في ميع أحواله هي أساس الرقابة الذاتية العامل على نفسه، وليس أفضل من هذه الرقابة أي رقابة غيرها، ولكنها لا تغني عن الرقابات الأخرى إذا غاب إحساس الإحسان عند الناس!.

الرقابة الداخلية:

ونعني بهذا النوع من الرقابة، ما تقوم به الإدارة العامة من رقابة على موظفي الدولة. وقد كان عمر يهتم بها، حتى أنه عرف عنه بتخصص أ؛د أصحاب النبي صلى الله عليه وسلم للقيام بأعمال الرقابة المتابعة، متى سمي صاحب العمال في حكومة عمر رضي الله عنه وهو محمد بن مسلمة[2] رضي الله عنه، وهو من الأنصار السابقين الذين استعملهم رسول الله صلى الله عليه وسلم، وقد تصرف في أيام الفتن بين المسلمين وفق ما أوصاه به رسول الله صلى الله عليه وسلم، أن يجعل سيفه من خشب أيام الفتن فكان نعم الرجل، ونعم المراقب لنفسه ولسائر العمال الذين يرسله إليهم عمر رضي الله عنه.

ذكر ابن الأثير في الكامل عند ذكره لشكوى بني أسد من سكان الكوفة على سعد بن أبي وقاص، أن عمر قال لنفر من بني أسد:

"و الله ما يمنعني ما نزل بكمن من النظر فيما لديكم. فبعث عمر محمد بن مسلمة والناس في الاستعداد للفرس، وكان محمد صاحب العمال، يقتص من شكا زمان عمر، فطاف بسعد على أهل الكوفة يسأل عنه، فما سأل عنه جماعة غلا أثنوا عليه خيرا سوى من مالأ الجراح الأسدى"[3].

---

(١) صحيح مسلم بشرح النووي، مرجع سابق، ج ١، ص ١٥٧.
(٢) ابن سعد، مرجع سابق، ج ٣، ص ص ٤٤٣ - ٤٤٥.
(٣) ابن الأثير، مرجع سابق، ج ٣، ص ص ٥- ٦.

فوظيفة محمد بن مسلمة أشبه بوظيفة المفتش العام على الموظفين، يسأل ويحقق ويرفع الأمر إلى الخليفة عمر.

الرقابة الخارجية:

وهي رقابة الرعية على عمالهم، لأن الدين النصيحة لكتاب الله ولرسوله ولأئمة المسلمين وعامتهم[1] وكذلك كان عمر يلجأ إلى المسلمين يسألهم عن أمرائهم ولاتهم وقد أينا كيف سأل أهل حمص عن أميرهم، فأجابوه وكان يأل الناس في الموسم عن ظلاماتهم على ولاة الأمر، ففي مبحث تدريب الموظفين المذكور آنفا، كان مما قاله عمر: فمن فُعِل به سوى ذلك فليرفعه إلي.

فقام رجل من الناس، فقال: يا أمير المؤمنين، عاملك ضربني مائة سوط. فقال عمر: أتضربه مائة سوط؟ قم فاستقد منه. فقام إليه عمرو بن العاص فقال: دعنا إذن فَلنُرضه فقال: دونكم، فأرضوه بأن اشتريت منه بمائتي دينار، كل سوط بدينارين[2].

هذا المثال ليس هو الوحيد على إتباع عمر بن الخطاب لهذا الطريق في مراقبة عماله بسؤال الرعية عنهم.

ويجدر بالباحث هنا أن يستبعد ما أورده الطنطاويان في كتابهما أخبار عمر من أن عمر كان له جهاز سري مربوط به لمراقبة أحوال الولاة، وليس صحيحا أن علم عمر بمن نأى عنه من عماله ورعيت كان كعلمه بمن بات معه في مهاد واحد وعلى وساد احد! ففي هذا الكثير من المبالغة، كما أن فيه ظلما لعمر الذي يعلم أن أخلاق المسلم لا تجيز له التجسس على غير همن الرعية مهما كان منصبه، وعمر هو من اتقى المسلمين الذين صحبوا رسول الله صلى الله عليه وسلم. وكذلك لا يرى الباحث سببا واحدا لتشبيه عمر بن الخطاب في سياسته للرعية بسياسة أردشيربن بابك في الفحص عن أسرار الرعية الخاصة[3].

(١) صحيح مسلم بشرح النووي، مرجع سابق، ج ٢، ص ٣٧.
(٢) علي طنطاوي، وناجي الطنطاوي، مرجع سابق، ص ١٦٨، نقلا عن كتاب الخراج الطبري، وغيرهما.
(٣) المرجع السابق، ص ص ١٦٨ - ١٩٦.

لكن الرعية في زمن عمر رضي الله عنه كانت تعرف واجباتها تحرص على المصلحة العامة، ولا تقبل الظلم من الوالي، فترفع أمرها إلى الخليفة، فيعلم الخبر عن هذا الطريق، كما كان يسأل بنفسه عن عماله كل من يلقاهم ممن يعلمون شيئا عن الولاة، فتتجمع لديه حصيلة من المعلومات الضرورية لعلمه في الاطلاع على أحوال منأى من العمال، خاصة وأنه كان يسير على سياسة الباب المفتوح، ويسهر بالليل، ويتفقد أحوال الرعية في الأمصار.

سياسة الباب المفتوح ورد المظالم:

كما كان عمر رضي الله عنه يتبع سياسة إدارية في مواجهة لمشاكل الناس بدون قيود ولا حجابة ولا حراسة، فقد أخرج ابن سعد، عن ابن عباس قال: كان عمر بن الخطاب كلما صلى صلاة جلس للناس، فمن كانت له حاجة نظر فيها. فصلى صلوات لا يجلس فيها، فأتيت الباب - أي باب داره - فقلت: يا يرفا - وهو خادم عمر أو مولاه - فخرج علينا يرفا، فقلت: أبأمير المؤمنين شكوى؟ فقال: لا. فبينا أنا كذلك، إذ جاء عثمان، فدخل يرفا، ثم خرج علينا، قال: قم يا ابن عفان، قم يا ابن عباس، فدخلنا على عمر بين يديه صبر من مال [1].

أي أن عمر رضي الله عنه كان في الصلوات التي لم يجلس فيها يذهب إلى داره ليقسم الفيء أقساما لتوزيعه على مستحقيه، ولعل انشغال عمر بقسمة المال هو الذي حمله على وضع حاجب على بابه مؤقتا ريثما يفرغ من عمله.

العسّ أو العس:

وقد اشتهر عمر بن الخطاب بهذا النوع من العمل الإداري، وهو مثابة رقابة ليلية اجتماعية وأخلاقية يقوم بها أمير المؤمنين بنفسه، وقد نتج عن عسه ذات ليلة أنه بين له أن النساء يتحدثن عن صباحة رجل من بني سليم، ثم تحدثن عن آخر من قومه فسيره إلى

---

(١) ابن سعد، مرجع سابق، ج ١، ص ٢٨٨، والصبر هي الأكوام الصغيرة.

الصرة، وأمر لهما بما يصلحهما[١]. فيكونان في البصرة غير معروفي، وقد تغير ظروف البصرة الجغرافية من صباحتهما الفاتنة للنساء.

وأخرج ابن سعد عن أبي سعيد مولى أبي أسد قال: "كان عمر بن الخطاب يعس المسجد بعد العشاء فلا يرى فيه أحدا إلا أخرجه إلا رجلا قائما يصلي، فمر ينفر من أصحاب رسول الله صلى الله عليه وسلم، فيهم أبي بن كعب، فقال من هؤلاء؟ قال أبي: نفر من أهلك يا أمير المؤمنين. قال: ما خلفكم بعد الصلاة؟ قال: جلسنا نذكر الله، قال فجلس معهم.. فاستقرأهم... ثم قال: أيها الآن فتفرقوا"[٢].

تفقده أحوال الرعية في الأمصار:

نقل الطنطاويان عن تاريخ الطبري، والتبر المسبوك أن عمر رضي الله عنه قال: لئن عشت إن شاء الله لأسيرن في الرعية ولا، فإني أعلم أن للناس من حوائج تقطع دوني، أما عمالهم فلا يرفعونها إلي، وأما هم فلا يصلون إلي، فأسير إلى الشام فأقيم بها شهرين، ثم أسير إلى الجزيرة فأقيم بها شهرين، ثم أسير إلى مصر فأقيم شهرن، ثم أسير إلى البحرين فأقيم بها شهرين، ثم أسير إلى الكوفة فأقيم بها شهرين، ثم أسير إلى البصرة فأقيم بها شهرين، و الله النعم الحول هذا[٣].

ولعل هذا خير مثل على قيام رئيس الدولة بالرقابة المباشرة على الموظفين في الأمصار النائية من البلاد.

---

(١) المرجع السابق، ص ٢٨٥، وصباحة الوجه: جماله.

(٢) المرجع السابق، ص ٢٩٤.

(٣) علي الطنطاوي، ناجي الطنطاوي، مرجع سابق، ص ص ٢٠٢ - ٢٠٣.

الفصل الرابع

مقارنة بين: الأفكار والمبادئ الإدارية
في إدارة عمر بن الخطاب "رضي الـلـه عنه"
والأفكار
والمبادئ الإدارية العامة اليوم

19.

أسس المقارنة

نحاول في هذا الفصل أن نتعرف على أوجه الشبه وأوجه الاختلاف بين المقارنَيْن: مبادئ إدارة عمر بن الخطاب رضي اللـه عنه من جهة، ومبادئ الإدارة العامة في عصرنا من الجهة الثانية.

ونأخذ في الاعتبار، أمورا أساسية نرى أنها أسهمت في ما يمكن وجوده من أوجه اختلاف: أهمها عامل الزمان وعامل البيئة، وبخاصة البيئة الفكرية التي انبثقت عنها المبادئ الإدارية في كل منهما.

فالفرق الزماني بين المقارنين كبير، فهو يزيد على ثلاثة عشر قرنا.

أما فرق البيئة فهو أكثر أهمية في التأثير على المبادئ موضوع المقارنة، فبينما نشأت إدارة عمر بن الخطاب رضي اللـه عنه في بيئة عربية إسلامية، منطلقة نحو الانتشار في العالم، واحتواء غيرها بالزخم الذي أحدثته رسالة اللـه تعالى الخاتمة إلى الناس، بإدارة النبي محمد بن عبد اللـه صلى اللـه عليه وسلم وأصحابه رضوان اللـه عليهم، فقد نشأت المبادئ الإدارية الحالية في بيئة صناعية أوروبية وأمريكية، أو بيئات عالمية في القارات الأخرى، مغايرة للبيئة العربية الإسلامية في أسسها الفكرية، وعلى النقيض منها أحيانا ونضرب مثلا واحدا على هذه المغايرة والتناقض بالاستشهاد بقول المهندس الفرنسيـ هنري فايول، صاحب أول نظرية حديثة في الإدارة، شاملة جامعة، وهذا نص ترجمة قوله كما أوردها الدكتور حمدي عبد الهادي في كتابه: الفكر الإداري الإسلامي: ((أن المبادئ الخُلُقية الأبدية وقوانين الوصايا العشرـ وتوجيهات الكنيسة ليست كافية لإرشاد المديرين، وأن هناك حاجة إلى قانون خاص، وسبب ذلك هو أن نسق القوانين الدينية والخُلُقية العليا لا تنظر إلا إلى الفرد أو إلى مصالحه التي لا ترتبط بهذا العالم)) [1].

أن هذا القول قد يكون وصفا حقيقا وصادقا للبيئة الفرنسيـ التي نشأ المُنَظِّر الإداري فيها، ولكنه لا يصدق بتاتا على بيئة إدارة عمر رضي اللـه عنه.

---

(١) د. حمدي أمين عبد الهادي، مرجع سابق، ص ص ٨٨ - ٨٩.

هذا وأن مبادئ الإدارة العامة متعددة، وتختلف باختلاف النظرية الإدارية التي انبثقت عنها. فمبادئ الإدارة العلمية التي وضعا فدريك تيلر أربعة هي[1]:

1- العمل وفق علم يتم تطويره بالتجربة بدل الأسلوب العشوائي.

2- اختيار العامل اختيارا علميا، وتعهده بالتدريب والتعليم والتطوير.

3- التعاون القلبي مع العمال لضمان أدائهم للعمل وفق مبادئ العلم المعتمدة.

4- توزيع العمل بإنصاف بين الإدارة والعمال، وتوزيع المسؤولية بينهما.

وقد كان اهتمام تيلر بأجور العمال وبإدارة مجموعة صغيرة من العمل، وكان قد ألقى مبادئ الإدارة العلمية أمام الهيئة الأمريكية للمهندسين الميكانيكيين عام ١٩٠٣م، واشتهرت مبادئه أثر شهادته أمام الكونغرس الأمريكي عام ١٩١١ بشأن آثار نظام تيلر في ترسانة ووتر تاون[2]:

أما مبادئ الكفاءة الاثنا عشر لـهارينغتون أمرسون فقد صدرت عام ١٩١٣م[3] ، وكان أمرسون من دعاة تيلر المتحمسين، وهذه المبادئ باختصار[4] هي:

1- تحديد المثل العليا بوضوح: بمعرفة ما يراد إنجازه.

2- حسن الإدراك للتمييز بين الأشياء.

3- حسن المشورة: والسعي إلى طلب النصيحة من أهلها.

4- استنباب النظام: الالتزام بالواقع والطاعة التامة.

5- إشاعة العدل: بالنزاهة والإنصاف.

6- سجلات يوثق بها: دعوة إلى الحقائق التي تؤسس عليها القرارات.

7- سرعة تصريف الأمور: بالتخطيط العلمي.

---

(١) كلود جورج، مرجع سابق، ص ١٥٥، باختصار.

(٢) المرجع السابق، ص ١٥٧.

(٣) المرجع السابق، ص ١٧٦.

(٤) المرجع السابق، ص ٢٣٨ . ص ص ١٧٧ - ١٧٨ بتصرف قليل..

٨- المعايير والجداول: طريقة أداء المهام وتوقيتها.

٩- تنميط الظروف وتوحيدها.

١٠- تنميط العمليات توحيد الأسلوب.

١١- تعليمات ثابتة مكتوبة بالأساليب المرعية.

١٢- الرقابة على الكفاءة وتعويض العامل على نجاحه.

وأما مبادئ الإدارة الأربعة عشر التي وضعها هنري فايول [1]، فهي أكثر شـمولا مـن سابقاتها، وقد ظهرت بعد أولئك بقليل، حيث نشر هنري فايول هـذه المبـادئ في كتابـه ((الإدارة الصناعية والعامة)) عام ١٩١٦م [2]. وهي:

١- تقسيم العمل (التخصص يدخل في إطار الترتيب الطبيعي).

٢- السلطة والمسؤولية (المسؤولية مترتبة على السلطة).

٣- النظام (النظام هو ثمرة ما يضعه القادة به).

٤- وحدة جهة إصدار التعليمات (لا يحتمل العمّال أمراً مزدوج المصدر).

٥- وحدة التوجيه (رئيس واحد وخطة واحدة لمجموعـة مـن لأنشـطة ذات أهـداف واحدة).

٦- إخضاع المصلحة الفردية للمصلحة العامة.

٧- المكافأة (عادلة مجزية للجهد، معقولة).

٨- المركزية (المركزية تنتمي إلى الترتيب الطبيعي).

٩- التسلسل الهرمي (خط المسؤولية، مبدأ الفريق المتدرج).

١٠-الترتيب (مكان لكل إنسان وكل إنسا في مكان).

---

(١) المرجع السابق، ص ص ١٨٥ - ١٨٦، وكذلك د. عمار بوحوش، نظريات الإدارة العامة. عمان: المنطقـة العربيـة للعلـوم الإدارية، ١٩٨٠، ص ص ٢١ - ٢٥.

(٢) المرجع السابق، ص ١٧٩.

١١- المساواة (تنجم عن المزج بين الطبيعة والعدالة).

١٢- استقرار المستخدمين (المؤسسات الناجحة مستقرة).

١٣- الابتكار المبادأة (مصدر قوة كبير للعمل).

١٤- روح الفريق (الاتحاد قوة).

وذكر فايول في تقسيمه للمشروع الصناعي، ستة أنشطة منفصلة هـي: فنيـة وتجارية ومالية وأمنية وحسابية وإدارية. وأن النشاط الإداري هو أهم جميـع الأنشطة وأحقها بأكبر قـدر مـن العنايـة ويتكـون مـن: التخطيط والتنظيم والإشراف والتنسـيق والرقابة[١]. وقد شرح كل عنصر من عناصر النشاط الإداري الخمسة، ثم قـدم المبـادئ الأربعة عشر المذكورة آنفا، والتي تجعل الإدارة فعالة إذا راعتها وقامت على أساسها[٢].

من هذه المجموعات المشهورة في مبادئ الإدارة والعملية الإدارية، وغيرهـا، يمكننا تحديد أسس للمقارنة بين مبادئ الإدارتين: إدارة عمر رضي اللـه عنه والإدارة العامـة في الوقت الحاضر.

وتَدَعّ علماء الإدارة العامة أنفسهم يسمون لنا الأسس المطلوبة، فقد قدمنا تعريفنا للإدارة العامـة أنهـا العمليـة الإداريـة التـي تختـص بتوجيـه الجهـود البشـرية المشـتركة المنظمة لتحقيق بعض الأهداف[٣]، وهذا يشمل العناصر الآتية:

أولا: المُوجِّه (القائد).

ثانياً: الموجهون (العاملين بتوجيه المُوجه).

ثالثاً: الهدف المراد تحقيقه.

رابعاً: العملية التي لا بد من عملها للوصول إلى الهدف المنشود.

(١) المرجع السابق، ص ١٨٣.

(٢) المرجع السابق، ص ص ١٨٣ - ١٨٥.

(٣) د. أحمد رشيد، مرجع سابق، ص ٢٠.

هذا وأن العملية الإدارية هي في الواقع ليست عملية بسيطة ذات خطوة واحدة بل هي عملية مركبة من عمليات أصغر يعتمد بعضها على بعض ويتصل بعضها ببعض ولا يُفصَلُ بين هذه العمليات الجزئية إلا نظريا، وهي في نظر علماء الإدارة العامة، خمس عمليات: التخطيط، والتنظيم، وإعداد وتدريب الأفراد، والتوجيه، والرقابة[1] .

أما التخطيط فيقصد به: "جمع الحقائق والمعلمات التي تساعد على تحقيق الأعمال الضرورية لتحقيق النتائج والأهداف المرغوب فيها"[2] واتخاذ قرار بما ينبغي عمله بناء على كل المعلومات وبناء على طبيعة الهدف المراد تحققه.

ويقصد بعملية التنظيم: "تحديد الأعمال اللازمة لتحقيق أهداف المؤسسة وتنظيمها في إدارات وأقسام ووحدات ومستويات في ضوء تحديد العلاقات التي يمكن أن تنشأ بين الأعمال والقائمين عليها على كافة المستويات وفي كل الاتجاهات[3] ". أي أن التنظيم هو تحديد العمل المطلوب من كل عضو من أعضاء المؤسسة وتحديد العلاقات بين أولئك الأعضاء لتكون جهودهم أكثر فاعلية وكفاءة في تحقيق الأهداف المنشودة[4] .

أن لعملية التنظيم عددا من المباد، ويمكن اعتبار المبادئ التالية أهم ما أجمع عليه رأي غالبية المنظرين الإداريين، أمثال فردريك تيلر، وهني فايول، وهارينجتون امرسون، الذين ذكرنا إسهاماتهم آنفا، وهذه هي المبادئ[5] الأحد عشر:

١-   الهدف.

٢-   تقسيم العمل.

٣-   وحدة القيادة.

٤-   التنسيق.

---

(١) المرجع السابق، ص ص ٢١ - ٢٢.

(٢) المرجع السابق، ص ٩٣.

(٣) المرجع السابق، ص ١٤٥.

(٤) المرجع السابق، ص ١٤٦ بتصرف.

(٥) المرجع السابق، ص ١٥٣.

٥-   السلطة والمسؤولية.

٦-   تدرج السلطة.

٧-   المركزية واللامركزية.

٨-   التفويض.

٩-   نطاق الإشراف.

١٠- قصر سلسلة الأوامر.

١١- التوازن والمرونة.

ويقصد بعملية إدارة وتنمية الأفراد^(١)، اختيارهم للعمل العام في الدولة وتدريبهم وتنمية كفاءاتهم، ورعايتهم ماديا واجتماعيا ونفسيا، لأن الإنسان عنصر هام في العملية الإدارية، فهو الذي سينفذها بالتعاون والتنسيق مع رؤسائه ومرؤوسيه في الجهاز الإداري بأكمله، وقد تسمى هذه العملية توظيفا:

ويقصد بعملية التوجيه الإداري^(٢)، "العمل الدائم أثناء التنفيذ ذاته لمواجهة أية مشكلات، ولضمان أن سير العمل يتم بالمستوى المطلوب الذي يضمن دوما التحقيق المتكافئ للأهداف". أن هذه العملية هي عملية اتخاذ القرار المناسب في الوقت المناسب، وتوصيله بالطرق السليمة وبالسرعة المناسبة إلى من سيقوم على تنفيذه.

ويقصد بعملية الرقابة الإدارية^(٣) النشاط الذي تمارسه الإدارة للتحقق من قيم العمل على أساس الأهداف المرسومة وبأقل تكلفة.

إدارة عمر بن الخطاب العمليات الإدارية الخمس:

نستعرض في هذا البحث إدارة عمر بن الخطاب رضي الله عنه في ضوء العمليات الإدارية الخمس التي تشكل العملية الإدارية الكبرى، لنتبين نمط إدارة عمر قياسا على العملية الإدارية السائدة اليوم بمجملها.

(١) المرجع السابق، ص ٢١٢.

(٢) المرجع السابق، ص ٢٣٠.

(٣) المرجع السابق، ص ٢٦٥.

العملية الأولى: التخطيط.

أن وضع تصور للمستقبل بناء على المعلومات والإحصاءات المتوفرة في الحاضر، والعمل على تحقيق ما هو أمثل للجماعة، كان متبعا في إدارة عمر، وله شواهد، أوردنا بعضا منها في الفصل السابق، ومنها وضع خطة لمواجهة حشودات فارس الكثيفة بعد أن آلمتهم خسارتهم أمام جيوش المسلمين بقيادة خالد بن الوليد والمثنى بن حارثة وأبي عبيد بن مسعود الثقفي. وقد شارك في وضع الخطة كبار الصحابة، وكان تقضي ـ بأن يبعث عمر رجلا من أصحاب رسول الله صلى الله عليه وسلم، ويرميه بالجنود، فإن كان الذي يشتهي فهو الفتح وإلا أعاد رجلا وبعث آخر ففي ذلك غيظ للعدو. وقد صرفه الناس عن الخطة التي بيتها قبل ذلك وتقضي بأن يسير هو نفسه بالمسلمين إلى ملاقاة الفرس (١).

وقد قدمنا أيضا أن عمر أبى أن يقسم أراضي العراق المفتوحة عنوة بين المقاتلين واختار أن يضع على الأرض وعلوجها الخراج والجزية، فيضمن دخلا ثابتا لبيت المال.

لشحن الثغور بالرجال وإدرار العطاء عليهم، وأن يكون الخراج والجزية فيئا للمسلمين المقاتلة والذرية ولمن يأتي بعدهم. فهي خطة مالية طويلة الأجل، أخذت في الحسبان المقاتلة وهم الحاضرون للفتح، والذرية، وهؤلاء يحتاجون لإدرار العطاء عليهم سنوات عديدة مستقبلا، ولمن يأتي بعدهم من أجيال (٢). وقد ذكرنا كذلك خطة بناء البصرة والكوفة، وهي خطة تنمية وتطوير، كان هدفها تحسين مكان إقامة المسلمين، الذين غيرت ألوانهم وخومه أرض العراق، فلا يناسب سكناهم من البلاد والهواء إلا ما يناسب إبلهم، وكانت الخطة تقضي بأن يكون موقع الكوفة بريا بحريا، ولا يفصل بينهما وبين المدينة نهر ولا بحر، وبينت الخطة سعة المناهج – أي الطرق العريضة – والأزقة بين البيوت، وكانت تتراوح بين أربعين وسبعة أذرع، على أن يكون الحد الأدنى سبعة أذرع، وبينت الخطة نوع المواد التي أشار بها عمر في خطته لإعمار الكوفة، والبصرة كذلك، لكن الخطة جعلت لأهل الكوفة أن يختاروا بين البدائل المطروحة، القصب أو

---

(١) ابن الأثير، مرجع سابق، ج ٢، ص ص ٤٥٠ – ٤٥١.
(٢) علي الطنطاوي ناجي الطنطاوي، مرجع سابق ص ١١٥.

اللبن، ولما بنوا بالقصب، أكلت النيران بنيانهم البسيط، فبنوا بعد ذلك باللبن المتوفر في الموقع "من عمل الأقوام البائدة والباقية آثارهم"[1].

العملية الثانية: التنظيم الإداري.

وتتكون هذه العملية عند بعض الكتاب من أحد عشر مبدأ، ذكرناها آنفا، وبعضهم يجعلها أقل من ذلك، فيجعلها تتكون من عدة قواعد هي: وجوب قيام سلطة قيادة واحدة في الدولة، ووحدة القيادة والأمر، ووجوب التلازم والتناسب بين السلطة والمسؤولية، وتحديد الواجبات والمسؤولية بدقة وقاعدة التخصص[2]. وسنبحث المبادئ الأحد عشر للتنظيم واحدا واحداً.

المبدأ الأول: الهدف هو عبادة الله وحده.

أن الهدف الأسمى للإدارة العامة في الإسلام هو عبادة الله: ﴿ وَمَا أُمِرُوا إِلَّا لِيَعْبُدُوا اللَّهَ مُخْلِصِينَ لَهُ الدِّينَ حُنَفَاءَ وَيُقِيمُوا الصَّلَاةَ وَيُؤْتُوا الزَّكَاةَ وَذَلِكَ دِينُ الْقَيِّمَةِ (٥) ﴾[3]. ولهذا الهدف شواهد كثيرة في القرآن الكريم، وفي سيرة النبي صلى الله عليه وسلم وأقواله، وفي واحد من هذه الشواهد حصر الله سبب الخلق بشيء واحد هو العبادة ﴿ وَمَا خَلَقْتُ الْجِنَّ وَالْإِنْسَ إِلَّا لِيَعْبُدُونِ (٥٦) ﴾[4].

وقد كان هذا الهدف واضحا في أقوال رجال الحكم والإدارة في عهد عمر رضي الله عنه، نذكر منها قول أحدهم، وهو ربعي بن عامر، وكان يخاطب رستم، أحد عظماء الفرس:

---

(١) المرجع السابق، ص ص ١٥٥ – ١٥٦، وغيره.
(٢) د. سليمان محمد الطماوي، مرجع سابق، ص ص ١١٨ – ١٣٤.
(٣) سورة البينة الآية ٥. معنى دين القيمة: الدين المستقيم، أو الملة المستقيمة. (القرطبي، مرجع سابق، ج ٢٠، ص ١٤٤).
(٤) سورة الذاريات، الآية ٥٦.

((اللهُ جاء بنا، وهو بعثنا لنخرج من يشاء من عباده من ضيق الدنيا إلى سعتها، ومن جور الأديان إلى عدل الإسلام، فأرسلنا بدينه إلى خلقه، فمن قبله قبلنا منه ورجعنا عنه وتركناه وأرضه دوننا))[1].

أن هذا الهدف: عالمي إنساني رباني، يشمل جميع الخلق في جميع الأزمان وقد حققه كثير من الأنبياء في أممهم، وهو لا يخفى على أمة من الأمم اليوم، وخاصة أهل الكتاب منهم، كالنصارى واليهود.

وأن معنى العبادة في الإسلام يتعدى الأعمال التي يقوم بها المسلم في المسجد إلى الزكاة التي هي حق الله في المال، وإلى الطعام والشراب والمعاملات والأخلاق والسلوك العام، للفرد والجماعة.

فالعبادة لله وحده هدف رباني عالمي شامل لجميع الناس في لحياة، ولأنه من عند الله، فقد أخذ صفة الكمال والصدق والواقعية، لأن كلام الله يتصف بكل صفة كاملة حسنة نافعة. وذلك تمتاز الإدارة الإسلامية بسمو هدفا شموله وكماله، ويتوفر البيانات عنه، فهي محفوظة في كتاب الله تعالى وسنة نبيه إلى قيام الساعة.

المبدأ الثاني: تقسيم العمل

وقد حكم الهدف العام للحكومة أو الإدارة الإسلامية جميع الأعمال للفرد الجماعة فحتى يتحقق الهدف أوجب الله واجبات على كل مسلم، ذكر وأنثى، هي فروض وأوجب على الجماعة بمجموعات فرائض إذا قام با بعض الجماعة سقط عن الباقين فيكون الأجر من قام بالفريضة الجماعية، ولا يأثم من لم يشترك في أدائها، وهي فروض الكفاية التي لا تسقط إلاّ لمرض أو بحذر شرعي وهي واجبات يرعاها الخليفة ومن يعاونونه على مراعاتها وأما تنفيذ أحكام الشريعة فهي مسؤولية الخليفة ومن يختارهم لأدائها.

وقد بينا في الفصلين السابقين الواجبات الأساسية للإدارة العامة، وبينا الواجبات

(١) ابن الأثير، مرجع سابق، ج ٢، ص ٤٦٣.

التحسينية في إدارة عمر بن الخطاب، وهي أولياته في خلافته. فالأعمال الأساسية للإدارة الإسلامية عديدة الاختصاصات: التبليغ والتعليم وتنفيذ الأحكام الواجبة لحفظ الضرورات الأساسية للناس، والجهاد في سبيل الله. وتأتي الاختصاصات التحسينية في المرتبة الأدنى من الاختصاصات الأساسية، والتي تميز أعمال الإدارة الإسلامية التي قامت بها إدارة عمر أحسن قيام، هو الواجبات الأساسية الثابتة التي أنزلها الله وليست الأوليات والأعمال التحسينية، وأن كانت ذات فوائد عظيمة للمجتمع الإسلامي والإنساني.

وقد عرفنا في إدارة عمر كثيرا من الاختصاصات التي كان يقوم على أدائها مختصون في الجهاد في سبيل الله، والمسح للأرضين وإقامة الصلاة وسائر الفروض الواجبة .

المبدأ الثالث: وحدة القيادة:

اختيار الخليفة في فرض عمر رضي الله عنه وقال لصهيب بن سنان:

((صلّ بالناس ثلاثة أيام، وأدخل هؤلاء الرهط - يعني الستة الذين سماهم لاختيار الخليفة من بين أنفسهم - بيتا، وقم على رؤوسهم، فإن اجتمع خمسة وأبي واحد فاشدخ رأسه بالسيف، وأن اتفق أربعة وأبي اثنان فاضرب رؤوسهما، وأن رضي ثلاثة رجلا، وثلاثة رجلا، فحكموا عبد الله بن عمر، فأن لم يرضوا بحكم عبد الله بن عمر فكونوا مع الذين فيهم عبد الرحمن بن عوف، واقتلوا الباقين إن رغبوا عما أجمع عليه الناس[1] .

أن هذا القول يمثل موقف عمر من وحدة القيادة

وقد كان عمر هو قائد المسلمين، وكان أبو بكر قبله قائدا للمسلمين، ولم يكن المسلمون يطلقون على رؤسائهم لفظ قادة، بل أمراء، لأنهم يصدرون الأوامر الواجبة الطاعة، إلا إذا كان فيها معصية، وكانوا يعرفون أيضا بأولي الأمر، أي أصحاب الأمر فولي أمر المسلمين هو قائدهم، ويكون واحدا، ولم يكن جماعة في عهد عمر، وولاية الأمر في الإسلام أشبه بإقامة الصلاة، يوم الناس رجل واحد، فيأتمون به.

(١) المرجع السابق، ج ٣، ص ٦٧.

المبدأ الرابع: التنسيق

في تاريخ الفتح الإسلامي لبلاد فارس والشام أمثلة عديدة على التنسيق بين قيادات الفتح بتوجيه من أمير المؤمنين، وكان العمل المشترك بين قيادات الفتح الإسلامي هو العامل الأقوى في انتصاراتهم على فارس والروم.

كانت وقعة اليرموك في خلافة أبي بكر الصديق وخلافة عمر بن الخطاب رضي الله عنهما، وبدأ التنسيق في خلافة أبي بكر بانتقال نصف جيش المسلمين في العراق إلى الشام ثم تأمّر خالد بن الوليد في اليوم الأول من معركة اليرموك على جميع الجيش بالتنسيق مع أمراء الجند، ويذكر المؤرخون كيف تم التنسيق حسبما ارتآه لهم خالد رضي الله عنه، وكان مما قاله:

((أن هذا يوم من أيام الله لا ينبغي فيه الفخر ولا البغي، أخلصوا جهادكم وأريدوا الله بعملكم، فإن هذاه يوم له ما بعده، ولا تقاتلوا قوما على نظام وتعبئة وأنتم متساندون فإن ذلك لا يحل ولا ينبغي، وأن من وراءكم لو يعلم علمكم حال بينكم وبين هذا، فاعملوا فيما لم تؤمروا به بالذي ترون أنه من واليكم ومحبته".

قالا: هات فما الرأي؟ ((قال: أن أبا بكر من يبعثنا إلا وهو يرى أنا سنتياسر، ولو علم بالذي كان ويكون لقد جمعكم، أن الذي أنتم فيه أشد على المسلمين مما قد غشيهم، وأنفع للمشركين من أمدادهم ولقد علمت أن الدنيا فرقت بينكم، فالله الله! فقد أفرد كل رجل منكم ببلد لا ينتقصه منه أن دان لأحد من الأمراء ولا يزيده عليه إن دانوا له. أن تأمير بعضكم لا ينتقصكم عند الله ولا عند خليفة رسول الله صلى الله عليه وسلم، هلموا فإن هؤلاء قد تهيأوا، وأن هذا يوم له ما بعده، أن رددناهم إلى خندقهم اليوم لم نزل نردهم وإن هزمونا لم نفلح بعدها. فهلموا فلنتعاور الإمارة فليكن بعضنا اليوم، والآخر غدا والآخر بعد غد حتى تتأمّروا كلكم، ودعوني أتأمّر اليوم. فأمّروه"[1].

أن هذا التنسيق الميداني بين الأمراء سببه صعوبة الاتصال السريع بالخليفة لبعد المسافة بين الشام والمدينة ولذلك تعاوروا الإمارة العليا، فنصرهم الله. وكانت معركة اليرموك إحدى المعار الفاصلة في فتح الشام، والفضل في التنسيق الميداني بين الجيوش

---

(١) المرجع السابق، ج ٢، ص ٤١١.

يعود لمبادرة خالد بن الوليد، من غير أن يكون أُمِر من الخليفة بـذلك، بـل كـان تنسيقا وليد ساعته واقتناع الأمراء به، وهم أبو عبيدة بن الجراح، وشرحبيل بـن حسـنة وعمر بن العاص ويزيد بن أبي سفيان أما عكرمة بن أبي جهل فقـد كـان فـي بضـعة آلاف يقف في الصحراء حماية خلفية لجيش المسلمين العـام، يحمـي ظهـورهم، وهـو تنسـيق كذلك فيما بين الأمراء.

وفي التجهيز لمعركة القادسية، في العراق، ثم التنسيق مع قيادة الجيش في الشـام، فقد كتب عمر إلى أبي عبيدة ليصرف أهل العراق ومن اختار أن يلحق بهم إلى العراق[1] . وقد جاءت الإمدادات من الشام في اليم الثاني مـن أيـام القادسـية، وهـو يـوم أغـاث، وعليهم هاشم بن عتبة بن أبي وقاص، وعلى مقدمته القعقاع بن عمرو التميمي[2] .

وإجمالا فلم تكن في إدارة عمر رضي اللـه عنـه دوائـر مركزيـة متعـددة، بـل كـان جميع العاملين في القطاع العام أشبه بدائرة واحدة كبيرة، رئيسها عمر بن الخطاب رضي اللـه عنه، وأكبر التجمعـات الشـبيهة بالـدوائر الحكوميـة هـم العـاملون فـي الجهـاد فـي الأمصار، وكان هؤلاء يتعاونون فيما بينهم تعاونا كاملا، لا تناقص فيه، ولم نلحـظ نفـورا بين أميرين من أمراء المسلمين في الأمصار أو عـلى الجنـد، كـانوا جميعا في غير الصلاة كأنهم في صلاة، يسوون الصفوف، ويلينون في يد الإمام إذا عدَّل صفا مائلا.

لقد كانت العبادات أشبه بمدرسة للمسلمين يتعلمون منها التعاون واللين والطاعـة المطلقة فيما لا معصية فيه، وروح الفريق الواحد، الحسن التنسيق.

ويمكننا القول: أن التنسيق بلغ درجة عالية، حتى ليصح أن توصف دولة الإسلام في عهد عمر رضي اللـه عنـه بالدائرة الواحـدة، يعمـل فيهـا رجـال متعـاونون عـلى الـبر والتقوى، وتسير فيها شؤون المسلمين، على أفضل صـورة مـن التعـاون، الـذي يقـل عنـه وصف التنسيق كثيرا.

---

(١) المرجع السابق، ص ٤٥٣.
(٢) المرجع السابق، ص ٤٧٣.

المبدأ الخامس: السلطة والمسؤولية

تعرف المسؤولة بأنها الـتـزام مـن قـبـل الـعـامـل أو الموظف بـأداء مهـام العمـل أو الوظيفة الموكولة إليه[1].

وتعرف السلطة بأنها الحق الرسمي الذي يعطي للمسؤول مـن قـبـل رؤسائه ليكلف غيره ممن يعمل تحت رئاسته بـأداء العمـل، وسؤالهم عـن كـل مـا يـؤثر على حسـن الأداء[2]. أما القوة فهي القدرة على جعل الآخرين يقومون بالعمل المطلوب بالتأثير والإقناع[3]، فالسلطة والمسؤولية شيئان متقابلان، بينهما تـوازن، لضمان حسـن القيام بالعمل المطلوب، ويعتبر علماء الإدارة أن السلطة والمسؤولية متعادلان[4].

أما المسؤولية في إدارة عمر بن الخطاب فيبينا قول الرسول صلى اللـه عليه وسـلم الذي رواه عبد اللـه بن عمر، وأخرجه الإمام البخاري وغيره.

((ألا كلكم راع وكلكم مسؤول عـن رعيته، فالإمام الـذي عـلى النـاس راع وهو مسؤول عن رعيته، الرجل راع على أهل بيته وهو مسؤول عن رعيته، والمرأة راعية على أهل بيت زوجها وولده وهي مسؤولة عنهم، وعبد الرجل راع على مـال سيد، وهو مسؤول عنه، ألا فكلكم راع، وكلكم مسؤول عن رعيته))[5].

ففي هذا الحديث النبوي، يبين رسول اللـه صلى اللـه عليه وسلم أن كل النـاس مسؤولون، و اللـه سائلهم عما استرعاهم، والناس متفاوتون في نوع الرعية التابعـة لهـم وحجمهما، فالإمام رعيته جميع الناس في الدولة، ورعية الرجل أهل بيته، ورعية المـرأة أهل بيت زوجها وولده، والخادم رعيته مال سيده، فالكبير والصغير في المجتمع الرجل المرأة والحر والعبد، أو الخادم والسيد، جميعهم سيسألهم اللـه عن رعاياهم، فيعذب المضيع لرعيتة الخائن لأمانته، أما من يؤدي للرعية حقها، فهو الفائز.

(١) د. أحمد رشيد، مرجع سابق، ص ١٦١.
(٢) المرجع السابق، نفس الصفحة.
(٣) المرجع السابق، ص ١٦٢.
(٤) المرجع السابق، ص ١٦١.
(٥) الإمام البخاري، مرجع سابق، ج ٩، ص ص ٥١ - ٥٢.

ولأن رعية الإمام هي جميع أهل دار الإسلام، ولا يستطيع أن يقوم بمهام عمله وحده، فقد أوجب الله على الناس حق الطاعة له، قال الله تعالى ﴿يا أيها الذين آمنوا أطيعوا الله وأطيعوا الرسول وأولي الأمر منكم﴾[1] فحق الطاعة لله وللرسول صلى الله عليه وسلم ولولي الأمر من المؤمنين.

فسلطة ولي الأمر على الناس لها مظهر وثمرة، هذه الثمرة هي الطاعة.

فإذا رجعنا إلى معنى كل من المسؤولية السلطة في الوقت الحاضر عند علماء الإدارة العامة، نجد أن الخليفة عمر تحمل مسؤوليات الأمة بالنيابة عنهم بقبوله إمرتهم وقد منحوه سلطة إصدار الأمر ليواجه مسؤولياته التي التزم بها أمامهم بعد البيعة، فالمسؤولية والسلطة متسقان. وحين كان عمر يستعمل رجلا على عمل عام للمسلمين كان يمنحه من السلطة ما يتسق مع المسؤولية التي يحمله إياها، ويظهر سلطة الأمير أو الوالي على جماعة أو عمل، في طاعة العاملين تحت إمرته له.

المبدأ السادس: تدرج السلطة

الأمة المسلمة بمجموعها هي صاحبة القول الفصل في جميع الأمور التي تخصها. ولا يحق لأحد من الناس أن ينتزع هذا الحق منها بغير رضاها، ولها الحق مجتمعة بتخويل هذا الحق إلى رجل منها. فإذا صار ولي الأمر على الأمة نيابة عنها وبتفويض منها، فلها حق نزع هذا التفويض إذا لم يكن من اختارته أهلا لولاية الأمر.

أخرج البخاري عن ابن عباس أن علي بن أبي طالب رضي الله عنه، خرج من عند رسول الله صلى الله عليه وسلم في وجعه الذي توفي فيه، فقال الناس يا أبا الحسن: كيف أصبح رسول الله صلى الله عليه وسلم؟ فقال أصبح بحمد الله بارئا، فأخذ بيده عباس بن عبد المطلب، فقال له: أنت الله بعد ثلاث عبد العصا، وأني و الله لأرى رسول الله صلى الله عليه وسلم سوف يتوفى من وجعه هذا، أني لأعرف وجوه بني عبد المطلب عند الموت، اذهب بنا إلى رسول الله صلى الله عليه وسلم فلنسأله فيمن هذا الأمر، إن كان فينا علمنا ذلك، وأن كان في غيرنا علمناه فأوصى بنا، فقال علي: أنا و الله

_____

(١) سورة النساء، الآية ٥٩.

لئن سألناها رسول الله صلى الله عليه وسلم فمنعناها لا يعطيناها الناس بعده، وإني و الله لا أسألها رسول الله صلى الله عليه وسلم» [1].

فهذا الخبر الصحيح يبين أن رسول الله صلى الله عليه وسلم الذي اختاره الله لتبليغ رسالته الخاتمة إلى الناس هو أعلى مرجع للمسلمين لأنه يبلغ عن ربه، و الله اصطفاه لذلك، و الله سبحانه أعلم حيث يجعل حيث رسالته، وأن الناس هم أصحاب الحق في وضع الأمانة حيث يشاؤون، أي منح سلطة إصدار الأمر.

حينما توفي رسول الله صلى الله عليه وسلم اختار الناس أبا بكر رضي الله عنه خليفة لرسول الله صلى الله عليه وسلم، وفي خبر عزل خالد عن التقدم في جيوش المسلمين في الشام، ذكرنا قول خالد لعمر رضي الله عنهما: أشكوك إلى المسلمين. لأن مرجع الناس إلى ولي الأمر، ومرجع ولي الأمر إلى الناس، وقد كان عمر بن الخطاب يستشير وجهاء الناس فيما يحل له من المال، لم يكن يملك أن يأكل من مال المسلمين المؤتمن عليه إلا برضاهم وتقدير لما يكفيه منهم.

فإذا خول الناس أحدهم ولاية أمرهم، صار يتعرف نيابة عنهم، ويثبت له هذا الحق منذ البيعة العامة، وهي علامة التوكيل أو التفويض منهم إليه بالسلطان وحمل الأمانة.

ثم هو يعهد إلى الرجال الأقوياء الأمناء العلماء فيوليهم شيئا من أمر المسلمين ليعينوه، وهذا العهد هو تفويض أو توكيل فيصبحون أصحاب سلطان بقدر ما في كتاب العهد الذي كتبه لهم الخليفة أو الإمام.

فالتدرج في السلطة مبدأ معمل به في إدارة عمر رضي الله عنه وكان عمر قد ولي أمر المسلمين بعد من أبي بكر الذي كان ولي أمر المسلمين باختيارهم وقبولهم مبايعتهم له.

وكان عمر يولي رجالا على العمل للمسلمين في الإمارة والمال المساحة لترجمة والكتابة وغيرها بقوة عقد البيعة وموجبه.

وتصير سلطة كل رجل ولي أمرا عاما للمسلمين بعهد من أمير المؤمنين بمقدار ذلك العهد وما نص عليه.

_____

(١) الإمام البخاري، مرجع سابق، ج ٦، ص ١١.

ولم يكن الهرم الإداري الذي يجلس على أعلاه عمر رضي الله عنه هرما عاليا بل كان هرما قصيرا، وكان مركز الخليفة قريبا من قاعدة الهرم لقصره، فعلى الرأس الخليفة، وعلى الأمصار، تحت الخليفة مباشرة، أمراء الأمصار، ولم يكن عند ولاة الأمصار دوائر معقدة، ولا أعداد كبيرة من الموظفين العامين، لقد كان الأمر أبسط من ذلك بكثير، لقد كانوا بضعة نفر حول الأمير، وبهؤلاء النفر يستعين في قيامه بعمله الموكل إليه، لأن المجتمع بلغ من السمو الخلقي والعملي والتعاون والطاعة للأمير والاندماج في الهدف العام درجة عالية، وكذلك كان أولياء الأمور في القمة والقاعدة ذوي كفاءة وإخلاص في العمل، فكان الواحد منهم يقوم بأعمال رجال عديدين من رجال الإدارة العامة اليوم.

المبدأ السابع: المركزية واللامركزية.

المقصود بالمركزية: الاتجاه إلى تركيز السلطة الرجوع إلى المركز في اتخاذ كافة القرارات المنظمة للعمل. أما اللامركزية فيقصد بها توزيع السلطات وإعطاء الحرية باتخاذ القرارات من قبل العاملين خارج المركز. وجدير بالذكر أنه لا تجد مركزية مطلقة أولا مركزية مطلقة إلا من الناحية النظرية، ففي واقع الأمر توجد مواءمة بين المركزية واللامركزية. [١]

فإذا نظرنا في إدارة عمر بن الخطاب رضي الله عنه من زاوية مبدأ المركزية واللامركزية، نجد أن اتخاذ القرارات المركزية وكثير من القرارات المصيرية في جبهات القتال ميادين الأمار كان يتم مركزيا في المدينة المنورة ويتخذ القرارات أمير المؤمنين عمر بعد أن ينضجها بمداولة الرأي والمشورة، فقد اتخذ عمر رضي الله عنه بهذا الأسلوب قرار خوض وقعة القادسية، ووقعة نهاوند، ووضعت خطة الحرب في المدينة، وكان البريد ينتقل يوميا بين المدينة والقادسية قبل خوض المعركة، بطلب من أمير المؤمنين عمر إلى سعد بن أبي وقاص أن يكتب إليه بأخبار المواجهة المتوقعة وتحركات الفرس كل يوم [٢].

أما اللامركزية فقد كان معمولا بها كذلك في أمصار الدولة المترامية الأطراف ولم يكن ممكنا أن يعمل بالمركزية إلا في القرارات المصيرية (الخطط العامة والقضايا الكبرى)

---

(١) د. احمد شيد، مرجع سابق، ص ص ١٦٣ - ١٦٤.
(٢) ابن كثير، البداية والنهاية، مرجع سابق ج ٧، ص ٣٨.

ولذلك كان لا بد من تفويض أمراء الأمصار بصلاحيات أمـير المـؤمنين، فكـان كـل مصر يتخذ ما يخصه من قرارات، ثم يبعث البريد لأعلام المـؤمنين في المدينة. وقد تمضي شهور لا يتلقى أمير المؤمنين أخبارا عـن بعـض الأمصار، فكـان هـو يبعـث البريد سائلا مستوضحا، أو مستدعيا لأمير المصر إلى المدينة للتحقيق في سبب انقطاع أخباره.

كما حدث مع عمر بن سعد أمير حمص[1]. ومن الأمثلة على اللامركزية الإدارية في في عهد عمر، أن يستخلف أمير مكة نافع بن عبد الحارث، احد الرجـال القـراء الفقهاء عبد الرحمن بن أبزى وهو من الموالي ويوجه إلى المدينة دون الاستئذان مـن عمـر أمـير المؤمنين في ذلك[2]. وباختصار فإن مبدأ المركزية اللامركزية في إدارة عمـر مركزيـة في التخطيط، ولا مركزية في التنفيذ (حسب تعبيـر الـدكتور الطمـاوي في كتابه عمـر بـن الخطاب وأصول السياسة والإدارة الحديثة).

المبدأ الثامن: التفويض

يقصد بالتفويض في المصطلح الإداري اليـوم نقـل جـزء مـن السـلطة - أي حـق التصرف - إلى المرؤوسين، تحقيقا لمبدأ تدرج السلطة، ومبدأ تعادل السـلطة والمسؤوليـة تمشيا مع الاتجاه إلى اللامركزية[3].

ومن تطبيقاته في إدارة عمر بن الخطاب تفويض عمر (لمحمد بـن مسـلمة) بحـق التصرف مع العمال - أي موظفي الدولة. فقد كان مفوضا بمحاسبتهم والتحقيـق معهـم في قضايا إدارية عامة وشكاوى الناس عليهم، كما ذكرنا آنفا.

ومن الأمثلة كذلك الاستخلاف المؤقت، فقد كان عمـر يسـتخلف علـى المديـة حـين يخرج منها إلى الحج أو الشام أو غيرها، فيكون المستخلف مفوَّضا بحق التصرف مكـان الخليفة إلى أن يعود، فيقيم في الناس الصلاة، ويحكم فيما شجر بينهم. وقد كـان مـن المستخلفين - أي المفوَّضين مؤقتا - علي بن أبي طالب، وزيد بن حارثة كما ذكرنا في

(١) علي الطنطاوي وأخوه ناجي، مرجع سابق، ص ١٩٤ ما بعدها.
(٢) المرجع السابق، ج ١٨٨.
(٣) د. أحمد رشيد، مرجع سابق، ص ١٦٥.

مبدأ التفويض في الفصل الثاني.

وكان الأمراء كذلك يفوّضون رجالا على أعمالهم إذا خرجوا مـن مقـر عملهـم كاستخلاف سعد بن أبي وقاص عبد الـلـه بن عبد الـلـه بن عتبان على الكوفة، حين قدم سعد إلى المدينة مع محمد بن مسلمة في شكوى الجراح الأسدي عليه بـأن سعدا لا يحسن الصلاة!(1) وغير ذلك.

المبدأ التاسع: نطاق الإشراف

عندما يتولى الرئيس مهمة، ويشرف على عدد مـن المرؤوسين فإن عليه أن يتابع موقف كل منهم ويتلقى منهم المعلومات ويصدر إلـيهم التوجيهات، ويتخذ القرارات الملائمة ليسر العمل، ينسق بين جهـود العـاملين، ويراقـب التنفيـذ، للوصول إلى النتائج المطلوبة، كلما ازداد عدد هؤلاء المرؤوسين زاد عبء الإشراف الواقع على الرئيس(2).

إذا نظرنا في الهيكل التنظيمي للدولة في عهد عمـر تبين لنا أن عـدد المرؤوسين المباشرين لأمير المؤمنين يزيد عن عشرة قليلا، وهذا يدل على أن عـدد حركات الاتصال المباشر وغير المباشر كبير جدا بحساب معادلة حركات الاتصال الحديثة، والتي يعبر عنها بما يلي:

$$\text{عدد حركات الاتصال} = \frac{\text{ن}(\text{ن}-1) + (\text{ن}-1)}{2} = 10\left(\frac{10 \times 2}{2}\right) = 10(10 - 1) = 90$$

حيث ن عدد المرؤوسين(3).

فإذا كان عدد المرؤوسين عشرة، فإن حركات الاتصال تبلغ ٩٠ حركة وهو رقم كبير جدا، يكاد يكون محالا في عهد عمر لكننا إذا استذكرنا أن عمر لم يفقد السيطرة الفعالة على سير أعمال الأمراء المرؤوسين، أدركنا كفاءة عمر العالية في الإشراف والمتابعة، أدركنا أن الرئيس الذي يتمتع بالقوة والأمانة أي القوة علـى العمـل، والأمانـة فيـه، لتقـواه في مراقبه لنفسه، أدركنا سهولة الإشراف على سير عمله من مرؤوسيه.

(١) ابن الأثير، مرجع سابق، ج ٣، ص ٧.
(٢) د. أحمد رشيد، مرجع سابق، ص ١٦٦.
(٣)

ثم أن هذه الحركات العديدة يمكن وجودا في دائرة واحدة ، في مبنى واحد، وليس في بلاد تبلغ مساحتها ثلاثة أرباع أوروبا اليوم.

وكذلك فإن طبيعة النشاط المقرر أغلبه مسبقا في القرآن والسنة وكفاءة أمير المؤمنين وقدراته الشخصية الفذة، وكفاءة أمراء الأمصار وعمال الدولة، جعلت إشراف عمر على عشرة أو أكثر أمرا غير عسير.

ويمكن أن يضاف إلى ذلك وجود المستشارين الذين يعاونون عمر في اتخاذ القرارات، ووجود المساعدين الذين يقومون بأعمال يفوضهم بها عمر للإشراف عليها نيابة عنه، كل ذلك سهل عملية الإشراف في عهده على عدد كبير نسبيا بمقياس نطاق الإشراف في العصر الحديث.

أما وسائل الاتصال في عهد عمر فلم يكن سوى البريد، ينتقل بين المدينة والأمصار - أي مراكز الإدارات في الأقاليم. كان مكة هي أقرب مركز إداري إقليمي إلى المدينة، وبينهما عدة أيام على البريد، أما الأقطار النائية في الجزيرة والشام وقطر عمان والبحرين واليمن فالمسافات أطول من ذلك بكثير.

وعلى أي حال فإننا لم نجد نصا يحدد عدد المرؤوسين التابعين لأمير المؤمنين، وكان الواقع هو الذي يحدد ذك، وكانت مقدرة عمر على متابعة أعمال الأمراء تغطي الثغرات بسبب غياب النص.

أما عدد المرؤوسين التابعين لوالي المصر أو الإقليم فعددهم قليل، ففي الكوفة، أكبر الأمصار، كان يعمل تحت أمرة الوالي أمين بيت المال، وهو نفسه المعلم للناس، والمسّاح الذي مسح الأرضين ويضع عليها الخراج وعلى رؤوس المزارعين الجزية، والمصدق الذي يجمع الزكاة، ولا يستبعد وجود كاتب أو أكثر للرئاسة وديوان العطاء، وقد يكون الأمير نفسه هو الذي يكتب الرسائل، وقد يكون كاتب الديوان قد مارس عمله لمدة وجيزة حتى فرغ منه، وعاد إلى عمله في الجهاد أو غيره.

المبدأ العاشر: قِصَر سلسلة الأوامر

لقد كانت سلسلة الأوامر قصيرة في بيعه عمر رضي الله عنه، فكانت تتكون من ثلاث حلقات: الخليفة، وأمراء الأمصار، والعاملين تحت أمرتهم.

ومثال ذلك سلسلة: عمر أمير لمؤمنين - سعد بن أبي وقاص، أمـير الكوفـة - عتبـة بن غزوان عامل سعد على البصرة، فقد جاء في طبقات ابن سعد أن عمر بـن الخطاب كتب إلى سعد بن أبي وقاص أن يضرب قيروانه[1] بالكوفة، وأن يبعث عتبة بـن غـزوان - وكان مع سعد - إلى أرض الهند، فإن له من الإسلام مكانا، وقد شهد بـدرا، وقـد رجـوت جزاءه عن المسلمين، والبصرة تُسَمّى يومئذ أرض الهند، فينزلهـا، ويتخـذ بهـا للمسلمين قيروانا ولا يجعل بيني وبينهم بحرا، فدعا سعد ابن أبي وقاص عتبـة بـن غـزوان وأخـبره بكتاب عمر، فأجاب، وخرج من الكوفة في ثماني مائة رجل، فسـاروا حتـى نزلـوا البصرة، وإنما سميت البصرة بصرة لأنها كانت فيها حجارة سود[3].

فهذه السلسلة هي مثال على سلسلة الأوامر التي كانت تصدر عـن أمـير المـؤمنين إلى أمير المصر ومنه إلى رجل في حاشيته لِيُنفذ أمر أمير المؤمنين.

أما في دائرة المصر الواحد، فكانت السلسلة أقصر ـ مـن ذلـك، فتتكـون مـن حلقتين فقط، الأمير والوالي التابع له.

مثال ذلك أن سعد بن أبي وقاص كـان يكتب إلى عتبـة وهـو عاملـه، فوَجَد - أي غضب - من ذلك عتبة، فاستأذن عمر أن يقدم عليه، فأذن لـه، واستخلف علـى البصرة المغيرة بن شعبة فقدم عتبة على عمر فشكا إليه تسلط سعد عليه، فسكت عنه مـر، فأعاد ذلك عتبة مرارا، فلما أكثر على عمر قال: وما عليك يا عتبة أن تُقِر بالإمرة لرجل من قريش، له صحبة مع رسول الله صلى الله عليه وسلم، وشرف، فقال لـه عتبـة: ألست من قريش؟ قال رسول الله صلى الله عليه وسلم: حليف القوم منهم، ولي صحبة مع رسول الله صلى الله عليه وسلم، قديمة، لا تنكر ولا تدفع. فقال عمر: لا ينكر ذلك من فضلك، قال عتبة أما إذ صار الأمر إلى هذا، فوالله لا أرجع إليها أبدا! فأبى عمر إلا أن يرده إليها فرده إليها فمات في الطريق[3].

ففي هذا المثال تتبين السلسلة التي كانت تسير عبرها الأوامر مـن الخليفة إلى

---

(١) القيروان: معظم الكتيبة أو القافلة أو الجماعة من الخيل (المعجم الوسيط ص ٧٧٥): وهي هنا المستقر الـذي يقيم فيه العسكر، والله أعلم.

(٢) ابن سعد، مرجع سابق، ج ٧، ص ٦.

(٣) المرجع السابق، ص ص ٩-٨، وابن الأثير، مرجع سابق، ج ٢، ص ص ٤٨٨ - ٤٨٩.

الأمصار، ومن الأمصار إلى العاملين فيها تحت إمرة الوالي على المصر.

المبدأ الحادي عشر: التوازن والمرونة

يقصد بالتوازن في التعبير الإداري المعاصر: المواءمة بين عدد من المبادئ والاعتبارات، ويقصد بالمرونة مواجهة التغيرات البيئية المختلفة[1].

لم يكن في إدارة عمر اختلال في مبادئ الفكر الإداري التي تحكم العمل الإداري، بل كان التناسق والتوازن بينها هو القاعدة، فقد اتّحد هدف الفرد المسلم مع هدف المؤسسة الإسلامية، حتى صارا هدفا واحدا. الفرار إلى الله من عذابه، بطاعته وطاعة نبيه صلى الله عليه وسلم وطاعة أولي الأمر. واتحدت مصالح الفرد مع مصالح الجماعة حتى صار مقياس الإيمان أن يحب المرء لأخيه ما يحب لنفسه، وكان للماديّات اعتبارها، وللروحانيات اعتبارها، بحيث لا تطغى واحدة على الأخرى، وتبينت حدود مسؤولية كل فرد في الدولة، فلا تزر وازرة وزر أخرى، فعلى الإمام وزرة ومسؤولياته، وعلى الأمير وزره ومسؤولياته، وللعاملين في الدولة أوزارهم على قدر مسؤولياتهم، لم يكن أحد يعتدي على سلطة الإمام، فكل يعرف حدوده، ويقف عندها، والمطلوب من كل إنسان في أي موقع كان، في القطاع العام أم في القطاع الخاص أن يقم بما يطيق، فعامل البيئة مأخوذ به في جميع الأحوال، ﴿ لَا يُكَلِّفُ اللهُ نَفْسًا إِلَّا وُسْعَهَا ﴾[2]. و ﴿ لَا يُكَلِّفُ اللهُ نَفْسًا إِلَّا مَا آتَاهَا ﴾[3].

أن هذا التوازن في المبادئ هو من عند الله تعالى.

أما التوازن في التطبيق فقد بلغ درجة عالية من الإتقان فكان الخليفة يقف عنده حده وكانت عند عمر سياسة المرونة فكان يرجع إلى الحق إذا بان له وكان الصحابة يفعلون مثل ذلك، فكان يكفي أن يسمع عمر قول الله تعالى في أي مسألة أو موقف حتى يلتزم به ويرجع عن موقفه، فقد أخرج البخاري في باب قوله تعالى: ﴿ خُذِ الْعَفْوَ وَأْمُرْ بِالْعُرْفِ وَأَعْرِضْ

---

(١) د. أحمد رشيد، مرجع سابق، ص ١٧١.
(٢) سورة البقرة، الآية ٢٨٦.
(٣) سورة الطلاق، الآية ٧.

عَنِ الْجَاهِلِينَ (١٩٩)﴾ من سورة الأعراف أن عُيينة بن حصن بن حذيفة قدم (المدينة) فنزل على ابن أخيه الحر بن قيس وكان من الفقراء الذين يدنيهم عمر، وكان القراء أصحاب مجالس عمر ومشاورته، كهولا كانوا أو شبانا، فقال عيينة لابن أخيه: يا ابن أخي لك وجه – أي جاهة – عند هذا الأمير، فاستأذن لي عليه، قال: سأستأذن لك عليه.. فاستأذن الحر لعيينة فأذن له عمر، فلما دخل عليه قال: هي يا ابن الخطاب: فو الله ما تعطينا الجزل ولا تحكم بيننا بالعدل، فغضب عمر حتى هم به، فقال له الحر، يا أمير المؤمنين: أن الله تعالى قال لنبيه صلى الله عليه وسلم: (خذ العفو، وأمر بالعرف وأعرض عن الجاهلين) وأن هذا من الجاهلين، و الله ما جاوزها عمر حين تلاها عليه، وكان وقافا عند كتاب الله [١].

فلم يكن عمر جامدا صلبا لا يتزحزح عن موقفه في جميع الأحوال بل كان الحق رائده، وكان لاحق رائد عمال الدولة كذلك.

هذه الأخلاق اللينة الهينة السهلة المرنة كانت تظهر على إدارة عمر حيثما ظهر له وجه الحق، وقد مرت معنا أمثلة عن رجوعه عن التمييز بين المسلمين في العطاء، وقال لئن عشت إلى قابل، لألحقن آخر الناس بأولهم حتى يكونوا في العطاء سواء [٢]. واعترف بخطأ ظنونه في خالد بن الوليد، وقال: يرحم الله أبا سليمان، كان على غير ما ظننا به [٣]. ولما بلغ عمر ما فعل خالد في بلاد الروم من بطولات الحرب والإدارة، قال: أمر خالد نفسه، يرحم الله أبا بكر، هو كان أعلم مني بالرجال [٤].

هذه الأمثلة عن مرونته في سياسته وفي مواقفه تكفي لبيان جانب من إدارات المتوازنة المرنة.

---

(١) الإمام البخاري، مرجع سابق، ج ٦، ص ص ٥٠ – ٥١.
(٢) علي الطنطاوي، وناجي الطنطاوي، مرجع سابق، ص ١٢٢.
(٣) ابن سعد، مرجع سابق، ج ٧، ص ص ٣٩٧ – ٣٩٨.
(٤) ابن الأثير، مرجع سابق، ج ٢، ص ٤٩٤.

العملية الثالثة: إدارة شؤون الموظفين.

تقوم هذه العملية الإدارية على أسس من حيث وصف الوظائف العامة وترتيبها في سلام، مبينا عليه درجاتها ورواتبها، وتأخذ هذه الأسس الوضع القانوني إذا وافقت عليها السلطة التشريعية، وقد يسمى هذا القانون قانون الخدمة المدنية، أو يأخذ اسما مشابها.

إن أعداد الوظائف في الدولة الحديثة كبيرة لكثرة الأعمال والخدمات العامة الملقاة على عاتقها.

وعند المقارنة بين أنظمة وقوانين الخدمة المدنية المعاصرة وتنظيم الوظيفة العامة في عهد عمر بن الخطاب نجد اختلافا كبيرا في الحجم والمضمون، فلم يكن حجم الخدمات في دولة صدر الإسلام بحجم الخدمات العامة اليوم، ولذلك لم يكن عدد الموظفين في عهد عمر قريبا من عدد الموظفين في بلدية متوسطة في الإدارة المحلية المعاصرة، فكيف إذا قورنت بدولة مساحتها وعدد سكانها يشابه دولة صدر الإسلام في عهد عمر؟!

إن صغر حجم الجهاز الإداري للدولة في عهد عمر هو ظاهرة تلفت الانتباه، فقد كانت إدارات فارس الروم أكثر عددا وأكثر تعقيدا، فكانت عندهم جيوش متفرغة للثغور، وكانت عندهم وظائف كتابية ومالية عديدة، كالدهاقين وكتبة الديوان، مما ورد ذكره في الفصل الثالث من هذا البحث. وإذا استذكرنا ما أوردناه في الفصل الثالث نجد أن مستويات الوظيفة العامة في عهد عمر كانت ثلاثة: إدارة عليا، وسطى، ودنيا. وكانت الإدارة العليا تقتصر ـ على مستوى الخليفة ومستشاريه. أما الوسطى فتشمل ولاة الأمصار، والمستوى الثالث: يشمل وظائف العاملين على الصدقات، وماسحي الأراضي، وأمناء بيت المال، والكتبة وكانت السياسات العامة توضع من قبل أمير المؤمنين ومن معه من المستشارين، وهي مستمدة من كتاب الله وأحاديث رسوله صلى الله عليه وسلم وسنته وكان المستويان الآخران معنيين بتنفيذ تلك السياسات.

ونلاحظ أن هذه المستويات قد تتداخل أو تندمج حتى يصعب التفريق بينها، فقد كان عمر بن الخطاب يرسم السياسات العامة وينفذها على أهل المدينة كواحدة من

الولايات في الأمصار، ويقوم بأعمال أمين بيت المال، ويقوم على خدمة أهل الصدقة، أو العس في الليل، أو حراسة قافلة من السرقة نزلت بالمدينة ليلا مما ذكرنا طرفا منه في الفصل السابق.

العمل التطوعي: ونلاحظ أن كثيرا من الأعمال التي كان يقم بها عمر أمير المؤمنين هي أعمال تطوعية، فكان بإمكانه أن يكلف بها آخرين من العاملين في بيت المال، لكنه يجد طاقة ومتسعا من الوقت فيقوم بها ابتغاء الأجر من الله، فقد كان يساعد كل من يطلب منه العون، ويحمل قربة الماء عن النساء ويحرس القافلة، ويحمل الدقيق ويطبخ للصبيان، ويخدم العجوز، ويداوي أهل الصدقة، ويكتب ألوانا وأسنانها، غير ذلك من أعمال ليست من واجباته الأساسية ولا الفرعية، ولكنها من أخلاق المسلم وعمله الخير ابتغاء الأجر من الله (١).

وكان المسلمين يعملون كذلك أعمال تطوعية، حتى أن الأمراء ابتداء كانت أعمالهم من غير راتب، كما ذكرنا آنفا، وكذلك كان مل أمير المؤمنين تطوعا فقد كان يأكل من ماله، إلى أن فرض المسلمين له مالاً يأكل ويلبس منه هو وعياله، وينفق منه كما ينفق والي مال اليتيم، بالاستعفاف، إن كان فقيرا.

لكن العمل التطوعي لم يكن يغني عن وجود متفرغين للعمل في القطاع العام ضمن أسس واضحة نذكر عددا منها فيما يلي:

١- البحث عن الموظف المطلوب:

كان عمر يبحث عن الرجل المناسب ويستشير أصحابه المقربين، كان يرسل لي الأمر في هذا الأيام إلى المؤسسات التي يتخرج منها الشباب في حقول المعرفة العديدة، ويطلب إلى إدارتها تسمية من تتوفر فيهم الشروط المطلوبة لوظيفة عامة ليختار من يراه مناسبا من بينهم.

---

(١) علي الطنطاوي، وناجي الطنطاوي، مرجع سابق، ص ص ٤٣٢ - ١٤٤٣..

٢- بيان الشروط المطلوبة في الموظف:

إن أهم الشروط العامة أربعة هي: الإسلام، والقوة، والأمانة، والعلم. وإن توفرت هذه الصفات في رجل، ثم طلب العمل بنفسه حريصا عليه، فإن طال العمل لا يولاه! لأن العمل العام في الإسلام لا يطلب ولا يُحرص عليه. وقد بقيت هذه القاعدة الأساسية مرعية في عهد رسول الله صلى الله عليه وسلم وعهد أبي بكر، وعهد عمر رضي الله عنهما. ولم تكن المرأة توظف في الأعمال العامة.

ونلاحظ اليوم أن الوظائف الإدارية العليا لا تُطلب علنا، ولا يُعلن عنها وقد يُحرص أغلب الناس عليها وكان لا يحرص عليها في عصر الإسلام الأول، فاليوم لم نسمع أحدا في القطاع العام يعلن عن شغور وظيفة مدير عام أو كيل وزارة، ليتقدم من يجد في نفسه الكفاءة إليها، وإنما يعلن عن الوظائف المتوسطة والدنيا، ولم يكن في عهد عمر رضي الله عنه وظائف وسطى أو دنيا بعدد الوظائف اليم ولا معشار ذلك العدد! لذلك كان يسهل اختيار الموظفين بقليل من البحث عنهم. وفي عهد عمر رضي الله عنه، عضلته إمارة الكوفة، أي كانت مُعضلة إدارية، فقد أظهر شكواه من أهل الكوفة، وهم وجوه الناس فقال: من يَعذُرني من أهل الكوفة! أن وليت عليهم التقي ضعفوه! وإن وليتهم القوي فجروه! فقال المغيرة بن شعبة: يا أمير المؤمنين أن التقي الضعيف له تقاه، ولك ضعفه، وأن القوي الفاجر لك قوته وعليه فَجُّوره. قال: صدقت، أنت القوي الفاجر، فأخرج إليهم [1].

ففي هذا الخبر، اختار عمر رضي الله عنه صفة القوة مع قلة التقوى، على التقوى مع الضعف، بعد أن عمل موازنة بين الشروط.

٣- التجربة أو الاختبار:

عزل عمر رضي الله عنه شرحبيل بن حسنة، استعمل معاوية بن أبي سفيان مكانه، فجاءه شرحبيل وقال له: عن سخط عزلتني يا أمير المؤمنين؟ قال: لا أنك لكما أحب،

---

(١) المرجع السابق، ص ص ١٦٦، وابن الأثير، مرجع سابق، ج ٣، ص ص ٣٢ - ٣٣ بنحو ذلك.

ولكن أريد رجلا أقوى من رجل. فقال شرحبيل: قم فاعذرني في الناس لا تدركني هجنة (- أي عيب - فقام عمر في الناس خطيبا فعذره[1]).

٤- استمرارية الموظف العام في وظيفته، لكنه عرضه للعزل:

أن بقاء ولاة رسول الله صلى الله عليه وسلم في ولايتهم التي استعملهم رسول الله صلى الله عليه وسلم عليها، إلى عهد عمر رضي الله عنه، وإلى ما بعد ذلك، لهو دليل على استمرارية كل عامل على عمله، ما لم يطرأ سبب يحول دون الاستمرارية. فقد بقي عتاب بن أسيد، وعثمان بن أبي العاص والعلاء بن الحضرمي على الأعمال والأمصار التي ولاهم عليها رسول الله صلى الله عليه وسلم، ولم يعزل من هؤلاء إلا العلاء، وسبب عزله كما ذكرنا من قبل إرسال جيش من أهل البحرين إلى بلاد فارس عبر البحر دون إذن من الخليفة عمر.

وعُزل خالد، اجتهادا من عمر رضي الله عنهما حتى لا يوكل الناس إليه وليعلموا أن الله هو الذي ينصر المسلمين، ولتبجيل المسلمين وتفخيمهم لخالد رضي الله عنه، فالله هو الصانع وليس خالدا.

وعُزل عَمَّار عن الكوفة لشكوى أهلها، وكانت شكوى ليست كلها ظلما لعمار رضي الله عنه.

وعُزل أبو موسى عن الكوفة، لفعل خادمة، وشكوى الناس عليه.

وعُزل شرحبيل لغير سخط ولا خيانة، ولكن غيره أقوى منه.

وعزل سعد بن أبي وقاص، عن غير سوء ولا خيانة، ولكن الناس شكوه، فمال عمر إلى إراحته منهم، ثم أوصى الخليفة من بعده بتوليه فولاه عثمان رضي الله عنه أمر الكوفة.

أن العزل قد ساء المعزولين، كما صرحوا بذلك، لكن العزل لم يؤد إلى تمرد ولا خروج على الجماعة، لهيبة السلطان، سلطان عمر رضي الله عنه، ولاستقامة الأمراء المعزولين وعلمهم بأن العمل العام ليس حقا لأحد من الناس، وإنما هو تكليف، له أجر عظيم في الآخرة لمن يعدل، أما أجره في الدنيا فقليل، الرزق الكسوة ودراهم معدودة في

---

(١) د. محمد أحمد عاشور، مرجع سابق، ص ٩٨ (عن تهذيب تاريخ دمشق)، وغيره.

اليوم، ولا يجوز التأثّل من المال العام، (أي جعل أصل من المال زائد عن الحاجة).

أن العمل العام للمسلمين – أي الوظائف العامة – ليست مهنة يتكسب الناس بها رزقهم! أنها تكليف على القادر الأمين من المسلمين، لا يحق له الاستعفاء منه إلا لسبب يقبله ولي الأمر.

والموظف العام واحد من المسلمين فكان يأخذ العطاء في عهد عمر على الديوان كأي واحد من المسلمين، سوى رزقه وكسوته ومركبه وخادم.

5- الحقوق المالية المترتبة على عمل العامل للدولة:

أن العامل على عمل عام في الدولة يستحق على ذلك رزقا يوميا وكسوة سنوية، ونفقا السفر والركوب، ونفقات الخادم. وقد ذكرنا هذه الحقوق من قبل في الفصل الثالث، ويزيد رزق الأمير إذا كان على الصلاة يؤمّ في الناس عن غيره من العاملين، وهذه ميزة للأمراء الأئمة من الزاوية المالية.

العملية الرابعة: التوجيه الإداري

التوجيه الإداري يقوم به القادة الإداريون، ويتكون التوجيه الإداري من مراحل هي: مرحلة صنع القرار، ومرحلة إصداره ثم مرحلة وصوله إلى المعنيين لتنفيذه عَبْر شبكات الاتصال المتوفرة[1].

والتوجيه الإداري هو أخص واجبات الرئيس الإداري العديدة، والتي جعلها فايول خمسة، وجعله لوثر جوليك سبعة[2]، فكان التوجيه عنصرا مشتركا عند المنظّرين الفرنسي والأمريكي.

ويركز كتّاب الإدارة العامة على أهمية الصفات القيادية في الرئيس ومنها بعده عن التحكم والتضييق على مرؤوسيه الإداريين، والقدرة على توفير روح العمل الجماعي أو الفريق، والقدرة على الاتصال والمخاطبة، وامتلاك الخبرة والمهارة اللازمين لوظيفته،

---

(١) د. أحمد رشيد، مرجع سابق، ص ص ٢٣٠ - ٢٦٤.

(٢) د. سليمان محمد الطماوي، مرجع سابق، ص ص ١٥٠ - ١٥٢.

ومدى السلطة الممنوحة له من الجهات المعنية[1] فإذا نظرنا في صفات عمر رضي الله عنه وجدنا أنه جمع الصفات القيادية التالية:

1- الإيمان بالله ورسوله صلى الله عليه وسلم ودينه الحنيف مالا يوازيه في ذلك أحد من أصحاب رسول الله صلى الله عليه وسلم إلا أبا بكر رضي الله عنه فقد تقدم عليه.

2- العلم الذي لم يتقدم عليه أحد من أصحاب رسول الله صلى الله عليه وسلم حتى أنه كان يوافق ربه فيما ينزل به جبريل عليه السلام.

3- القوة الرحيمة والمهابة، حتى أن رسول الله صلى الله عليه وسلم وصفه فقال "فلم أر عَبْقريا يَفْري فَرِّيه"[2]، أي لم أر سيدا يعمل عمله ويقطع قطعه.

4- الأمانة والعدل في القول والفعل، واتباع الحق أينما كان. أخرج الترمذي عن ابن عمر أن رسول الله صلى الله عليه وسلم قال: أن الله جعل الحق على لسان عمر وقلبه". وأخرج الترمذي والحاكم وصححه عن عقبة بن عامر، قال: قال رسول الله صلى الله عليه وسلم (لو كان بعدي نبي لكان عمر)[3]. لقد كان عمر يعمل بعمل الأنبياء، كما قال المسلمون للهُرْمزان حين قدم المدينة.

أما طريقة اتخاذ القرار وإصداره وإيصاله إلى الأمراء ورجال الإدارة العاملين في خلافته فقد كان يعتمد على الشورى، وقد أوردنا شواهده فيما مضى، وفي غنى عن إعادتها هنا، وقد يعقد الشورى على عدة مراحل، كما في إقرار خطة سواد العراق بفرض الخراج والجزية، ولم يتخذ أمرا واحد استبدادا على المسلمين أو ظلما لهم.

وكان البريد ينتقل بين المدينة والأمصار يقطع آلاف الأميال في الليل النهار يحمل بلاغات أمير المؤمنين وتوجيهاته إلى الأمراء والرعية.

---

(1) د. أحمد رشيد، مرجع سابق، ص ٢٥٦.
(2) محمد فؤاد عبد الباقي، اللؤلؤ المرجان، مرجع سابق، ج ٣، ص ١٢٨.
(3) الإمام السيوطي، مرجع سابق، ص ١١٧ وعلي الطنطاوي، وناجي الطنطاوي، مرجع سابق، ٤٩٩.

أما في المركز فقد كان عمر رضي اللـه عنه خطيباً جيد البيان، حسن المنطق، يخطب في الناس، فيوجههم إلى ما يريد، يعلمهم ويقضي ـ بينهم، ويستشيرهم، فكان مثال يُحتذى في قدراته الاتصالية والتخاطبية وعرض الرأي الـذي يريد، كما كان كاتبا يكتب معظم كتبه بنفسه، فلم نجد في كتب التاريخ اعتماده على كتبـة متفرغين أو متطوعين لذلك، لكن زيد بن ثابت كان يكتب لأبي بكر، فلعله كان لعمر أن قياداته المثالية للأمة المسلمة هي من أقوى العوامل في كفاءة إدارته العالية، وإنجازاته الكثيرة الباقية.

أما أعوانه من أصحاب رسول اللـه صلى اللـه عليه وسلم فكانوا مـن أفضل الأعوان على الحق وخير رجال الإدارة، لما جاءت ظرف الفتنة القاسية فيما بعد فقد ذهبت كفاءاتهم وقدراتهم في طيات تلك الظروف التي هي خارج بحثنا.

العملية الخامسة: الرقابة الإدارية.

الرقابة الذاتية التي عرفها المسلمون في عهد عمر رضي اللـه عنه، لم تكن تبلغها رقابة إلا تلك التي سادت في عهد رسول اللـه صلى اللـه عليه وسلم وخليفته أبي بكـر، ولم يكتف عمر بالرقابة الذاتية من الأمراء على أنفسهم فقد كان يدعو الأمراء أن يوافوه في موسم الحج ليرفع إليه الناس شكاواهم على أمرائهم، فكان كـل مـواطن رقيب على الأمراء، وكان يقيد من الأمير المعتدى على رعيته لأن رسول اللـه صلى اللـه عليه وسلم كان يُقِيد من نفسه، أي يوقع القصاص عـلى نفسـه بالمثل، حتى يأخذ المظلوم حقه كاملا.

وكان لعمر رضي اللـه عنه رجل خاص بالرقابة على العمال والتحقيـق معهـم هـو محمد بن مسلمة رضي اللـه عنه كما ذكرنا من قبل[1].

ومن أبلغ أقوال عمر بن الخطاب رضي اللـه عنه في الرقابة الإدارية، مـا جـاء في كتاب أخبار عمر، للطنطاويين، فقد كـان يقول: أرأيتم إذا استعملت عليكم خير مـن أعلم، ثم أمرته بالعدل، أكنت قضيت ما علي؟ قالوا: نعم. قال: لا، حتى أنظر في عمله، أعمل بما أمرته أم لا[2].

---

(١) ابن الأثير، مرجع سابق، ج ٣، ص ٥.
(٢) علي الطنطاوي ناجي الطنطاوي، مرجع سابق، ص ١٦٩.

فهذا شاهد على فكرة الإداري في الرقابة، وأن الرقابة تكون على الموظف العام، وإن كان من خير الناس للعمل، فإن أمير المؤمنين أكثر منه إشرافا ومكانة في معرفته بالأهداف والسياسات العامة، ولذلك أقدر على تقيم إنجاز العامل في ضوء علمه واطلاعه.

وقد ذكرنا في الفصل السابق أن الرقابة الإدارية في عد عمر محكومة بثلاثة مستويات:

الرقابة الذاتية: هي التي تتصل بتقوى الموظف أمانته، وإحساسه بمراقبة الله تعالى له في جميع أحاله، وذكرنا حديث رسول الله صلى الله عليه وسلم الذي أخرجه مسلم بالتعريف بالإحسان، أنه أن تعبد الله كأنك تراه، فإن لم تكن تراه فإنه يراك. فهذا الإحساس بمراقبة الله تعالى هو الذي يؤدي إلى الرقابة الذاتية على العمل، ولذلك فعمل المسلم في خلوته كعمله في علانيته، لأن الله حاضر في الخلوة والعلن: ﴿ مَا يَكُونُ مِن نَّجْوَى ثَلَاثَةٍ إِلَّا هُوَ رَابِعُهُمْ وَلَا خَمْسَةٍ إِلَّا هُوَ سَادِسُهُمْ وَلَا أَدْنَى مِن ذَٰلِكَ وَلَا أَكْثَرَ إِلَّا هُوَ مَعَهُمْ أَيْنَ مَا كَانُوا ثُمَّ يُنَبِّئُهُم بِمَا عَمِلُوا يَوْمَ الْقِيَامَةِ إِنَّ اللَّهَ بِكُلِّ شَيْءٍ عَلِيمٌ ﴾[١].

الرقابة الداخلية: هي التي يقوم بها موظف مختص أو أكثر بتكليف من أمير المؤمنين، وقد كان يقوم بها في عهد عمر محمد بن مسلمة، صاحب العمال، كما أسلفنا وغيره من أصحاب الرسول الله صلى الله عليه وسلم، فقد أرسل عمر إلى أمير حمص عبد الله بن قرط بريدا، أي رجلا معه كتاب، أمره إذا جاء باب عُلِّيَةَ عبد الله أن يجمع حطبا ويحرق الباب، ففعل، ووضع الكتاب في يد عبد الله، فما لبث أن ركب، أي ركب ركوبه - دابة - وتوجه إلى المدينة، ولم يذكر المرجع اسم الرجل الذي عمل في التفتيش الإداري، وتنفيذ أوامر الخليفة[٢].

---

(١) سورة المجادلة، الآية ٧.
(٢) علي الطنطاوي وأخوه ناجي، مرجع سابق، ص ١٨٧.

٢٢٠

الرقابة الخارجية: هي التي يقم بها المسلمون من الرعية، فإذا سألهم عمر عن أميرهم أجابوه، فهم رقباء عليه، يطلعون على أحواله، ويجيبون السائل عنه بما رأوا، والأمثلة على ذلك سؤال عمر عن سعيد بن عامر أمير حمص كذلك، وكانت تسمى الكوفة الصغرى لشكايتهم العمال، فكشاه أهلها في أربع. فقال عمر له: ما تقول؟ فأجاب عنها حتى قنع عمر بقوله: فقال عمر: الحمد لله الذي لم يُفيِّل فراستي [1] .

فهذه رقابة الناس عن غير موظفي الإدارة العامة على أعمال الأمراء العمال في الدولة.

وخلاصة القول في هذا الفصل أن المبادئ والتطبيقات الإدارية في عصر ـ عمر بن الخطاب مستمدة من الكتاب والسنة، ومأخوذة مما لا يتناقض مع شيء من النصوص الشرعية الواردة فيهما، ولذلك فلا غرابة أن تختلف إدارة عمر عن الإدارات اليوم في النمط الحجم، لاختلاف الأهداف والوسائل والبيئة والزمان.

---

(١) المرجع السابق، ص ص ١٩١ – ١٩٢، معنى يفيل: يضعف أو يخطئ (المعجم الوسيط).

الفصل الخامس
الاستنتاجات وأمثلة تطبيقية لإدارة عمر للمجتمع الحاضر

⋏⋏⋏

الاستنتاجات

وأمثلة تطبيقية للمجتمع المعاصر

يستنتج الباحث أن الإدارة في عهد عمر بن الخطاب رضي الله عنه تنتمي انتماء صادقا إلى الإدارة في عهد النبي صلى الله عليه وسلم وتقوم على مبادئها وقيمها وأخلاقها. ولذلك فإنها غنية بالأمثلة التطبيقية التي تهم المجتمعات الإسلامية الحاضرة وإدارتها، مع الأخذ في الاعتبار تغير الأزمان والوسائل نحو الأفضل، مما يجعل الإدارات الحديثة في البلاد الإسلامية أكثر فعالية إذا تبنت أهداف إدارة عمر مبادئها التنظيمية، وأخلاقها في السلك الوظيفي والتعامل بين الموظف العام والمواطن.

ويستنتج أنه لم يرد في عصرـ عمر بن الخطاب كثير من الألفاظ الإدارية التي يستعملها الناس اليوم، ومنها "الإدارة العامة" والتفويض والمركزية واللامركزية والوظيفة العامة وللمدير والسلطة ونطاق الإشراف والرقابة. ولذلك ينبه الباحث على وجود اختلاف في التعبير بين عرب الأمس وعرب اليوم مما أثر على مستوى فهم القارئ للتعابير العربية الفصيحة في القرآن الكريم والسنة المطهرة والتاريخ الإسلامي، وهذه هي مصادر بحثنا الأساسية.

ويستنتج أن الإدارة الإسلامية تتصف بمحافظتها على الدين والنفس والعرض والعقل والمال لجميع المواطنين في الدولة، بقيامها بمسؤولية التبليغ والدعوة للإسلام، والجهاد في سبيل الله، وقيامها بالأمر بالمعروف والنهي عن المنكر، وتقوم بجميع واجباتها وفق ما جاء في كتاب الله وسنة نبيه صلى الله عليه وسلم، وأن لها أن تأخذ من الغير ما تراه مناسبا لمصالح الأمة ومحققا لها، على أن لا يكون شيء من ذلك مناقضا لنص من نصوص الشريعة في القرآن والسنة، ولا متجاوزا نصا موجوداً.

ويستنتج أن الإسلام كلي في نظام حياة المسلمين في الإدارة وغيرها، وأن مبادئ الإدارة هي جزء من الإسلام ولا تنفصل عنه ولذلك لا تصلح للتطبيق بنفس الكفاءة في مجتمع غير إسلامي، إذ أن تطبيق أفراد المجتمع لتعاليم الدين الحنيف شرط لنجاح الإدارة

الإسلامية وأن فعالية الإدارة تتناسب مع مستوى التزام المجتمع بالإسلام فتزداد الفعالية مع زيادة التزام الناس بالدين.

ويستنتج أن الإدارة في عهد عمر بن الخطاب حققت إنجازات كبيرة بسبب كفاءة جهازها الذي تربى أكثره في مدرسة القرآن النبوة، التزام الناس بقيم الإسلام وأخلاقه وحماسهم لتحقيق أهدافه، وأن الإنجازات التي جعلت من إدارة عمر إدارة إسلامية هي حفظها ضرورات الناس وقيادة الأمة في عباداتها الأساسية وتنفيذها أحكام الدين الرادعة للمخالفين لها بالعدل على الشريف والضعيف، وقيادة الأمة في الجهاد في سبيل الله تعالى والعمل بالعدل في توزيع الدخل العام لبيت المال على المسلمين جميعا قاصيهم دانيهم، مع اجتهاد في تفضيل السابقين الأولين من المهاجرين والأنصار ول البيت رضي الله عنهم جميعا.

هذه الاستنتاجات تتعلق بإدارة عمر بن الخطاب وبالإدارة الإسلامية النموذجية في العصر النبوي.

وهناك استنتاجات عامة للبحث بمجمله، فالباحث يستنتج أن الأمم مارست الإدارة العامة منذ أقدم الأزمان البشرية، كل أمة حسب بيئتها وثروتها الفكرية. فعرفت بعض الأمم الإدارة الإسلامية في عصور الأنبياء الذين حكموا ممالك وبلدانا، كأنبياء بني إسرائيل ملوكها. وأن الذي يميز الإدارة الإسلامية عن غيرها من الإدارات هو الهدف والوسيلة، فإذا كان الهدف عبادة الله وطاعة جميع أوامره ونواهيه، واتباع الوسائل المشروعة التي جاءت في شريعته فهي إدارة إسلامية، وإلا فهي إدارة غير إسلامية.

ويستنتج الباحث أن أثر الإدارات مهما كانت أهدافها ووسائلها تلتقي على ضرورة وجود قيادة ترعى مصالح الجماعة حسب اجتهادها ولكن الإدارة الإسلامية لا ينجح تطبقه في مجتمع لا يؤمن بالإسلام نجاحا حقيقيا، كما أن الإدارة غير الإسلامية تفسد المجتمع الإسلامي وتقوده إلى الدمار لا إلى النمو والازدهار.

وأما ما ينادي به بعض علماء الإدارة حول مبدأ عالمية الإدارة، فهذا ممكن إذا توحدت أهداف الإدارات في العالم في هدف واحد على الإيمان بالله وعبادته وطاعته، أو

الكفر به وعبادة الطاغوت، أما ما دامت الأهداف متباينة فستبقى مبادئ التنظيم متباينة، لأن مبادئ التنظيم تابعة لهدف المنظمة أو الجماعة وخادمة له.

ونتناول فيما يلي هذه الاستنتاجات بالشرح

الاستنتاج الأول: انتماء إدارة عمر

ينتمي عهد عمر بن الخطاب إداريا إلى العصر ـ النبوي، لأن دستور الدولة الذي أنزله الله على رسوله صلى الله عليه وسلم وعمل به في عهده بقي مرعيا في عهد عمر بن الخطاب. فالقرآن الكريم والسنة النبوية المطهرة كانا مرجع الخليفة وأمراء الأمصار مواطني الدولة المسلمين، وكان رجال الدولة من أصحاب رسول الله صلى الله عليه وسلم، عمر بن الخطاب، ومستشاروه عبد الرحمن بن عوف وعثمان بن عفان وعلي بن أبي طالب وطلحة بن عبيد الله الزبير بن العام، وسعد بن أبي وقاص في الكوفة، وأبو عبيدة عامر بن الجراح في الشام وعمرو بن العاص في مصر. وأبو موسى الأشعري وعتبة بن غزوان في البصرة وعمار بن ياسر عبد الله بن مسعود وعثمان بن حنيف وحذيفة بن اليمان في الكوفة، وعتاب بن أسيد في مكة، وعثمان بن أبي العاص في الطائف، والعلاء بن الحضرمي في البحرين، وكبراء قراء القرآن أبي بن كعب، وزيد بن ثابت في المدينة، وغير هؤلاء كثير، كانوا من أصاب رسول الله صلى الله عليه وسلم وقد أبقاهم عمر على أعمالهم التي كانوا عليها قبل ولايته أو استعملهم للإدارة في ولايته، وكذلك أمراء الجهاد كانوا من أصحاب رسول الله صلى الله عليه وسلم إلا أبا عبيد بن مسعود الثقفي فلم تكن له صحبة ولاه عمر تشجيعا له بسبب سرعة تلبية نداء الجهاد، فقد كان أول الناس انتدابا وحين ولاه أرسل معه عددا من كبار الصحابة، وكان أحدهم بدريا وهو سليط بن قيس، وأمره أن يسمع من أصحاب رسول اله صلى اله عليه وسلم ويشركهم في الأمر [1].

كذلك كان في مجتمع المدينة ومكة وكثير من المدن والأمصار، عدد كبير من أصحاب رسول الله صلى الله عليه وسلم ممن قال فيهم:

---

(١) ابن الأثير، مرجع سابق، ج ٢، ص ص ٤٣٢ - ٤٣٣.

"يأتي على الناس زمان فيغزو فئام - أي جماعات - من الناس فيقولون فيكم من صاحب رسول اللـه صلى اللـه عليه وسلم؟ فيقولون نعم، فيفتح لهم، ثم يأتي على الناس زمان فيغزو فئام من الناس، فيقال هل فيكم صاحب من أصحاب رسول اللـه صلى اللـه عليه وسلم؟ فيقولون نعم: فيفتح لهم، ثم يأتي على الناس زمان فيغزو فئام من الناس، فيقال هل فيكم من صاحب من صاحب أصحاب رسول اللـه صلى اللـه عليه وسلم؟ فيقولن نعم، فيفتح لهم"[1].

فالكتاب الكريم والسنة النبوية الشريفة وأصحاب رسول اللـه صلى اللـه عليه وسلم وأمير المؤمنين عمر بن الخطاب هم الذين قامت عليهم إدارة عمر بن الخطاب، ولذلك كانت استمرار لإدارة النبي صلى اللـه عليه وسلم.

أما الاجتهادات التي شهدها عصر ابن الخطاب، فهي سنة إسلامية أمرنا رسول اللـه صلى اللـه عليه وسلم باتباعها فقال: "عليكم بسنّتي وسنة الخلفاء الراشدين المهديين عَضّوا عليها بالنواجذ"[2].

وعمر بن الخطاب من الخلفاء الراشدين كما هو معلوم، وقد جاء في الحديث الشريف "الخلافة ثلاثون عاما ثم يكون بعد ذلك الملك "أخرجه أصحاب السنن وصححه ابن حبان وغيره"[3].

والاجتهادات المشار إليها قليلة، منها وقف إعطاء سهم المؤلفة قلوبهم لأن الإسلام صار عزيزا، وبقي الحكم في كتاب اللـه على ما هو عليه، ويرى بعض العلماء أن العمل به جار إلى يوم القيامة.

وقد جمع عمر المصلين في قيام رمضان على أُبيّ بن كعب، وهي بدعة حسنة، كما جاء في البخاري بهذا المعنى على لسان عمر بن الخطاب، ولا يستطيع أحد بعد الخلفاء الراشدين استحداث شيء في العبادات بقصد التحسين لأن الذي عمر الرسول صلى اللـه عليه وسلم

(١) الإمام البخاري، مرجع سابق، ج ٥، ص ٣.
(٢) النووي، مرجع سابق، ص ٩٥، وقال رواه أبو داود والترمذي وقال حسن صحيح.
(٣) السيوطي، مرجع سابق، ص ٩.

بإتباعه ما سنه الخلفاء في مدة ثلاثين سنة بعد وفاته،٨، وقد استحدث غيره من الخلفاء أمورا في الدين يسن اتباعها كالأذان الأول يوم الجمعة[١].

وفي إدارة عمر حدثت أمور كثيرة اقتضت اجتهادات من أهل العلم في الأمة وعلى رأسهم أمير المؤمنين عمر، فاجتهدوا حلولا لما استحدث من أمور، وتعتبر اجتهاداتهم إجماعا من المسلمين إذ لقيت القبول من جميع الأمة.

وقد أشرنا في الفصل الثالث إلى أوليات عمر بن الخطاب وتبين لنا أنها تقع خارج أساسيات وثوابت أعمال الإدارة الإسلامية الواردة في القرآن السنة، فاعتبرناها من الأمور التحسينية في مصالح المسلمين، ومنها بناء المدن: البصرة والكوفة وفسطاط مصر، وتوسيع كثير من المدن كانت قائمة، ومنها الجزيرة والشام ومكة والطائف المدينة وغيرها، وتوسيع المسجد الحرام المسجد النبوي وحفر خليج أمير المؤمنين لتسهيل المواصلات بين مصر والحجاز وتهامة وغيرها، واستحداث أنظمة للخارج لجزية مستمدة من اجتهادات الصحابة ومما كان معمولا به في بلاد فارس، وتدوين الديون، وقد أخذه المسلمون فيعهد عمر عن الأعاجم في فارس الروم، وقد وثقنا جميع هذه الإنجازات وغيرها في مواضعها من الفصل الثالث.

ويمكننا استنتاج الأمور التالية عن مبادئ إدارة عمر بن الخطاب رضي الله عنه.

أولا: سمو الهدف، ونبل الوسيلة

فعبادة الله وتبليغ رسالته إلى الغير هو هدف نبيل وسام، ويحقق إنسانية الإنسان، ومكانته الحقيقة في الأرض، ووظيفته الأساسية التي خلقه الله من أجلها.

وكذلك كانت جميع الوسائل في عهد عمر تقم على الصدق والأمانة، تبتعد عن الغش والكذب والخداع، تقوم على النصح للجميع حتى صار المسلمين محبوبين من أهل البلاد المفتوحة فدخلوا في الإسلام، وبقيت البلاد إسلامية منذ أن فتحت في عهد عمر إلى اليوم.

---

(١) المرجع السابق، ص ١٦٤.

ثانياً: اتباع نمط مركزية التخطيط ولا مركزية التنفيذ

فقد كانت الخطط تناقش في مجالس شورية في المدينة وتتخذ بشأنها القرارات، ويتم التنفيذ في الأمصار، كخطط بناء المدن والخطط المالية للدولة وشق القناة التي تربط بين النيل والبحر الأحمر.

ثالثا: تطبيق مبدأ الاختصاص

كان عمر بن الخطاب يستعمل الرجل للعمل المناسب بعمله واختصاصه. فاستعمل كبار الصحابة للمشاورة مثل عثمان بن عفان عبد الرحمن بن عوف وعلي بن أبي طالب، واستعمل عثمان بن حنيف على مسح أرض العراق وتقدير الخراج والجزية عليها، واستعمل سعد بن أبي وقاص لأمره جيوش المسلمين في بلاد فارس.

ومن أقواله التي تؤيد تطبيقه لمبدأ الاختصاص:

"أيها الناس. من أراد أن يسأل عن القرآن فليأت أبي بن كعب، ومن أراد أن يسأل عن الفرائض فليأت زيد بن ثابت، ومن أراد أي أن سأل عن الفقه فليأت معاذ بن جبل، ومن أراد أن يسأل عن المال فليأتني، فإن الله جعلني خازنا وقاسما..."[1].

فلكل رجل من هؤلاء اختصاصه، وبذلك تصبح الإدارة العامة أكث كفاءة وفعالية في تقديم الخدمات للناس.

رابعاً: مبدأ العمل التطوعي

كان الخليفة عمر رضي الله عنه يقوم بأعمال الخلافة تطوعا، وينفق من ماله الخاص، فقد كان يعمل بالتجارة[2]، وكذلك كان أمراء الأمصار يعملن تطوعا، ثم كلموا أمير المؤمنين أن يفرض لهم من بيت المال، ففعل[3].

---

(1) علي الطنطاوي وناجي القطاوي، مرجع سابق، ص ص ٢٧١ - ٢٧٢.
(2) المرجع السابق، ص ٤١١.
(3) المرجع السابق، ص ١٧٠.

وبعد أن صارت تصرف رواتب شهرية أو يومية للعاملين في الدولة، كان عمر يستنفق كل يوم درهمين له ولعياله[١]، وهي أجور رمزية للخليفة الذي كان يحكم الدولة ذات المساحة التي تعادل ثلاثة أرباع قارة أوروبا تقريبا.

وكان أكثر أصحاب النبي صلى الله عليه وسلم المسلمون خارج جهاز الدولة الإداري إذا علموا عملا عاما في بناء مسجد أو حراسة قافلة لا يتعاطون على ذلك مالا، فقد كانوا يرجون الأجر من الله تعالى. هذا غير معمول به اليوم كأيام عمر.

خامسا: مبدأ الاقتداء بالأفضل

كان عمر يقتدي برسول الله صلى الله عليه وسلم وبخليفته أبي بكر ويقول عنهما: هما المرآن يقتدى بهما[٢]. فكان المفضول يقتدى بالفاضل، وقد أمر الله تعالى نبيه أن يقتدي بالرسل الأنبياء من قبل: "أولئك الذين هداهم الله فبهداهم اقتده"[٣]، وقد نهى رسول الله صلى الله عليه وسلم أن يفضل على أخوانه الأنبياء، و الله تعالى يقول: تل الرسل فضلنا بعضهم على بعض[٤] ولكن تواضع الرسول صلى الله عليه وسلم كان يمنعه من أن يقول عنه أحد أنه أفضل من يونس بن متى.

وكان الناس أيام عمر يقتدون بأصحاب رسول الله صلى الله عليه وسلم المتقدمين والسابقين، وفي ذلك تحسين لمستوى علمهم وعملهم. وكانوا يتنافسون على الخير.

سادسا: مبدأ التعاون

(١) ابن سعد، مرجع سابق، ص ٣٠٨.
(٢) الإمام البخاري، مرجع سابق، ج ٩، ص ٧٥.
(٣) سورة الأنعام، الآية ٩٠.
(٤) سورة البقرة، الآية ٢٥٣.

كان الناس أيام عمر رضي الله عنه يتعاونون على فعل الخير عملا بقول الله تعالى: ﴿ وَتَعَاوَنُوا عَلَى الْبِرِّ وَالتَّقْوَى ﴾ (١) فكان عمر يساعد العجوز والرجل الذي يحتاج إلى عون، والمرأة التي تقوم على شؤون الأيتام، فهو تعاون وتطوع لله تعالى.

سابعاً: مبدأ الشورى

إن إدارة عمر بن الخطاب قامت على الشورى فيما لا نص عليه من القرآن أو السنة أو اختلف المسلمون بشأنه يتضارب الاجتهادات في تفسير النصوص. وقد أمر الله بالشورى ﴿ وَشَاوِرْهُمْ فِي الْأَمْرِ ﴾ (٢)، وصف المؤمنين بالصفة الممدوحة ﴿ وَأَمْرُهُمْ شُورَى بَيْنَهُمْ ﴾ (٣) وكان عمر بن الخطاب يشاور أصحاب النبي صلى الله عليه وسلم في أمور المسلمين. وقد ذكرنا أكثر من مثل في الفصل الثالث على مبدأ الشورى في اتخاذ القرارات.

ثامنا: مبدأ المسؤولية وحق التصرف

كل إنسان مسؤول عن رعيته التي استرعاه الله إياها، امرأة أو عبدا، أو إماما وكل إنسان لا يحمل وزر نفسه إذا ارتكب اثما، ولكن مسؤولية الإمام كبيرة، وكذلك فإنه له بالمقابل حق التصرف الواسع، ليتحمل لمسؤولية، فتجب له الطاعة من جميع المسلمين.

قال الرسول صلى الله عليه وسلم: "ألا كلكم راع وكلكم مسؤول عن رعيته" (٤) وقال تعالى: ﴿ وَلَا تَزِرُ وَازِرَةٌ وِزْرَ أُخْرَى ﴾ (٥).

---

(١) سورة المائدة، الآية ٢.

(٢) سورة آل عمران، الآية ١٥٩.

(٣) سورة الشورى، الآية ٣٨.

(٤) الإمام البخاري، مرجع سابق، ج ٩، ص ٥١.

(٥) سورة فاطر، الآية ١٨.

وقال الله تعالى: ﴿ يَا أَيُّهَا الَّذِينَ آمَنُوا أَطِيعُوا اللَّهَ وَأَطِيعُوا الرَّسُولَ وَأُولِي الْأَمْرِ مِنكُمْ ﴾[1].

ووقعت الحرب، فانتصر المسلمون على الروم ومن حارب معهم، وأسر المسلمون أسرى وسبوا سبايا، وبعثوهم إلى عمر.

فحكم عمر بأنهم أهل ذمة، وأن عهدهم باق، وردهم إلى مصر[2]. والأمثلة على عدله كثيرة.

عاشرا: مبدأ رد المظالم

لقد كان عمر حريصا على أن لا يُظلم في الرعية أحد من الناس. ولذلك كان يسأل الناس عن أمرائهم، فإن تظلم أحد من أميره رد إليه مظلمته. كان يجلس بعد الصلاة في المسجد لحاجات الناس، فمن كانت له مظلمة ردها، ومن كان يطلب حقا له أعطاه، ومن كان يسأل عن فقه علمه.

روى ابن سعد عن ابن عباس قال: كان عمر بن الخطاب كلما صلى صلاة جلس للناس، فمن كانت له حاجة نظر فيها[3].

وكان يشترط على الرجل إذا استعمله أن لا يغلق بابه دون حوائج الناس[4].

وقد أحرق عُلِّية أمير حمص عبد الله بن قرط لأنه أشرف بها على المسلمين والأرملة واليتيم[5].

الاستنتاج الثاني: معالم الإدارة الإسلامية

(١) سورة النساء، الآية ٥٩.
(٢) المرجع السابق، ص ٢١٦.
(٣) ابن سعد، مرجع سابق، ج ٣، ص ٢٨٨.
(٤) علي الطنطاوي، وناجي، مرجع سابق، ص ١٦٧.
(٥) المرجع السابق، ص ص ١٨٧ - ١٨٨.

نستنتج من الفصل الثاني والفصل الثالث أن الإدارة الإسلامية ذات معالم مبينة في كتاب الله تعالى وسنة نبيه صلى الله عليه وسلم وممارسات واجتهادات الخلفاء مـن بعده في مدة ثلاثين عاماً.

إن معالم الإدارة الإسلامية هي: هدفها العام الذي تسعى لتحقيقه، والأعمال التي تقـوم بـا لخدمـة ذلـك الهـدف، والمجتمـع الـذي تنبثـق عنـه الإدارة ودرجـة تجاوبـه واستعداده لمساعدة ألوي الأمر منه وطاعته لهم في غير معصية.

أي أن الإدارة تكون إدارة إسلامية إذا تحققت هـذه الشروط: أن تكون الجماعـة مؤمنة بالإسلام ومنفذة لأحكامه الشاملة لصلاح الدين والدنيا، وأن تختار منها مـن يـلي أمورها ليتحمل مسؤولية تنفيذ تلك الأحكام بالعدل والرحمة، ويقودهـا لتبليـغ رسالة الإسلام للعالمين، ويرعى مصالحها في الضروريات والماليات التي هي مار أحكام الشـريعة الإسلامية التي وردت في كتاب الله تعالى وسنة نبيه صلى الله عليه وسلم.

إن الإدارة العامة الإسلامية لا تقوم في فراغ، إنما تقوم على جماعة ذات سيادة على أرض، وقانونها الكلي الذي تسير عليه هو الإسلام، وتنبثـق عنهـا قيـادة ترعـى مصالحها، وتسعى لتحقيق الهدف من وجودها.

أما الهدف للإدارة الإسلامية فهو عبادة الله وحده.

وأما منهاج عملها فهو الفرائض التي أوجبها الله عـلى المـؤمنين ورعايـة المصالح العامة لهم.

وأما الوسائل التي يتبعها أولو الأمر فتكون مما يسمح به الشرع الإسلامي فقط.

الهدف:

هدف الإدارة العامة في الإسلام هو هدف الأمة التي أفرزتا: عبادة الله وحده مـن غير إشراك. ﴿ وَمَا خَلَقْتُ الْجِنَّ وَالْإِنْسَ إِلَّا لِيَعْبُدُونِ (٥٦) ﴾ [سورة الـذاريات، الآيـة ٥٦]. وقد عبر ربعي بن عامر في إدارة عمر بن الخطاب، رضي الله عنهما، بقوله: وقد ابتعثنا (الله) لنخرج من شاء من عبادة العباد إلى عبادة الله وحده، ومـن ضيـق الدنيا إلى سعتها، ومن جور الأديان إلى عدل الإسلام.

فكل شيء باطل إلا الله تعالى. وعبادته تعالى هي الهدف الذي يصلح الإنسان في الدنيا وينجيه من عذاب الله في الآخرة.

فهدف الإدارة الإسلامية شامل لمصالح الإنسان في الدنيا والآخرة، وفي جميع العصور والأماكن، وقد شرعه الله تعالى.

أي أن هدف الإدارة في الإسلام: أنزله الله، فهو رباني، وللدنيا والآخرة، أي فهو شامل، ولجميع الناس فهو عالمي كوني. سيبنكم

وهذه الصفات واضحة في كلام ربعي بن عامر. فالله هو الذي ابتعث المسلمين، وهذه هي الربانية، وهو شامل لجميع معالم الدنيا والآخرة: لإخراج الناس من ضيق الدنيا إلى سعتها، وهو عالمي لأديان أهله لأديان لإخراجهم من الجور الذي هم فيه إلى عدل الإسلام.

المنهاج:

منهاج الإدارة في الإسلام كما جاء في كتاب الله تعالى وسنة نبيه صلى الله عليه وسلم، فهو رباني أيضا، وأهم بنوده: تبليغ رسالة الله الخاتمة إلى العالمين، وحفظ الدين، حتى يبلغ صحيحا سليمان من الشوائب، وقد بنى الدين على خمس: الأديان والصلاة والزكاة والحج والصم. وحفظ مصالح الأمة في أنفسها وعقولهم ,أعراضها وأموالها، فبغير هذه الضرورات لا تستطيع الجماعة البقاء قادرة على تبليغ الرسالة للعالمين وعبادة رب العالمين.

الوسائل:

ولا تكون الوسائل إلا من جنس الهدف والمنهاج، من الشرع الإسلامي فوسائل الإدارة الأفراد في الإسلام يجب أن تكون شرعية تقوم على العدل والأمانة والصدق وتبتعد عن الغش والخداع الكذب، وكل وسيلة أمر الله بها فهي شرعية، ولك وسيلة نهى الله عنها فهي حرام يجب الابتعاد عنها، وكل ما سكت الله عنه فهو مباح، جائز الاستعمال.

ففي التبليغ يجب أن تتبع الإدارة الصدق في القول والعمل وتبيين تعاليم الـدين بأمانة. ولا يجوز أن تزين أمرا قبحه اله أو تقبح أمرا هو عند الله حسن.

وفي التعليم تتبع من الوسائل ما يحقق إيصال الحكم الشرعي إلى النـاس بأسـلم الوسائل، وتبتعد عن الوسائل غير المشروعة.

وفي الجهاد تسير على وصايا رسول الـلـه صلى الـلـه عليه وسلم في معاملـه العـد ورجالا ونساء وأطفالا ورهبانا.

وفي تنفيذ الحدود تتبع الوسائل الشرعية المنصوص عليها. وهكذا تفعل في جمـع أعمالها.

فتختار الأمة أولي الأمر منها بالصدق لأمانة واختيار الأمثل فلا تـزر ولا تكـذب ولا تحسن القبيح.

ويقـوم أولي الأمـر بواجبـاتهم بصدق وأمانة وإخلاص ومراقبـة لله عـز وجل (الإحسان) ويصدرون أوامرهم بعد التشاور مع أهل العلم والرأي، ولا يستغلن منصبهم للإثراء أو الـترف، ولا يغش الرعية ولا يقسون ليها، بـل يكونون بها رحماء وشفاء، ويعدلون بين الناس في القسمة والمجلس، ولا يلتفون لمن يكون الحق، أو عليه، فهو أ÷م من الحق حينما كان، ولا يفرقون في الحكم بـين شريف وضعيف، فالضعيف عنـدهم قوي حتى يأخذا له الحق القوي عندهم ضعيف حتى يأخذوا منه الحق.

إن الوسائل في الإدارة الإسلامية من جنس الهدف والمنهاج، شرعها الـلـه تعـالى، أو سكت عنه فهي مباحة.

أي أن الإدارة العامة بأهدافها ومنهاجها وسائلها تقوم على الإسلام، وهي جـزء منـه، لا تنفصل عنه، والإسلام كلي، واجب التطبيق في جميع أحكامه على الفرد والجماعة، وفي جميع العصور الأماكن.

والإدارة الإسلامية لا تكون فعالة إلا إذا كانت قائمـة في مجتمـع يـؤمن بالإسلام ويعمل بأحكامه، فيطيع الـلـه ورسوله صلى الـلـه عليه وسلم. ومن صفاته أنه يـأمر بالمعروف وينهى عن المنكر ويتعاون علـى الخير وينصح لله ولرسوله لأئمة المسلمين وعامتهم، أما إذا فرضت الإدارة

الإسلامية على مجتمع لا يؤمن بالله اليوم الآخر، فسيقوم نزاع بين القيادة المجتمع ولا تكون القيادة من جنس المجتمع، ولا يستجيب المجتمع لأوامر القيادة، فالهدف للفريقين غير متحد، واختلاف الأهداف يؤدي إلى اختلاف الأنظمة والمناهج والوسائل، وتكون النتيجة هي الفشل، ولذلك أبى رسول الله صلى الله عليه وسلم إلا أن يبلغ الرسالة، ويحتمل الأذى من أجل ذلك، على أن يكون ملكا على قوم لا يؤمنون بالله واليوم الآخر، فإذا أمرهم بشيء لم يطيعه، ولكنه صلى الله عليه وسلم أعد الأمة حتى صارت خير أمة أخرجت للناس يأمرون بالمعروف وينهون عن المنكر ويؤمنون بالله، ويتعاونون على البر والتقوى وينصحون لله ولرسوله وللأمّة عليهم، ولأنفسهم، وهذه أعمال تؤدى تطوعا بدون أجر مادي في الدنيا، من قبل أغلب أفراد المجتمع، قد توظف الإدارة من يقوم بهذه الأعمال إذا كثرت ورأت ذلك مناسبا.

الاستنتاج الثالث: نقاط التقاء بين أنماط الإدارات المختلفة

إذا كانت الإدارة العامة تختلف باختلاف أهدافها مناهجها وسائلها فإنها يمكن أن تلتقي على نقاط منها: ضرورة القيادة للجماعة أو المؤسسة، وتدرج السلطة الهرمي، والمسؤولية والسلطة، ومبدأ التفويض، واتخاذ القرار بالشورى، وخدمة المواطنين الدنيوية، ولتخطيط لبلوغ الأهداف، والرقابة بأسلوب أو أكثر على أعمال الإدارة العامة القائمين عليها، ومبدأ تقسيم العمل الاختصاص بما يخدم الهدف العام، واتباع سائل بشكل ما لتحقيق الهدف، ومحاولة حل التناقض بين المبادئ التنظيمية بالتوازن والمرونة. هذه المبادئ، غيرها، قد نجدها في جميع أنواع الإدارات قديمها حديثها، وهي مبادئ عامة لتميز إدارة عن إدارة أخرى إلا بدرجة تطبيقها لها، بعضها أو جميعها، والتزامها النسبي في اتباع مناهجها المقررة. فالعدل في توزيع الخدمات استقامة الموظفين مستوى الوسائل المستخدمة ونوعها، تبقى أمورا نسبية تختلف من إدارة إلى أخرى.

أمثلة تطبيقية من الإدارة في عهد عمر بن الخطاب

يرى الباحث أن كثيرا من الأمثلة التطبيقية في إدارة عمر بن الخطاب يمكن أن تفيد المجتمع المعاصر إذا أخذت إدارته بها، ومنها: حمل مسؤولية الحكم الإدارة بأمانة قوة وإخلاص، والعدل في توزيع الحقوق والخدمات العامة بين الناس ورد المظالم الشفقة على الرعية والالتزام بمبادئ الإسلامي وأحكامه في قيادة الأمة نحو الهدف الذي خلقها الله من أجله، ورعاية مصالحها الصحيحة في الدين والدنيا، واقتباس ما يفيد من وسائل حديثة من عند الغير إذا كانت لا تتعارض مع مبادئ ديننا وأحكامه، وتطوير لوظيفة العامة حتى تقوم على الكفاءة الحقة من غير تدخل المحسوبية وغيره من الطرق غير الشرعية، ووضع الرجل المختص في مكانه المناسب، ورفع مستوى الأمة علميا خلقيا وسلوكا حتى يقترب مجتمعنا من مجتمع الإسلام في عصر ـ عمر بن الخطاب استقامة ونزاهة وتقوى لله عز وجل، وتقريب أهل العلم والصلاح من الناس وإبعاد أهل الريب عن مراكز التوجيه والقيادة، الأخذ بمبادئ التعاون والعمل التطوعي، وجعل الوظيفة العامة تكليف، وليس حقا للمواطن، والتقليل من اعتماد أفراد الأمة على الوظيفة العامة في كسبهم ليعملوا أعمالا حرة يكسبون منها رزقهم.

المثال الأول: حمل المسؤولية العامة بأمانة وإخلاص وقوة

إن أبرز ما تمتاز به قيادة عمر بن الخطاب أمانته إخلاصه وقوته، وأن كل مسؤول إداري في جميع المستويات يحتاج إلى هذه الصفات، لأن في ذلك صلحه في الدنيا والآخرة وصلاح الرعية التي استرعاه الله إياها. كان عمر رضي الله عنه يشعر بعظم المسؤولية، فيعمل ليلا نهار، ويتخذ القرار المناسب في الوقت المناسب ويخطط للأجيال التي تأتي بعده، لقد كان عالما بكتاب الله تعالى، أمينا على أداء واجباته نحو الأمة، قويا على عمله، عادلا فيه.

المثال الثاني: العدل ورد المظالم

فالعدل هو أشهر صفات حكم عمر بن الخطاب، وكان أمراء الأمصار يتمتعون بهذه الصفة، فإذا ظُلم أحدهم، وعلم بذلك عمر اقتص من الظالم ولو كان الوالي نفسه،

وكانوا لا يتركون أبوابهم مغلقة في وجه صاحب الحاجة، وكانوا يضعون حاجبا على أبوابهم المفتحة أمام الرعية، وهذه صفات يحتاجها الناس اليوم حتى يأخذوا حقوقهم وترد إليهم المظالم التي وقعت عليهم.

المثال الثالث: الشفقة والرحمة

إن الإداري في جميع المستويات موظف لخدمة جمهور الناس، وأن الله سائله عن عمله، ومن صفات الإداري في الإسلام أن يكون رحيما بالناس، فالذي يشق عليهم لا يريح رائحة الجنة.

المثال الرابع: قيادة الأمة بكتاب الله عز وجل

لقد نهضت أمتنا بكتاب الله عز وجل وبسنة نبيه صلى الله عليه وسلم. والأمة اليوم تحتاج إلى من يقودها بكتاب الله عز وجل لرعاية مصالح الناس في الدين والدنيا، فيكون عالما بتعاليم الدين وأحكامه، إماما للناس في صلاتهم وحجهم، راعيا لمصالحهم في أنفسهم أموالهم وأعراضهم وعقولهم بكتاب الله عز وجل وأحكامه وهدي النبي صلى الله عليه وسلم.

أن عمر بن الخطاب كان يقود الأمة في عباداتها، ويشرف بأمانة على حفظ مصالحها ملتزما بكتاب الله طائعا لأوامره وأوامر النبي صلى الله عليه وسلم.

المثال الخامس: اقتباس المفيد من الوسائل

لقد اقتبس عمر بن الخطاب نظام التدوين من الفرس والروم، واعتمد أنظمة الخراج والجزية عند الفرس لتطوير نظام عادل للخراج، وهذه وسائل تنظيمية سبق الفرس والروم بها العرب، فلم يجد عمر بن الخطاب غضاضة في اقتباس الوسيلة الحسنة التي لا تتعارض مع مصالح الناس الضرورية، بل تُيسر توزيع الحقوق عليهم، وتنظيم شؤونهم المالية، وعند الأمم الصناعية اليوم كثير من الوسائل التحسينية التي يجب الأخذ بها لما تحققه من مصالح للأمة.

المثال السادس: تطوير الوظيفة العامة

أن الوظيفة العامة اليوم بحاجة إلى تنظيم على أسس جديدة. فالموظف قلما يكون في موضعه الصحيح، وغالبا ما يسلك سلوكا ينفر المراجعين، فتتعطل مصالحهم، ويزداد عدد الموظفين يوما بعد يوم ما يؤثر على مستوى أدائهم بسب زيادة عددهم في العمل الواحد عن المطلوب والمناسب، وأن اعتبار الدولة اليوم الوظيفة العامة حقا للمواطن ليعيش، هو اعتبار خاطئ، فالدولة عليها واجب مساعدته في كسب العيش من غير وظائف الدولة، لأن تكديس الموظفين في مكان واحد لعمل لا يحتاج إلا لبعضهم هو هدر للوقت مضيعة للجهد والطاقة.

كان عمر بن الخطاب رضي الله عنه يوجه الناس لأعمال تفيد المواطن وتفيد الدولة، ومنها الجهاد في سبيل الله، وكان يفتتح مشاريع عمرانية كبناء المدن، وحفر الخليج، وتوسعة المساجد.

إن مسألة الوظيفة العامة معقدة، وتطويرها يحتاج إلى حل كثير من المشاكل المتعلقة بها في حقول خارج الإدارة العامة ولكن البدء بالتفكير والعمل أفضل من التفرج على الأمور وهي تزداد تعقيدا.

والباحث يقترح للقضاء على المحسوبية أن يوكل لمؤسسة عامة بتنسيق قوام الخريجين، وتسمية أسمائهم إلى الجهات المعنية بالتوظيف في دوائر الدولة المختلفة لاختيار حاجتها من الموظفين، على الدور من قوائم الاختصاص، وحسب أولويات التخرج والكفاءة، دون الإعلان عن الوظائف أو قبول التدخلات الجانبية من أحد، حتى يعم العدل الجميع.

أن المحسوبية والرشوة قد تقضي على كثير من الكفاءات في صفوف الأمة، وتكون النتائج السلبية راجعة إلى الأمة نفسها بمجموعها.

المثال السابع: تطوير التعليم وأهميته للسلوك الإداري الصحيح

أن المعلم هو الأساس الذي يعد الأجيال لحمل مسؤولياتها. وأن مشكلة التعليم لا تحل بالبساطة التي حلت في عصر ـ النبي صلى الله عليه وسلم وعصر ـ عمر بن الخطاب، لأن القدوة الصالحة في التعليم أقل كما ونوعا من القدوة الصالحة في العصر ـ الأول للإسلام.

لكن التحسين في الأداء يبدأ من أسس الاختيار للمعلم، والتركيز على عمله الضروري من الكتاب والسنة قبل العلوم الأخرى قبل أن تضيع شخصية الأمة، وتنسى ـ هويتها الإسلامية.

وأن حجم المسألة التعليمية هو أكبر من أن يتم حلها بكلمات أو اقتراحات، ولكن اتباع المبادئ الصحيحة يقود إلى النتائج الصحيحة.

لقد كان أيّ بن كعب وعبد الله بن مسعود ومعاذ بن جبل وزيد بن ثابت هم أكثر المسلمين تعليما لغيرهم، وكانوا يقومون بهذه المهمة متطوعين، ولهم أبواب خاصة لكسب الرزق، لم يكونوا يأخذون أجرا على ذلك من الناس، فكيف يمكن الوصول إلى ذلك اليوم؟ والناس لا ترضى إلا بالرواتب العالية لأداء مهمة التعليم، إلا القليل منهم في قطاعات محدودة كالمساجد، ولا تؤهل طالب العلم تأهيلا صحيحا. إن التطوع في التعليم القرآن هي أحد الحلول، فهل تستفيد الإدارات العامة المعاصرة من ذلك وتسمح به على نطاق اسع؟ أم الناس عازفون عن تعلم القرآن وأحكامه والسنة وأحكامها لضعف إيمانهم بفائدة تعلمها؟ وعند ذلك يصعب رفع مستوى سلكهم الوظيفي إذا عملوا في الوظيفة العامة، لأن السلوك الإسلامي هو السلوك الأمثل للموظف العام.

المثال الثامن: تقريب أهل العلم من مراكز التوجيه

إن الناصح الأمين إلى جانب عمر بن الخطاب ساهم في الوصول إلى القرار الصائب. فقد كان عمر يقرب القراء، كهولا كانوا أم شبانا، وقد ضربنا مثلا على تقريبه الحُر بن قيس، فيما مضى، وكان يقرب عبد الله بن عباس لعلمه.

روى البخاري عن ابن عباس قال: كان عمر يدخلني مع أشياخ بدر فكأن بعضهم وجد في نفسه، فقال: لِمَ تُدخِل هذا معنا، ولنا أبناء مثله؟ فقال عمر: أنه من حيث

علمتم، فدعا ذات يوم فادخله معهم، فما رؤيت أنه دعاني يومئذ إلا ليريهم، قال: ما تقولون في قوله الله تعالى ﴿إذا جاء نصر الله والفتح﴾ فقال بعضهم: أمرنا نحمد الله ونستغفره إذا نصرنا وفتح علينا، وسكت بعضهم فلم يقل شيئا، فقال لي: أكذلك تقل يا ابن عباس؟ فقلت: لا، قال: فما تقول؟ قلت: هو أجل رسول الله صلى الله عليه وسلم أعلمه له"(١)، إلى آخر الحديث.

هذه أمثلة من واقع الإدارة في عهد عمر بن الخطاب، إذا أخذ الناس بها أفادتهم في دينهم وآخرتهم، وارتفع أداء الموظف العام وفعالية الإدارة العامة.

---

(١) الإمام البخاري، مرجع سابق، ج ٦، ص ١٤٧ - ١٤٨.

ملحق رقم (١)

من صحيح الإمام البخاري

لقد جمع صحيح الإمام البخاري - وهو مصدر نصي للحديث النبوي الشريف، وفي قمة المصادر النصية المعتمدة من قبل المسلمين - قواعد في الإدارة العامة في كتاب الأحكام، فنجد فيه ما يلي من المواضيع المبادئ (الإدارية) ونجد من ضمنها أحكام في القضاء والحكام - وهم القضاة - من غير فصل واضح في التبويب فيها.

٢٨- كتاب الأحكام [١]

((باب ١ قول الله تعالى: ﴿وأطيعوا الرسول وأولي الأمر منكم﴾))

((باب ٢ الأمراء من قريش))

((باب ٣ أجر من قضى بالحكمة))

((باب ٤ السمع الطاعة للإمام ما لم تكن معصية))

((باب ٥ من لم يسأل الإمارة أعانه الله))

((باب ٦ من سأل الإمارة وكل إليها))

((باب ٧ ما يكره من الحرص على الإمارة))

((باب ٨ من استُرعي رعية فلم ينصح))

((باب ٩ من شاق شق الله عليه))

((باب ١٠ القضاء والفتيا في الطريق))

((باب ١١ ما ذكر أن النبي صلى الله عليه وسلم لم يكن له بواب))

---

(١) الإمام محمد بن إسماعيل البخاري، صحيح أبي عبد الله البخاري، مكة المكرمة، مكتبة النهضة الحيثة، ١٣٧٦ هـ ج ٩، ص ص ٥١ - ٧٦.

((رَبَّنا وَآتِنا ما وَعَدتَّنا عَلى رُسُلِكَ وَلا تُخزِنا يَومَ القِيامَةِ إِنَّكَ لا تُخلِفُ الميعادَ))

ملحق (٢)

من صحيح الإمام مسلم كتاب الإمارة[1]

((باب الناس تبع لقريش والخلافة في قريش))

((باب الاستخلاف وتركه))

((باب النهي عن طلب الإمارة والحرص عليها))

((باب كراهة الإمارة بغير ضرورة))

((باب فضيلة الأمير العادل عقوبة الجائر الحث على الرفق بالرعية والنهي عـن إدخـال المشقة عليهم))

((باب غلظ تحريم الغلول))

((باب تحريم هدايا العمال))

((باب وجوب طاعة الأمراء في غير معصية وتحريمها في المعصية))

((باب الإمام جُنة يقاتل من ورائه ويتقى به))

((باب وجوب الوفاء ببيعة الخليفة الأول فالأول))

((باب الأمر بالصبر عند ظلم الولاة واستئثارهم))

((باب وجوب ملازمة جماعة المسلمين عند ظهور الفتن وفي كـل حـال وتحـريم الخروج من الطاعة ومفارقة الجماعة))

((باب حكم من فرق أمر المسلمين وهو مجتمع))

((باب إذا بويع لخليفتين))

((باب وجوب الإنكار على الأمراء فيما يخالف الشرع وترك قتالهم ما صلوا ونحو ذلك))

---

(١) صحيح مسلم بشرح النووي.. (بيروت): دار الفكر للطباعة والنشر ـ والتوزيـع، ١٤٠٣ هــ (١٩٨٣م)، ج ١٢، ص ص ١١٩ - ٢٤٥، وج ١٣، ص ص ٢ -١١.

((باب خيار الأئمة وشرارهم))

((باب استحباب مبايعة الإمام الجيش عند إرادة القتال وبيان بيعة الرضوان تحت الشجرة))

((باب تحريم رجوع المهاجر إلى استيطان وطنه))

((باب المبايعة بعد فتح مكة على الإسلام الجهاد والخير وبيان معنى لا هجرة بعد الفتح))

((باب كيفية بيعة النساء))

((باب البيعة على السمع والطاعة فيما استطاع))

((باب بيان سن البلوغ))

((باب النهي أن يسافر بالمصحف إلى أرض الكفار إذا خيف وقوعه بأيديهم))

((باب المسابقة بين الخيل وتضميرها))

((باب الخيل في نواحيها الخير إلى يوم القيامة))

((باب فضل الجهاد والخروج في سبيل الله))

.....

((باب فضل الغزو في البحر))

((باب بيان الشهداء))

....

((باب كراهة الطروق، وهو الدخول ليلا لمن ورد من سفر))

أن الإمام مسلم بدأ مستسلسلا في كتاب الإمارة، لكن بعد باب بيـان سـن البلـوغ أورد أبوابا فما لسفر والخيل الجهاد والغزو والشهادة والعودة مـن السـفر وغيرهـا، مـع أنه أفرد كتابا للجهاد قبل كتاب الإمارة، فلماذا عاد إلى جمع أحاديث الجهاد والشهادة والغزو في البحر في كتاب الإمارة.

٢٤٧

748

ثبت المراجع العربية

١-   القرآن الكريم.

٢-   ابن الأثير، علي بن محمد الشيباني، الكامل في التاريخ. بيروت: دار صادر، ١٣٩٩ هـ (١٩٧٩م).

٣-   البخاري، محمد بن إسماعيل، صحيح أبي عبد الله البخاري. مكة المكرمة: مكتبة النهضة الحديثة، ١٣٧٦هـ.

٤-   البقري، أحمد ماهر، القيادة وفعاليتها في ضوء الإسلام، الإسكندرية: مؤسسة شباب الجامعة، ١٩٨١م.

٥-   بوحوش، عمار، نظريات الإدارة العامة. عمان: المنظمة العربية للعلوم الإدارية ١٩٨٠.

٦-   ــــــ ــــــ ، الاتجاهات الحديثة في علم الإدارة. الجزائر: المؤسسة الوطنية للكتاب، ١٩٨٤.

٧-   توينبي، آرنولد. تاريخ البشرية. ترجمة د: نقولا زيادة. بيروت: الأهلية للنشر والتوزيع، ١٩٨١.

٨-   ابن تيمية، تقي الدين أحمد، السياسة الشرعية في إصلاح الراعي والرعية. ب.م: دار الكتب العربية، ب.ت.

٩-   جورج، كلود س. الابن، تاريخ الفكر الإداري: ترجمة: أحمد حمودة. القاهرة: مكتبة الوعي العربي، ١٩٧٢.

١٠-   ابن الجوزي، أبو الفرج عبد الرحمن بن علي، مناقب أمير المؤمنين عمر بن الخطاب (ط١). تحقيق الدكتورة زينب إبراهيم القاروط. بيروت: دار الكتب العلمية، ١٤٠٠ هـ (=١٩٨٠م).

١١-   ابن حجر العسقلاني، الإصابة في تمييز الصحابة (ط١). القاهرة: مطبعة السعادة، ١٣٢٨هـ.

١٢- ابن حزم، جوامع السيرة، تحقيق: الدكتور إحسان عباس الدكتورة ناصر الدين الأسد، وتعليق أحمد محمد شاكر. القاهرة: دار المعارف، ب.ت.

١٣- الحسب، فاضل عباس، الماوردي في نظرية الإدارة الإسلامية العامة. عمان: المنظمة العربية للعلوم الإدارية، ١٩٨٠.

١٤- حسن، حسن إبراهيم، زعماء الإسلام (ط١). القاهرة: مكتبة الآداب، ١٩٥٣.

١٥- ـــــــ ـــــــ ـــــــ تاريخ الإسلام (ط٧). القاهرة: ب.ن.، ١٩٦٤.

١٦- حسيني، مولوي، س.أ.ق الإدارة العربية. ترجمة: إبراهيم أحمد العدوي القاهرة: مكتبة الآداب، ١٩٥٦.

١٧- الحكيم، سعيد عبد المنعم، الرقابة على أعمال الإدارة في الشريعة الإسلامية والنظم المعاصرة (ط١). القاهرة: دار الفكر العربي، ١٩٧٦م.

١٨- حميد الله، محمد، مجموعة الوثائق السياسية للعهد النبوي والخلافة الراشدة (ط٤). بيروت دار النفائس، ١٩٨٢.

١٩- الخضرا، بشير محمد، النمط النبوي الخليفي: نظرية مفهوم القيادة عند العرب. عمان: الجامعة الأردنية، ١٩٨٢م.

٢٠- ـــــــ ـــــــ ـــــــ مفهوم الجماعة الصغيرة وتنمية التنظيمات. عمان: المؤلف، ١٩٨١.

٢١- الخضري، الشيخ محمد، إتمام الوفاء في سيرة الخلفاء. القاهرة: المكتبة التجارية الكبرى،ب.ت.

٢٢- الخطيب، محمد عجاج، أصول الحديث (ط٤). بيروت: دار الفكر، ١٤٠١هـ (=١٩٨١م). خلاف، الشيخ عبد الوهاب، علم أصول الفقه (ط٨). كويت: الدار الكويتية للطباعة والنشر التوزيع، ١٣٨٨هـ.

٢٣- ابن خلدون، مقدمة ابن خلدون (ط٤). بيروت: دار القلم، ١٩٨١.

٢٤- خماش، نجدة، الإدارة في العصر الأموي. دمشق: دار الفكر، ١٩٨٠.

٢٥- خميس، محمد عبد المنعم، الإدارة في صدر الإسلام: دراسة مقارنة. القاهرة: المجلس الأعلى للشؤون الإسلامية، ١٩٧٤.

٢٦- الخيرو، رمزية عبد الوهاب، إدارة العراق في صدر الإسلام. بغداد: دار الحرية للطباعة، ١٩٧٨م.

٢٧- الدريني، فتحي، (رقم ٦٥).

٢٨- ديرانية، أكرم رسلان، الحكم والإدارة في الإسلام (ط١). جدة: دار الشرق، ١٣٩٩هـ (١٩٧٩م).

٢٩- رشيد، أحمد، نظرية الإدارة العامة (ط٣). القاهرة: دار المعارف، ١٩٧٤م.

٣٠- الرفاعي، أنور، النظم الإسلامية. دمشق: دار الفكر، ١٣٩٢ هـ (١٩٧٣هـ).

٣١- الريس، محمد ضياء الدين، النظريات السياسية الإسلامية (ط٢). القاهرة: مكتبة الأنجلو المصرية، ١٩٥٧.

٣٢- أبو زهرة، الإمام محمد، أصول الفقه. القاهرة: دار الفكر العربي، ب.ت.

٣٣- زويلف، مهدي حسن، والقريوتي، محمد قاسم، مبادئ الإدارة: نظريات وظائف (ط١)، عمان: المؤلفان، ١٤٠٤هـ (١٩٨٤م).

٣٤- السامرائي، حسام قوام، المؤسسات الإدارية في الدولة العباسية. دمشق: مكتبة دار الفتح، ١٩٧١م.

٣٥- ابن سعد، محمد، الطبقات الكبرى. بيروت: دار صادر، ب.ت.

٣٦- أبو سن، أحمد إبراهيم، الإدارة في الإسلام دبي: المؤلف، ١٩٨١.

٣٧- السيوطي، جلال الدين، تاريخ الخلفاء. تحقيق محمد محي الدين عبد الحميد ب.م: ب.ن، ب.ت.

٣٨- الشباني، محمد عبد الله، نظام الحكم والإدارة في الدولة الإسلامية. القاهرة: عالم الكتب، ١٣٩٩ هـ (١٩٧٩م).

٣٩- ـــــــــــ الخدمة المدنية في ضوء الشريعة الإسلامية (ط١). القاهرة، عالم الكتب، ١٩٧٧م.

٤٠- شرف، محمد جلال، نشأة الفكر السياسي تطوره في الإسلام، بيروت: دار النهضة العربية، ١٩٧٢.

٤١- الصابوني، الشيخ محمد علي، صفوة التفاسير. (ط٤). بيروت: دار القرآن الكريم، ١٤٠٢هـ

٤٢- الصالح، صبحي، النظم الإسلامية: نشأتها وتطورها (ط٥). بيروت: ب.ن ١٩٧٩م.

٤٣- صبحي، محمد إبراهيم، الحكم والإدارة عند العرب. القاهرة: مكتبة الوعي العربي، ١٩٦٧م.

٤٤- الطبري، المحب أبو جعفر أحمد، الرياض النضرة في مناقب العشرة (ط٢). القاهرة: مكتبة محمد نجيب الخانجي، ١٣٧٢هـ

٤٥- طبلية، القطب محمد القطب، نظام الإدارة في الإسلام (ط٢). القاهرة: دار الفكر العربي، ١٩٨٥.

٤٦- الطماوي، سلمان محمد، عمرو بن الخطاب أصل السياسة والإدارة الحديثة، دراسة مقارنة (ط٢). القاهرة: دار الفكر العربي، ١٩٧٥.

٤٧- ـــــــــــ مبادئ علم الإدارة العامة (ط٦) القاهرة: مطبعة جامعة عين شمس. ١٩٨٠.

٤٨- الطنطاوي، علي، الطنطاوي ناجي، أخبار عمر (ط١). دمشق: دار الفكر ١٣٧٩هـ

٤٩- ـــــــــــ أبو بكر الصديق (ط٢). القاهرة: المطبعة السلفية، ١٣٧٢هـ

٥٠- أبو عبيد القاسم بن سلام، كتاب الأموال (ط). القاهرة: مكتبة الكليات الأزهرية، ١٩٦٨.

٥١- عاشور، محمد أحمد، خطب أمير المؤمنين عمر بن الخطاب ووصاياه. القاهرة: دار الاعتصام. ب.ت.

٥٢- العاني، عبد اللطيف عبد الرزاق، إدارة بلاد الشام في العهدين الراشدي والأموي. ب.م: ب.ن، ١٩٦٨.

٥٣- عبد الباقي، محمد فؤاد، المعجم المفهرس لألفاظ القرآن الكريم. تركيا، استانبول: المكتبة الإسلامية، ١٩٨٤.

٥٤- _____ _____ ، اللؤلؤ والمرجان فيما اتفق عليه الشيخان. بيروت. دار إحياء التراث العربي، ب.ت.

٥٥- عبد الهادي حمدي أمين، الفكر الإداري الإسلامي المقارن (ط١). القاهرة: دار الفكر العربي، ١٩٧٥.

٥٦- عثمان، محمد فتحي، أصول الفكر السياسي الإسلامي (ط٢). بيروت: مؤسسة الرسالة، ١٤٠٤هـ (١٩٨٤م).

٥٧- العقا، عباس محمود، عبقرية عمر. بيروت: المطبعة العربية للطباعة والنشر. ب.ت.

٥٨- علي محمد كرد، الإدارة الإسلامية في عز العرب. القاهرة: مطبعة مصر، ١٩٣٤م.

٥٩- غوشة، زكي راتب، أخلاقيات الوظيفة في الإدارة العامة (ط١). عمان: المؤلف ١٩٨٣.

٦٠- الفراء، أبو يعلى محمد بن الحسين، الأحكام السلطانية. بيروت: دار الكتب العالمية، ١٤٠٣ هـ (١٩٨٣م).

٦١- القرشي، غالب عبد الكافي، أوليات الفاروق السياسية (ط١). بيروت: المكتب الإسلامي، الرياض: مكتبة الحرمين ١٤٠٣ هـ (=١٩٨٣م).

٦٢- القرطبي، محمد بن أحمد الأنصاري، الجامع لأحكام القرآن (ط٢). بيروت: دار إءياء التراث العربي، ١٩٦٥م.

٦٣- ابن قيم الجوزية، <u>زاد المعاد في هدي خير العباد</u> (ط٢). تحقق وتخريج وتعليق: شعيب الأرنؤوط وعبد القادر الأرنؤوط. بيروت: مؤسسة الرسالة ١٤٠٥هـ (١٩٨٥م).

٦٤- ابن كثير، إسماعيل، <u>البداية والنهاية</u>. بيروت: دار الكتب العلمية، ب.ت.

٦٥- ـــــــــ <u>تفسير القرآن العظيم</u> (ط٤) القاهرة: المكتبة التجارية الكبرى، ١٣٧٥ هـ (=١٩٥٦م).

٦٦- الدُريني، فتحي، <u>خصائص تشريع الإسلام في السياسة والحكم</u> (ط١). بيروت: مؤسسة الرسالة، ١٤٠٢ هـ (١٩٨٢م).

٦٧- مالك بن أنس، <u>الموطأ</u> (ط٤). تقديم د. فاروق سعد. بيروت دار الآفاق الجديدة، ١٤٠٥هـ (١٩٨٥م).

٦٨- الماوردي، علي بن محمد، <u>الأحكام السلطانية والولايات الدينية</u>. بيروت: دار الكتب العلمية، ١٤٠٢ هـ.

٦٩- مجمع اللغة العربية، <u>المعجم الوسيط</u> (جزءان). بيروت: دار إحياء التراث العرب، ب.ت.

٧٠- مدكور، محمد سلام، <u>معالم الدولة الإسلامية</u> (ط١). الكويت: دار الفلاح، ١٤٠٣هـ (١٩٨٣م).

٧١- مسلم بن الحجاج، <u>صحيح مسلم بشرح النووي</u>. (بيروت): دار الفكر للطباعة والنشر والتوزيع، ١٤٠٣ هـ (١٩٨٣م).

٧٢- معهد الإدارة العامة، القاهرة، <u>الإدارة في الإسلام</u>، القاهرة: المعهد، (١٩٧٠).

٧٣- المودودي، أبو الأعلى، <u>الخلافة الملك</u> (ط١). تعريب: أحمد إدريس. الكويت: دار القلم ١٣٩٨ هـ (=١٩٧٨م).

٧٤- نجيب، مصطفى، <u>حماة الإسلام</u> (جزءان). القاهرة: مطبعة اللواء، ب.ت.

٧٥- البدوي، سليمان، <u>الرسالة المحمدية</u>، القاهرة: المطبعة السلفية، ١٣٧٢هـ

٧٦-	النووي، <u>رياض الصالحين</u>. (القاهرة): ب.ن، ب.ت.

٧٧-	هـارون، عبـد السـلام، <u>تهـذيب سـيرة ابـن هشـام</u>. بـيروت: دار إحيـاء الـتراث العربي،ب.ت.

٧٨-	هيـدي، فيريـل، الإدارة العامـة: <u>منظـور مقـارن</u> (ط٢). ترجمـة د. محمـد قاسـم القريوتي، عمان المؤلف، ١٩٨٣م.

٧٩-	أبو يوسف، يعقوب بـن إبـراهيم، <u>كتـاب الخـراج</u>. بـيروت: دار المعرفـة للطباعـة والنشر، ١٣٩٩ هـ (١٩٧٩=م).

مصادر البحث باللغة الإنجليزية

Bibliography

١. baker,   Richard John Stenson, Administrative, theory and Puplic Administration. London: Hutchinses, ١٩٧٢.

٢. baker,   Michael Perer, public Administration. London: Macdonald and evars, ١٩٧٢.

٣.   Bartholomewp All Charles, Puplic Administration. Totowa, n.j.: little field adms, ١٩٦٧.

٤. brown,   Ray E., Judhment in Administration. New york: Mcjraw – hil, ١٩٦٦.

٥. eavis,   keith, Human Behavior at Work (4th ed). Sen Francisco: Mcgaraw – Hill Book co., ١٩٧٢.

٦. dale,   Ernest, Management: theory & Practice (٣th ed.) .NYC: Mcgraw – Hill Book Company, ١٩٧٣.

٧. dimock,   Marshal Edwwrd, a Philosophy of Administration: Toward Creative Growth. NYC: Horper & Row, ١٩٥٨.

٨. -------   -------, -------, and Dimock, Gladys Ogaden, Puplic Administration (4th ed), HYC: Holt, Rinehart & Winston, ١٩٦٦.

٩. dunsire, A., Administration: The Word and the Seincee. Bristol: Martin Robertson, ١٩٧٣.

١٠. foller, Mary Paredr, Freedom and Coordination. London: Management Puplicatwns trust, ١٩٤٦.

١١. george, Richard M., Management theory; Process and Practice.
Philadelphia: w.b.. Sanders Company, ١٩٧٤.

١٣. johmson, Richard a., The theory And Management of Systems.
NYC: Mcgraw – Hol Inc. , ١٩٧٣.

١٤. knoot٣, Harosd, and O'donnell, Cyrill, Principles of Management:
an Analysis of Managerial Fancthiuns (٥th ed). NYC:
McGraw – Hill Book Company, ١٩٧٢.

١٥. luthans, Fred, Imtroduction to Management Prpproach. NYC:
Mcgraw – hill , ١٩٧٦.

١٦. Machiavelli, Ivcoolo, the Prince and the Discourses. NYC: the Modern
Libraty, inc. , ١٩٤٠.

١٧. March., James g. and Simon, Herleert O'rganizations. NYC: John
wiley and sons, inc., ١٩٥٨.

١٨. mcgregor, Douglas, the Hyman Side of the Enterprise. NYC:
Mcgraw – Hill Book Vompany, ١٩٦٠.

١٩. miner, John b., the Management Ptoces theory, Fesearch and
Practice. London: collier – Macmillan Limited, ١٩٧٣.

٢٠. prece, h.l., Otganizatwiel Drrectivenes. Homewook, ill,: Irwin, ١٩٦٨.

٢١. sinon, Herbert a., Administrative Behavior. Nyc; free press,
١٩٧٦.

٢٢. settle, Allen k. and Lurtin, Carl e., American puplic,.
Administratwn: Concepts. And case. C.p.: mayfoeld
Publishing Company, ١٩٧٦.

٢٣. stahl, O. Glenn,. Puplic Personnel Administrating (٦th ed.). nyc:
harper and row, pilasters, ١٩٧١.

٢٤. smith, Adma, the wealth of vatons nyc: the modern library,
١٩٣١.

٢٥. taylor,   Fredricck Winslow, Princoples of Scientitoc Management. NCY: Harper and Borthers, ١٩١١.

٢٦. thopson,   James d., Organization on Action. NYC; mcgraw – hill book copany. ١٩٦٧.

٢٧. urwick,   Lyndall, the Elements of Administration. New york: harpev and Brothers, Publichers, ١٩٤٣.

Public administration during

Omar ibn el – khattab's caliphate

This thesis consists of five chapters.

Chapter one deals with the administrative practices of some ancient nations which inhibited the Arabian peninsula and the neighbouring countries, such as yemenees, oureish, Persians, and romans. Ancient yemen knew central government and decision – making in a good established manner.

Qureish, a major arab tribe, was reonsible for serving pilgrims to maccah. The fynctions of service were administered in an organized menner. The Persians and the romans were more advanced than the Arabs in many administrative aspects. They had central governments. Local governments, and applied many administrative ideas and principles.

Chapter two is devoted to Islamic puplic administration, in theory and practice. The Arabian peninsula had a central government for the first time during the prophet Muhammad's days (mercy and peace be upon him). Quran and sunna, in their combination were the only source that the Islamic nation followed in organizing itself. The function of the Islamic govermenet consist of upholding, performing, and ensyring the maintenance of the pillars of Islam (e.i. faith, prayers, zakah, teasting and pilgrimage) and looking atrer the nation's sybjects lives, their propoerties, ther minds, and theit offepring olieage according to quran and sunna.

Chapter three deals inth the way the omat's administratiom dispensed the lslamic government's tuncthons according to quran and sunna. The basic functions were similar to those of the Islamic government of the progher myhammed's. other new functions were initiated during omar's government for the tocsg time in Islamic history, and were dericed trom the basicones. Those new functions distinguish omar's teriod in pubiic administration from those before him. These newly initiated functions, were developing, planning, organizing, staffing, direction, and control.

In chapter four, a comparison is made between public administration principles of omar's period and those of today.

Chapter five concludes the research, and draws the recommendations. Islamic puplic administration principles and rules are part of Islam, which shoud be taken as a whole. Omar's period in administration is a ttue continuation of the prophet's period, and is a true image of Islamic

administrative principles put in practice. However, there are some common features in Islamic public administrations, but the main difference trmains in the aims. The adopting of some applicable examples of omar's administration style were recommended.

Printed in the United States
By Bookmasters